KB069536

Thoughts Without a Thinker **Revised Edition**

명상의 정신치료적 적용

붓다의 심리학

| Mark Epstein M. D. 지음 | **전현수** 역 |

학지사

Thoughts without a Thinker:
Psychotherapy from a Buddhist Perspective(Revised Edition)
by Mark Epstein, M.D.

Copyright © 1995 by Mark Epstein, M.D.
First published in the United States by Basic Books,
a member of The Perseus Books Group.

Korean Translation Copyright © 2016 by Hakjisa Publisher, Inc.
Korean edition in published by arrangement with The Perseus Books
through Duran Kim Agency, Seoul.

알렌(Arlene)에게 이 책을 바친다.

그것은 필란델로에 의해서 다음과 같은 연극의 제목으로 좀 달리 표현되어 왔다. 즉, 작가를 찾는 여섯 명의 등장인물들로. 그러나 왜 거기서 멈추어야만 하나? 그것보다는 더 작고 더 단편적인 어떤 것이 되어서는 왜 안 되나? 생각하는 사람 그 자체가 머무는 곳은 이리저리 하는 생각인 것이다.

—비온(W. R. Bion)

동서양의 많은 정신치료자와 심리상담가가 불교와 정신치료 또는 심리상담을 통합하려는 시도를 하고 있다. 이들은 불교를 통해 자기 인생의 중요한 문제 해결에 도움을 받았거나, 불교 쪽에서 자신들이 하는 정신치료나 상담의 한계를 보완해 줄 가능성을 발견한 것이다. 그러나 불교와 정신치료의 통합은 쉬운 일이 아니다. 왜냐하면 정신치료나 상담 현장에서 불교가 활용되려면 치료자가 먼저 불교 수행을 해서 충분한 경험을 해야 환자나 내담자에게 치료자 자신의 경험을 근거로 환자나 내담자도 같은 경험을 하게끔 안내할 수 있기 때문이다. 이러한 경험을 하는 데는 많은 시간과 노력이 소요된다. 정신치료자가 되는 것 또한 많은 시간과 노력이 든다. 정신치료사가 되기 위해 사기 분석을 수년간 받아야 하고, 자신이 성신지료를 한 사례에 대한 지도를 받아야 한다. 또한 정신치료에 대한 이론 세미나에 오랫동안 참가하고 실제 정신치료 경험도 축적하여야 한다. 그러나 두 분야에 대한 충분한 경험을 쌓기란 쉬운 일이 아니다.

이 책의 저자인 마크 엡스타인은 불교와 정신치료의 두 분야를 오랫동안 병행해 온 사람이다. 하버드 의대 재학 당시부터 남방불교를 접하여 명상을 경험했고, 의대 졸업반일 때는 하버드 의대의 저명한 스트레스 전문가 허버트 벤슨이 티베트 수행자(뚬모 수행자)를 대상으로 한 의학 연구 프로젝트에 유명한 불교학자 제프리 홉킨스와 함께 참여하기도 했다. 저자는 정신분석을 받고 자신의 문제를 알았지만 정신분석만으로는 그 문제를 해결하지 못했다. 그때 문제를 느끼는 '나는 누구인가' 하는 쪽으로 방향을 돌리면서 그 문제를 해결하는 경험을 했다. 저자 자신의 이러한 경험을 통해 저자는 불교명상과 정신치료를 통합하게 된다. 그때의 깨달음이 이 책의 기반이 되었다.

저자는 이 책에서 육도윤회에 대한 심리학적인 해석을 하고 있다. 축생계는 욕망이 지배하는 상태로, 지옥계는 편집증과 공격성 및 불안함을 느끼는 상태로, 아귀계는 만족할 줄 모르는 갈망으로, 천상계는 인간의 절정 경험으로, 아수라는 경쟁적이고 유능한 자아로, 인간계는 자기동일성의 문제를 추구하는 영역으로 보았다. 또한 저자는 자신의 명상 경험을 토대로 심도 있는 명상의 정신역동적 해석을 한다. 저자는 '명상 자체는 사람들의 감정적 문제들을 해결하는 데 특별히 효과적이지 않다.'는 심리학자들의 연구 결과를 인용하면서 명상만으로 치료를 시도할 때 위험에 빠질 수 있다고 경고한다. 정신치료와 병행하여 명상을 활용할 때 정신치료를 훨씬 효과적이게 한다고 주장한다. 저자는 흔히 알려진 '먼저 치료를 통해 자아를 굳건히 하고 난 후 명상을 통해 자아를 극복한다.'는 견해를 반박하면서, 문제를 해결하려면 정신치료 상황에서 명상이 이용되어야 한다고 주장한다. 저자는 제3부 "치료" 편에서 정신치료의 실제에 대한 프로이트의 논문인 '기억, 반복 그리고 훈습(薫習)(Remembering, Repeating and Working-Through)'을 통해서 붓다의 가르침이 정신치료의 실제에 어떻게 통합되는지를 보여 준다. 그리고 이 책 전체를 통해 우리가 가진 문제의 근본적인 해결을 위해서는 '자기(self)'가 실체가 없다는 것, 즉 무아를 체득해야 한다는 것을 정신분석과 서양 정신치료계에 제시하고 있다.

현재 불교나 명상과 정신치료의 통합은 많은 정신과 의사나 심리상담가에 의해 활발히 이루어지고 있고 두 분야의 통합을 다룬 책도 꽤 있다. 그러나 이 책의 초판이 나온 1995년도 당시만 해도 문헌고찰을 중심으로 두 분야를 비교·분석한 여러 학자의 논문을 모은 책은 좀 있었지만 저자의 책과 같이 오랜 기간에 걸친 경험이 들어있는 책은 드물었다. 그 점에서 이 책은 그 당시 아주 소중한 책이었다. 아직도 불교와 정신치료의 통합은 확고한 기반 위에 놓여 있지 않다. 불교와 정신치료의 통합은 많은 사람이 관심을 가지는 세계적인 프로젝트로, 동서양의 많은 사람의 경험이 축적되었을 때는 엄청난 연구 성과물이 나와 정신치료 분야의 중요한 흐름이 될 것으로 역자는 생각한다.

역자는 정신과 의사이면서 정신치료를 전공했고 정신과 전공의 시절부터 불교 공부와 수행을 했다. 정신치료와 불교 공부, 수행을 30년 가까이 한 경험을 바탕으로 하여 불교정신치료의 체계를 세우고 있고 그것에 입각하여 환자를 치료하고 있다. 같은 입장에 있는 사람으로서 볼 때 이 책은 아주 실질적이고 정신치료나 상담 현장에서 바로 도움이 될 수 있다고 생각한다.

이 책이 번역되어 나오기까지 많은 사람의 도움이 있었다. 먼저 이 책을 나에게 처음 건네주고 책이 출판되는 데 큰 힘이 되어 준 가톨릭대학교 심리학과 윤호균 교수님에게 감사를 드린다. 이 책의 번역을 염두에 두고 불교학자, 스님, 심리학자들과 함께 2년간 세미나를 하였다. 불교와 정신치료의 내용을 서로 공유하고 토론하면서 이 책의 내용을 이해하였다. 이 세미나에 참여하고 토론한 사람은 법상 스님, 김성철 불교학 박사, 김태효 선생님, 하현주, 주기원, 최호정과 몇몇 사람이었다. 이분들의 토론과 인간적인 도움이 아니었다면 이 책의 번역은 힘들었을 것이다. 이분들께 진심으로 감사의 마음을 전한다. 미세한 영어 표현을 이해하는 데 도움을 준 나의 영어 선생님 Brian Forsyth와 Brett에게도 고마움을 표한다. 이 책의 윤문을 맡은 서울대학교 법학과 전나무 군의 도움 또한 아주 컸다. 불교와 정신치료의 통합이라는 관심사 때문에 여러 가지로 소홀한 나를 항상 이해하고 내가 균형 있는 시각을 갖게끔 조언을 해 준 아내에게 어떻게 고마움을 표현해야 할지 모르겠다. 끝으로 이 책의 출판을 흔쾌히 맡아 준 학지사 김진환 사장님에게 감사드린다.

역자 전현수

달라이 라마의 서문

　인생의 목적은 행복입니다. 불교를 믿는 내가 발견한 것은 우리의 정신적인 태도가 이러한 목표를 추구하는 데 가장 큰 영향력을 미치는 중요한 요소라는 사실입니다. 우리 바깥의 조건들을 바꾸기 위해서는, 그 조건들이 환경이든 다른 사람들과의 관계이든 상관없이 우리가 먼저 '내 자신' 속에서 바뀌어야만 합니다. 내부의 평화가 열쇠입니다. 그러한 마음의 상태에서 우리는 어려움들을 차분함과 이성으로 대처할 수 있고, 우리 내부의 행복을 지속시킬 수 있습니다. 사랑, 친절, 인내 그리고 비폭력의 실천이라는 불교의 가르침들과 그리고 모든 것이 연관되어 있다는 이론은 마음을 고요하게 하는 여러 가지 기법과 함께 그러한 내부의 평화를 가져다주는 원천들입니다.

　최근에 과학과 의학을 공부한 정신치료자들이 치료적 상황에서 불교의 기법들을 사용할 수 있는 가능성을 깨닫고 연구하기 시작했습니다. 이것은 고통을 극복하고 모든 중생의 상태를 개선시키려는 목적과 전적으로 일치한다고 생각합니다. 불교의 명상을 실제로 경험함으로써 치료자들은 마음의 작용과 본질에 대한 심오한 지식을, 다시 말해 물질세계에 대한 우리의 이해를 보완해 주는 내면의 과학을 얻을 수 있습니다. 어떠한 기술적인 발전도 그 자체로는 지속적인 행복에 이를 수 없습니다. 그에 상응하는 내면적 발전이 결여되어 있기 때문입니다. 이 분야에서, 즉 불교의 이론들과 현대의 발견들이 서로에게 도움이 될 수 있다는 증거가 점차로 늘어나고 있습니다.

　나는 이러한 접근들에 대해 매우 고무되어 있습니다. 마크 엡스타인(Mark Epstein)이 이 책을 완성한 것을 축하합니다. 이 책은 서양 정신치료와 불교 명상 양쪽에서 20년간 경험한 결과입니다. '붓다의 심리학'은 치료자들에게 유용한 통찰을 줄 뿐만 아니라, 앞으로 더 진전된 연구를 하게 하고, 치료자들과 명상적 길을 따르는 사람들과의 상호 협력을 자극시킬 것입니다.

1994년 12월

서 문

　최근에 예술을 하는 친구의 집을 방문했을 때, 그녀의 거실에 있던 한 그림이 단숨에 내 눈을 사로잡았다. 어린아이가 그린 그림이었는데, 앞에 일렬로 3개의 단추가 세로로 달려 있는 원통 모양의 모자를 쓴, 키가 큰 수호자를 그린 그림이었다. 버킹엄 궁전의 근위병 사진을 보고 영감을 얻어 그녀가 대여섯 살 때 이 그림을 그렸다고 했다.

　"그게 바로 신이에요." 그녀가 말했다. "내가 어렸을 때 '신'이란 단어를 들으면 마치 사람들이 수호자라고 말하는 것 같았어요. 난 신이 어떻게 생겼는지 알고 싶었어요."

　난 신(God)과 수호자(Guard)라는 말이 서로 연결되는 게 너무 좋았다. 그녀의 말을 듣고 감탄하자, 친구는 그녀의 어머니가 한 번도 이 초상화에 대해 물어보지 않았다고 했다. "우리 어머니는 그런 분이었어요." 그녀가 웃으며 말했다. "어머니는 한 번도 내 그림들에 대해 물어보려는 생각도 없었고, 또 무슨 생각을 가지고 그림을 그렸는지 묻지도 않았어요."

나는 그녀의 덤덤한 말투에 놀랐다. 그녀의 어머니가 그림에 대해 반응을 하지 않은 것이 상처를 준 것으로 나에게 들렸다. 이러한 것은 거울 역할(비추는 역할)을 하지 못하거나 호흡을 맞추지 못하는 것의 예로서 많은 사람이 이것과 싸우는 데 인생을 보낸다. 그러나 그녀는 힘들어 보이지 않고 어머니에게 진정한 애정을 가진 듯했으며, 어머니의 결점들을 용서한 듯 보였다. 난 그녀가 정서적으로 건강하다고 말해 줄 단서를 찾기 위하여 그림을 더 자세히 살펴보았다.

놀랍게도 하나의 단서가 있었다. 하나도 아닌 세 개의 전화기가 수호자를 둘러싸고 있었다. 수호자 바로 뒤에 있는 벽에 경비원들의 부스에 있음 직한 큰 전화기 한 대가 있었고, 그의 왼쪽에 놓인 의자 앞에 구식 전화기가, 그리고 세 번째 전화기는 멀리 떨어져 달려 있었다. 신은 전화기에 둘러싸인 수호자였다. 아마도 어머니의 공감 결여에 대해 그녀의 보호 장벽을 그림으로 그려 놓은 게 아닌가 생각했다. 주변에 그려진 전화기들은 그녀가 가지지 못했던 소통과 이해의 상징들이었다.

그림을 보면서 그 친구의 그림은 문제뿐만 아니라 해답도 내포하고 있다는 것을 알 수 있었다. 만약 그녀의 어머니가 그녀가 원했던 공감이나 적절한 반응을 해 줄 수 없었다면, 신은 그러한 능력을 가지고 있었을 것이다. 신은 그녀를 지켜 주었고, 전화기들은 신이 가지고 있는 능력을 나타내는 상징들이었다. 신을 상상 속에 나타나게 하고 그려 낼 수 있었던 것은 어린 시절 겪었던 정신적 충격을 헤쳐

나갈 수 있는 원초적인 능력이었고, 그녀가 미래에 예술가가 될 것이라는 것을 보여 주었다. 신이 자신의 부름에 응답을 해 줄 수 있다고 상상하며, 그녀를 평생 동안 지켜 줄 새로운 소통 수단을 열어 두었다.

그녀의 그림은 영국 소아과 의사이며 아동분석가인 위니코트(D. W. Winnicott)와 그가 수년간의 임상을 통해 도달한 엄청난 이해를 떠올리게 하였다. 위니코트의 이러한 점은 잘 알려지지 않았다. 그는 불교에 대한 관심이나 지식이 없었지만, 그의 연구는 내 생각에 큰 영향을 주었다. 그는 아이와 부모가 발달과정에서 협상을 하면서 마주쳤던, 극복해야 할 점을 묘사하면서 붓다가 가졌던 중요한 통찰을 많이 표현했다. 위니코트의 연구는 내가 붓다의 생각을 현대 심리학 언어로 옮기는 데 도움이 되었다.

위니코트는 엄마와 아이가 호흡을 맞추는 것의 중요성에 대해 자세히 적어 놓았지만, 또한 엄마가 아이를 실망시키는 게 얼마나 중요한지에 대해 깊게 이해하게 된 것도 적어 놓았다. 그가 밝혀낸 바에 의하면, 부모는 아이를 기꺼이 실망시킬 수 있어야 하는데, 이는 붓다도 말하였듯이 불가피한 것이다. 이러한 행동을 통하여, 그리고 아이의 모든 욕구를 채워 주지 못하는 상황에 대해서 부모 스스로 솔직하다면, 아이를 실망시키는 부모는 아이가 일상생활에 적응할 수 있는 능력을 향상시킬 수 있다. 위니코트의 최종 논문들 중 하나에서, 그는 부모가 완전하지 못한 것에 대해 아이가 느끼는 원초적인 화가 어떻게 공감으로 바뀌는지를 감동적으로 썼다. 이 변화의 중요한 요소는 아이의 분노를 부모가 감정적으로 받아들이지 않는 것이며, 이것은 또한 불교의 개념과도 같다.

모든 것이 순탄하게 진행될 때 처음에 유아는 엄마를 자신의 확장이라고 생각하게 된다. 마술처럼 모든 욕구를 만족시켜 줄 것이라고 생각한다. 시간이 지나면서, 이러한 완벽함은 공격을 받게 된다. 그 어떤 부모도 이 완벽함을 평생 유지해 나갈 수 없다. 부모와 자식 간의 관계엔 어려움이 내재되어 있고, 아이는 점차적으로 부모를 한계가 있는 분리된 개인으로 깨닫게 된다. 위니코트의 용어대로 부모가 '좋다면(good enough)' 아이의 화(그리고/또는 부모의 반응)는 그다지 관계를 불안정하게 하지 않는다. 아이는 부모가 자신의 분노에 의해 파괴되지 않고 살아간다는 것을 알게 된다. 그리고 아이는 부모를 어쩌면 부족한 면이 있는, 분리된 개인으로 보고 배려하는 감정을 가지기 시작한다. 그러한 배려의 감정은 분노의 감정을 완전히 상쇄시키지는 못하지만 완화시킨다. 이해와 좌절은 공존하게 된다.

내 친구의 신/수호자 그림은 위니코트의 요점을 보여 주고 있다. 그녀는 어머니의 부족했던, 딸과 호흡을 맞추는 것에 대해 혼란스러워하지 않고 이를 창의적인 것으로 만들어 낼 수 있었다. 걸림돌이 되고 힘든 인간관계를 야기하기보다는 오히려 그녀가 예술가가 되는 발판을 마련해 주었다. 그녀는 이 좌절을 받아들여 그것으로 다른 무엇인가를 만들었다. 아직 어린 나이임에도 불구하고, 위니코트의 전기 작가였던 아담 필립스가 '이해를 하고 이해를 받으려는' 끝나지 않는 욕구라고 부른 완벽을 고집하는 것을 이미 극복해 나가고 있던 것이다. 필립스가 분명히 했듯이 관계를 완벽하게 하려는 끊임없는 요구는 모두를 지치게 한다. 이러한 통찰에서, 정신분석과 불교가 일치한다. 붓다가 그의 첫 번째 네 가지 성스러운 진리(사성제)에서 명확하게 말했듯이, 존재의 핵심에는 정신적 외상이 있다. 어린 시절을 이해함으로써 정신적 외상을 치유하려고 하는 것은, 마치 이해를 통해 정신적 외상이 사라지게 할 수 있다고 생각하는 것과 같은데, 이는 프로이트나 붓다가 권장하는 방식이 아니다. 정신분석은 사람들로 하여금 자신의 과거에 대해 이해할 수 있게 도와주는 것이긴 하지만, 동시에 정신적 외상을 "우리네의 삶을 이해할 수 있는 애가(哀歌)로 읽으면 아주 좋은 것이다."라고 필립스는 썼다.

친구의 그림을 들여다보고 있으니 최근에 내가 본 다른 그림이 생각났다. 일본 협회에서 주최한 18세기에 유명했던 선사인 하쿠인의 서예 전시회를 보러 갔다. 그가 작품을 만들었을 때에는 노인이었지만, 그냥 지나치기에는 내 친구의 어릴 적 미술 작품과 너무나 닮아 있었다. 하쿠인은 60세에 깨달음을 얻고 나서야 작품을 하기 시작하였다. 선불교 역사에서 중요한 인물이었고, 선종의 임제학파를 다시 활성화시켰다고 인정받고 있으며, 사람의 마음을 열게 하기 위해 논리적인 생각으로는 풀 수 없는 선문답인 공안을 사용하는 선사로 알려졌다. 40년 이상의 선 수행 이후 60에서 80세의 나이에 하쿠인은 그림을 그리기 시작하였고, 선종의 핵심을 담은 장난스럽고 시적인 서예를 했다. 그는 이제 일본의 위대한 예술가 중 한 사람으로 꼽히며 가장 뛰어난 불교 스승으로도 알려져 있다.

내가 기억하고 있는 그의 그림은 원숭이와 뻐꾸기 그림이다. 원숭이는 친구의 그림 속의 수호자처럼 그림의 전면에 있다. 그러나 원숭이는 똑바로 서 있는 대신에 두 손으로 두 귀를 덮고 웅크려 앉아 있고, 뻐꾸기는 친구의 그림에 있던 전화기처럼 그림의 배경에 있는데, 부리를 열어 노래하면서 들판을 날아가고 있다. 불교계에서 훈련되지 않은 생각하는 마음으로 오랫동안 상징되어 온 웅크려 앉아 있는 원숭이는 얼굴에서 고통스러운 표정이 보였고, 어떤 것에 몰두하거나, 어떤 것을 계속 가지고 있으려고 노력하거나, 어떤 것을 얻으려고 굉장히 노력하고 있다. 만약 전화기가 울리고 있었다면, 원숭이는 아마도 들을 수 없었을 것이다. 훈련되지 않은 마음과 같이 은유적으로 표현되는 원숭이는 항상 움직이고 있으며, 자기만족을 얻으려 여기저기 뛰어 다니고, 이 생각에서 저 생각으로 옮겨 다닌다. '원숭이 마음'은, 명상을 시작한 사람들의 정신이 대부분은 끊임없이 생산적이지 않은 생각의 수다를 떨고 있다는 것을 알기 시작하면서 바로 이해하는 것이다.

뻐꾸기는 일본 문화에서 유래한 여름의 상징인데, 이는 여름의 기쁨에 연관되어 있는 편안함, 이완, 따뜻함 그리고 빛 모두를 나타낸다. 일본에는 젊은 커플들이 따뜻해지는 날씨에 맞추어 뻐꾸기의 첫 울음소리를 듣기 위해 시골에서 밤늦게까지 있는 문화가 있다. 뻐꾸기의 첫 번째 울음소리는 맛있는 음식의 첫 한입과 같거나 차를 마실 때 처음 한 모금 같은, 일본인이 중요하게 생각하는 미의 핵심이고 복잡한 생각에서 벗어난 직접성이다. 뻐꾸기는 대부분의 새들과는 다르게 날아가면서 노래를 부른다. 그래서 하쿠인의 부리를 열고 탁 트인 하늘을 날아가는 새 그림은 뻐꾸기가 내는 노랫소리에 들어있는 소리와 연관되어 있다. 그리고 뻐꾸기가 원숭이 위를 지나가며 이 노래를 불러도 원숭이는 쉽게 알아들을 수 없을 것이다.

하쿠인은 이 그림에 서예체로 시를 지었는데, 해석하자면 이렇다.

듣고 있지 않을 때라도
한 손을 들어–
뻐꾸기

하쿠인은 유명한 선종 공안인 "한 손으로 손뼉 치는 소리가 무엇이냐?" 또는 그의 표현에 따르면, "한 손으로 내는 소리가 무엇이냐?"를 만든 사람이다. 선의 공안은 붓다의 지혜를 직관적으로 이해하도록 하는 데 그 의미가 있다. 공안은 원숭이로 상징하는 의도적이고 강박적인 생각을 피하도록 한다. 한 손으로 손뼉 치면 아무런 소리가 나지 않는데, 공안은 자비로 차 있는 비어 있음을 의미하며 달리 표현하면 침묵 속에서 관여하는 것을 말하고 있다. 이것은 붓다의 깨달음의 핵심이다. 이는 원숭이와 뻐꾸기의 그림에서 명백하게 확인할 수 있는데, 두 손으로 귀를 덮고 웅크려 앉아 있는 원숭이는 자신만의 생각에 압도되어 아무것도 하지 못하는, 생각하는 사람의 완벽한 이미지로, 자신을 둘러싸고 있는 자유롭게 하는 소리를 듣지 못한다.

　처음에 이 그림과 하쿠인이 적어 놓은 글귀를 보았을 때, 하쿠인의 의도를 파악했다고 생각했다. "듣고 있지 않을 때조차도, 한 손을 들어라." 이 말은 나 자신이 명상했을 때를 떠올리게 하였는데, 그때 나를 둘러싸고 있는 자연의 소리에 집중하는 단순한 행위가 반복적으로 떠오르는 생각에서 오는 압박을 물리쳐 주었다. "당신의 원숭이 마음의 손아귀에서 해방되십시오. 귀를 열고 뻐꾸기의 소리를 들으세요. 그 소리는 당신이 듣고 있지 않을 때조차도 곁에 있습니다."라고 하쿠인이 말하는 것을 상상해 보았다. "그저 잠시만이라도 당신의 귀를 막고 있는 손을 치워 보십시오. 그때서야 이 말이 무슨 뜻인지를 이해할 수 있습니다." 다른 곳에 정신을 쏟고 있는 원숭이와 날아 오르며 달콤하게 우는 뻐꾸기의 대비되는 상황은 통렬함을 가지며, 그 통렬함을 나는 붓다의 깨달음과 연관시켜 보았다. 붓다 또한 자신의 반응하는 마음을 넘어 내재하는 사물의 구조를 꿰뚫어 보았고, 한 손을 들어 관계되는 세상이 부르는 소리를 들었다.

일본 협회에서 주최한 전시회를 보고 난 후 얼마 지나지 않았을 때, 콜롬비아 대학교 교수이며 불교학자인 친구 로버트 서먼(Robert A. F. Thurman)에게 내가 생각하는 공안의 의미를 말했다. 내 해석을 직접적으로 반박하지는 않았지만 그는 그림에 대해서 한 가지 다른 생각을 가지고 있었다. 그리고 나에게 "사람들이 물에 빠졌을 때 어떤 행동을 합니까?"라는 질문을 하였다. 이 질문에 대해 마땅한 대답을 하지 못하자, 그는 "한 손을 듭니다."라고 말했다. 하쿠인이 제시하는 메시지에 새로운 관점을 하나 더 얹은 것이다. 그의 생각에 의하면 하쿠인은 사람들에게 보살들의 자애로운 친절함을 생각나게 하는데, 보살은 그들의 관계적 본성을 자각하면서 일상적인 세계 속에 있는 존재다. 몇몇 믿는 사람들에 따르면, 보살들의 기운이 자신들이 고통 한가운데 있을 때에도 같이 있으며 단지 그것을 요청하기만 하면 된다고 한다. 내 친구가 어린 시절에 그렸던 세 전화기 옆에 있던 신과 같이, 깨달은 보살들은 우주에 떠다니며 우리의 부름을 기다리고 있다. 불교의 논리에 따르면 보살들은 이미 집착의 불로부터 자유로워졌지만, 다른 존재들에게 언제나 도움을 줄 수 있도록 하고 있다. 보살들은 자기 자신을 다른 존재와 전적으로 관계된 것으로 이해하며 그들 자신의 주관적인 갈망에서 벗어나서, 다른 존재들에게 도움을 주는 데에서 의미를 찾는다.

이런 보살들은 외부의 존재들로 의인화될 수 있거나 또는 우리 안에 이미 존재하는 불성을 나타낼 수도 있다. 아시아에서 유명한 보살은 관음이나 관세음보살로 알려져 있다. 관음은 중국에서 인기가 있는데, '아는 자' 또는 소리의 '관찰자'라는 이름의 뜻을 가지고 있는 여성 인물이다. 관세음보살은 '굽어 보시는 주'인데, 붓다의 자비를 표현하는 것으로 인도와 티베트에서 잘 알려진 중요한 남성 인격체다. 관음은 '우리가 외치는 소리를 들어 주는 분'으로 여겨지며, 어머니의 동정심으로 우리들의 어려움에 답해 주는 이다. 관세음보살은 천 개의 팔을 가지고 있는데 이는 모든 중생을 구할 수 있는 능력을 나타낸 것이고, 모든 사람을 위한 충분한 팔을 가지고 있다. 이 팔들은 마치 친구가 어린 시절 그렸던 세 전화기와 같이, 여러 기도를 들을 수 있게 해 주며, 익사하는 여러 사람들에게 가서 한 번에 다 구해 준다. 상상 속의 인물을 이렇게 해석하는 것을 통해 하쿠인은 매우 특수한 점을 알려 주고 있다. 우리가 겪는 고통의 속성을 알아차리게 된다면, 우리는 스스로 손을 뻗을 것이다. 물에 빠진 사람처럼 손을 들 것이다. 그래서 도움을 받을 수 있는 가능성을 만들 것이다. 보살은 뻐꾸기와 같이 요청에 응하기 위해 이미 거기에 있다.

이 해석을 이해하는 만큼이나, 그리고 나의 소리침을 듣는 깨달은 보살들이 있다는 생각이 나에게 위안이 되는 만큼이나, 내 안에 불성이 내재한다는 생각도 나에게 큰 희망이 된다. 이것이 정신치료자로서 내가 내 작업에 도입하고자 했던 것이다. 알고 있으면서 자비로운 보살들은 불교적 관점의 자애로운 태도에 대한 은유이며 언제나 우리는 보살들에게 도달할 수 있다. 나에겐 이것이 하쿠인이 우리가 듣기를 바라는 메시지이고, 내 친구가 수호자를 그리며 다가가려 했던 바로 그 메시지다. 한 손을 들고, 자신에게 솔직해진다면 친절함을 가지고 관찰하는 방법을 배울 수 있다. 정신치료는 이것을 할 수 있는 완벽한 곳이다. 붓다의 지혜와 정신분석의 통찰은, 마치 내 친구 그림의 수호자처럼 우리의 부름에 응답하기 위해 있다.

감사의 말

이 책을 쓰면서 내가 소속한 정통적인 학파나 정신치료자로서의 나의 수련과는 관계가 없는 스승이 많이 있었다는 사실에 놀랐다. 이것은 여러 종류의 교육 기관에서 인생의 대부분을 보냈기에 가능한 일이다. 이런 여러 가지 교육 기관들 덕분에 대학과 같은 잘 조직화된 곳 밖에서 경험할 수 있는 시간과 에너지를 가질 수 있었다. 지면 관계상 나에게 영향을 준 사람들 중 일부에게만 감사의 뜻을 전하는 것을 안타깝게 생각한다. 이들은 이 책을 쓰는 데 가장 직접적으로 영향을 준 사람들이다.

이사도르 프롬(Isadore From)이 보여 준 친절과 관대함, 지칠 줄 모르는 지혜에 대하여 고마움을 표현하고 싶다. 그는 인내심을 가지고 첫 몇 년간 정신치료자로서의 나를 지도해 주었다. 그가 여전히 살아 있었으면 좋을 텐데 하는 바람을 해 본다. 명상 교육과 지도를 해 준, 그리고 모범이 되어 준 잭 콘필드(Jack Kornfield)와 조셉 골드스타인(Joseph Goldstein)에게 감사할 수 있어 다행이다. 지난 20년간의 가르침과 격려, 토론에 대해서는 다니엘 골만(Daniel Goleman)에게 신세를 졌다. 이것들은 모두 이 책에 나타나 있다. 정신분석 분야의 꽃을 피웠던 그의 삶을 나에게 보여 준 엠마누엘 겐트(Emmanuel Ghent)와 마이클 아이겐(Michael Eigen), 제럴드 포겔(Gerald Fogel)에게 감사한다. 또 헬렌 투르코브(Helen Tworkov), 잭 앵글러(Jack Engler), 스튜어트 마굴리즈(Stuart Margulies), 마크 핀(Mark Finn), 카렌 호펜왓서(Karen Hopenwasser), 밥 트루만(Bob Thurman), 네나 트루만(Nena Thurman), 리차드 바르스키(Richard Barsky), 앤느 에델스타인(Anne Edelstein), 스캇 마티노(Scott Martino)와 편집자 조 안 밀러(Jo Ann Miller) 모두는 불교와 정신치료라는 종종 떨어져 있는 두 세계를 함께 묶어 보려는 나의 노력에 기여를 하였다.

알렌(Arlene), 소니아(Sonia), 윌(Will) 그리고 다른 가족들 모두가 이 작업을 완수하는 데 필요한 마음의 평화를 주었고, 나의 환자들은 열린 마음과 솔직함과 유머로써 나에게 영감을 주었다. 그들 모두의 이름을 말하면서 감사하고 싶지만 자제하기로 한다.

내 환자들은 관대하게 그들 자신을 나와 공유하였으며 이 책의 재료를 제공하였다. 이 책에 언급된 모든 사례는 사생활을 보호하기 위해 이름이나 다른 확인할 수 있는 세부 사항들을 바꾸거나 혼합하였다.

머리말

붓다의 문을 두드림

내가 가장 많이 받은 질문은 정신치료자인 나에게 불교가 어떻게 영향을 미쳤고 그것을 어떻게 내 일에 통합하였나 하는 것과 관계된 것이다. 이것은 만만치 않은 질문이다. 왜냐하면 나는 '불교정신치료자'가 되려고 하지 않았기 때문이다. 나는 동양과 서양의 세계에 대한 공부를 동시에 했다. 첫 번째 명상 선생들을 만났던 때는 프로이트 이론을 만났을 때와 같은 시기였고 의학을 공부하는 동안 인도와 동남아시아로 여행했으며, 첫 환자와 만나기 전에 조용한 수행처에서 몇 주일을 보냈다. 나는 이 둘의 통합을 연구하는 어떤 학파에도 소속되지 않았다. 그러나 어떠한 실질적인 선택의 여지가 없었다. 명상과 정신치료가 가지고 있는 지극히 개인적인 속성에 맞게 내 자신의 통합 시도는 무엇보다도 개인적인 것이었다.

이것은 위대한 심리학자 윌리엄 제임스(William James)가 상상했던 것과는 많이 다르다. 제임스는 불교의 심리학적인 정교함에 감명을 받았고 불교가 서양의 심리학에 주된 영향을 줄 것이라고 예측했다. 그의 이야기는 이 책의 무대를 장식한다. 제임스가 1900년 초에 하버드에서 강의를 할 때, 청중 중에 스리랑카에서 온 승려를 발견하고는 갑자기 강의를 멈추었다. 그는 "내 자리에 앉으십시오. 당신은 나보다 심리학을 강의하기에 더 적합합니다. 지금부터 25년이 지난 후에는 불교가 모든 사람이 공부하게 될 심리학이 될 것입니다."[1] 하고 말한 것으로 기록되어 있다. 제임스는 불교 사상의 심리학적 차원을 맨 처음 높이 산 사람들 중의 한 사람이지만 심리학에서 성취한 만큼은 예언하지 못했다. 그보다 몇 년 앞서 프로이트는 비엔나에서 『꿈의 해석』을 출간했고 그로부터 수십 년에 걸쳐 서양에 훨씬 큰 영향을 준 것은 붓다의 심리학이 아니라 프로이트의 심리학이었다.

제임스가 강의를 할 무렵에 서양의 심리학자들은 동양철학의 영향을 막 받기 시작했다. 정신분석 서클들 내에서도 동양사상에 대한 관심은 일반적이었다. 프로이트의 많은 초기 동료와 추종자들[어니스트 존스(Ernest Jones), 오토 랭크(Otto Rank), 산도르 페렌치(Sandor Ferenczi), 프란츠 알렉산더(Franz Alexander), 루 안드리아스–살롬(Lou Andreas-Salome), 칼 융(Carl Jung) 등]은 동양의 신비주의에 친숙했고 정신분석적 조망에서 그것을 다루려고 시도했다. 프로이트의 친구이고 프랑스 시인이자 극작가였던 로맹 롤랑(Romain Rolland)은 힌두교의 스승인 라마크리슈나(Ramakrishna)와 비베카난다(Vivekananda)의 열렬한 추종자였다. 그는 자신의 명상에 대해 프로이트와 활발하게 서신을 교환했으며, 그것은 프로이트의 『문명과 불만(Civilization and Its Discontents)』에 광범위하게 묘사되어 있다. 다소 의심을 하긴 했지만 친구의 보고에 매료되어 프로이트는 자신의 정신분석적 이해를 로맹 롤랑의 경험에 적용해 보려고 노력했다. 1930년에 프로이트는 다음과 같이 썼다.

> 이제 나는 당신의 안내를 받아서 인도의 정글 속으로 뚫고 들어가려고 합니다. 지금까지는 헬레니즘적인 균형에 대한 사랑과 유대인의 절제, 예술이나 문화를 이해 못 하는 사람들이 가지는 소심함(philistine timidity)이 불분명하게 혼합되어 있어 그 정글에 가까이 가지 못했습니다. 실제로 나는 더 일찍 그것에 착수했어야 했습니다. 왜냐하면 이 토양의 식물이 나에게 이질적인 것이 아닐 것이기 때문입니다. 그 뿌리까지 도달하자면 나는 어느 정도 깊이 파야만 합니다. 그러나 사람이 자신의 본성의 한계를 넘어서는 것은 쉽지 않습니다.[2]

이 세 가지 특징, 즉 '균형에 대한 사랑과 유대인의 절제, 예술이나 문화를 이해 못하는 사람들이 가지는 소심함'을 프로이트와 공유하는 사람으로서 나는 세 가지 모두 불교적인 접근을 이해하지 못하게 하는 것이 아니라는 것을 증명할 수 있다. 프로이트는 의심하면서도 인도의 정글을 뚫고 들어가는 데 최선을 다했다. 롤랑의 영향을 받아서 프로이트는 '대양적 느낌(oceanic feeling)'을 원형적인 신비로운 경험으로 묘사했다. 즉, 우주와 한계나 경계가 없이 하나가 되는 느낌으로 '무한한 나르시시즘의 회복'과 '유아적인 무력감의 재현'³을 추구하는 것으로 묘사했다. 명상의 경험을 이렇게 유방이나 자궁으로의 회귀로 등식화하는 데 대해 프로이트의 논평 이후로 정신분석적 공동체는 실질적으로 도전을 하지 않았다. 그런 등식화가 어떤 진실을 포착하고는 있다고 할지라도, 불교의 가장 고유한 통찰이면서 정신역동적인 접근과 가장 관계가 있는 분석적 실제 방법들에 대한 설명은 제공하지 못하고 있다. 제임스는 불교적 접근이 줄 수 있는 잠재적 공헌을 심리학이 받을 수 있게 길을 열어 주었던 반면, 프로이트는 그것을 효과적으로 닫아 버렸다. 이것은 프로이트가 명상 상태에 대해 정신분석적 연구를 하지 않으려고 해서가 아니고 불교 명상의 실제에 대해 기본적으로 친숙하지 못했기 때문이다.

제임스는 정신분석의 영향을 더 받은 그 후의 비평가 세대들이 이해 못 하는 것, 곧 불교의 영적인 경험이 갖는 본질적인 심리학적 차원을 이해했다. 불교적 접근은 정신적이고 정서적인 경험의 복잡함으로부터 신비주의적으로 후퇴하기는커녕, 모든 정신은 명상적 자각을 할 수 있다는 것을 요구한다. 이것이 바로 정신치료와 중첩되는 가장 분명한 점이다. 명상은 세상을 부정하는 것이 아니다. 명상에서 요구하는 느림은 일상의 마음을 더 면밀히 살펴보기 위해서다. 정의에 따르면 이러한 살펴봄은 심리학적이다. 이 살펴봄의 목적은 자기(self)의 진정한 본질이 무엇인가 하는 질문을 던지고 스스로 만들어 낸 정신적 고통의 생성을 종식시키는 것이다. 그것은 여러 정신치료학파가 제각기 추구해 왔던 것이지만 종종 마음에 대한 불교 심리학자들의 포괄적인 방법론의 도움을 받지 않아 왔다. 불교가 신비적이고 다른 세상을 추구하는 것으로 여겨지는 한, 서양 사람에게 이해되지 않은 이국적인 동양의 것으로 여겨지는 한, 우리의 복잡한 신경증적인 집착과 거의 관계가 없는 것으로 여겨지는 한, 불교는 심리학의 주된 흐름으로부터 격리되고, 불교의 통찰들은 '동양철학'이라는 비밀스런 공간으로 내던져질 수 있다. 그러나 불교는 현대의 정신치료자를 가르치는 본질적인 뭔가를 갖고 있다. 불교는 이미 오래전에 인간의 나르시시즘을 직면하고 그것을 뿌리 뽑는 기법을 완성하였다. 이것은 서양의 정신치료가 최근에서야 심각하게 생각하기 시작한 목표다.

천천히 그리고 꾸준히, 특히 1960년대 말과 1970년 이후로 동양사상은 서양의 심리학적인 의식 속으로 서서히 들어왔다. 융이 프로이트와 결별한 것과, 1950년대의 비트(Beat) 시인들이 선(禪)을 껴안은 것, 그리고 1960년대에 환각제와 동양의 신비주의를 반문화적으로 연결시킨 것에 힘을 받아 동양사상의 심리학적인 차원은 처음 서양에 침투한 이후로 '대안'이라는 이름하에 분투해 왔다. 동양사상의 영향은 심리학자 에이브러햄 매슬로(Abraham Maslow)의 연구와 현대 심리학의 인간주의 심리학의 발달에서 볼 수 있고, 여러 명의 정신분석의 선구들[특히 에리히 프롬(Erich Fromm)과 카렌 호나이(Karen Horney)]은 그들 활동의 말년에 불교 사상에 매력을 느꼈다. 그럼에도 불구하고 동양사상과 서양의 주류 정신분석의 세계는 오랫동안 현저하게 절연된 상태였다. 프로이트의 개념이 주도적이 되어 심리학의 언어를 완전히 떠맡고 정신분석이 심리학적인 경험의 본질을 탐구하는 광장으로 발전해 온 반면에, 서구에서 현대에 불교를 대중화시킨 번역가나 저자나 지도자나 그중 어떠한 사람도 실질적으로 정신분석의 언어에 유창하지 못했다. 그들은 동양적인 접근을 제시할 때 일반적으로 정신역동적 정신치료의 영역 바깥에 머물렀고, 그래서 보다 더 전통적인 정신치료자들이 그들을 계속 무시할 수 있었던 것이다.

제임스(James), 융(Jung), 앨더스 헉슬리(Aldous Huxley), 알랜 와츠(Alan Watts), 토머스 머튼(Thomas Merton)과 조셉 캠벨(Joseph Campbell)이 초기에 이룬 공헌으로 아시아 사상의 대략적인 윤곽이 서양인에게 그려졌다. 모든 종교에 있는 '우주적 의식'의 보편성이나 신비주의를 강조함으로써 이들 저자들은 모든 영적인 전통에 공통된 '영원의 철학(perennial philosophy)'의 관념을 대중화하는 데 큰 일을 했다. 이들과 같은 동양사상의 초기 연구가들은 불교 경전에서 독특한 심리학적인 특질을 인식하였지만, 종종 불교적 접근을 다른 동양사상과 구별하지 못했다. 또한 그들은 자기의 본질을 분석적으로 탐구하는 특수한 불교적 기법을 중요하지 않게 여기는 경향이 있었다. 그러나 이러한 불교적 기법은 오늘날의 정신치료와 매우 관계가 깊다. 그들은 전문가가 아니었다. 그들은 많은 정보를 통합하고 그것을 어쩔 수 없이 단순화된 형태로 번역해서 이러한 모든 정보를 처음 접하는 청중이 소화할 수 있게 하였다. 이러한 초기 번역가들은 거의 대부분 불교와 다른 동양의 접근들을 구별하게 하는 실제 명상을 광범위하게 해 보지 못했다. 그리고 이들은 불교적 가르침이 갖고 있는 심리학적 명료함을 존중하였음에도 불구하고, 임상적 정신치료와 집중적인 불교 명상 둘 다를 경험하지 않았기 때문에 양자의 효과적인 통합은 어려웠던 것이다.

그사이 정신치료가 오랜 기간에 걸쳐 영역을 넓혀 나가고 점점 정교해지면서 불교사상과 유사한 부분이 훨씬 더 분명해졌다. 예를 들면, 치료의 초점이 성적이고 공격적인 분투에 대한 갈등에서, 근본적으로 자기 자신이 누구인지 모르기 때문에 환자가 자신에 대해 어떻게 불편해하는지에 초점을 두는 것으로 옮겨짐에 따라, 자기의 문제는 불교와 정신분석의 공통점으로 나타났다. 서양의 전통은 나르시시즘적인 딜레마라고 불리는 것, 즉 거짓됨이나 공허함을 느껴 사람들이 자신과 다른 사람을 이상화시키거나 격하시키도록 몰아가는 것을 아주 잘 묘사하게 되었지만 그러한 문제를 해결하는 데 쓸 수 있는 방법에 대해서는 많은 논란이 야기되었다.

사실 서양의 치료자들은 신경증적 고통의 강력한 원천을 발견하기는 했지만 그것을 성공적으로 치료하는 방법은 발전시키지 못했다. 이 시점에 도달하자 심리학의 분야에 있는 많은 사람은 결국 제임스를 따라잡았다. 그들은 붓다의 심리학적인 가르침을 볼 수 있는 준비가 되었다.

불교 심리학은 결국 이러한 핵심적 자기동일성 혼란감을 출발점으로 하고, 더 나아가 견고함과 확실성 또는 안전함을 성취하려는 일상적인 모든 노력이 결국에는 실패할 것이라고까지 주장한다. 불교 심리학은 수십 년간 서양의 심리학자들에게 영향을 주었던 '신정한 자기'를 발견하려는 노력을 묘사하고 있을 뿐만 아니라(프로이트의 내부 서클의 일부 사람들은 나르시시즘에 대한 통찰을 얻기 위해서 새로 번역된 불교 경전을 연구했다), 서양의 전통에서는 이용할 수 없는 분석적 탐구방법을 제공하고 있다. 불교적 관점에서 보면, 명상은 개인을 신경증적 고통으로부터 자유롭게 하는 데 필수불가결한 것이다. 정신치료는 특히 성적이거나 공격적인 갈등을 노출시키고 감소시키는 데 필요할 수 있지만, 정신치료적인 대화는 안절부절못하고 불안정한 자기라고 하는 문제에 언제나 봉착할 것이다. 정신치료는 문제를 발견하고 문제가 발생하도록 만든 소아기 때의 문제를 끄집어내고 지적할 수 있으며, 성적이고 공격적인 분투를 자기에 대해 만족스러운 느낌을 추구하는 것과 밀접하게 연결시켜 문제를 줄일 수 있다. 하지만 나르시시즘적인 갈구로부터 자유를 가져다줄 수는 없다. 프로이트는 만년에 쓴 논문 '종결할 수 있는 분석과 종결할 수 없는 분석'[4]에서 이러한 결핍을 인식했다는 징후를 보여 주었고, 치료자와 환자는 정신치료가 제공하는 상대적인 경감(relief)만을 받아들일 수밖에 없었다. 불교는 분명히 더 많은 것을 약속한다. 이점이 나르시시즘을 '발견'하면서 이를 받아들일 준비가 된 정신치료자 집단(psychotherapeutic community)의 주의를 끌었다. 이 책은 내 자신의 발전에 영향을 미친 두 가지, 붓다의 가르침과 서양 심리학의 통찰을 조화시키려는 내 자신의 오랜 노력의 결과다.

사람들은 불교적 접근에 매력을 느끼지만 그것은 여전히 수수께끼로 남아 있다. 사람들은 불교가 그들에게 무엇인가 말하고 있다는 것은 알고 있지만 불교가 주는 메시지를 일상생활에 적용할 수 있는 형태로 바꾸는 것은 어려워하고 있다. 여전히 이국적이고 낯설어서 이질적인 것으로 접근하기 때문에 불교적 접근이 가지는 힘은 실제적으로 사용되지 않고 있으며 그 메시지는 아직 통합되지 않았다.

이러한 상황은 이천 년 전 중국의 상황과 비슷하다. 그때 도교가 유행하는 철학이었고 불교는 처음 도입되었다. 새로운 혼성물, 즉 중국 불교를 만들어 냄으로써 불교의 중국화를 이루었던 것은 불교적 명상에 능했던 도교 학자들의 몫이었다. 우리의 문화에서 일반 대중의 의식 속으로 침투해 들어간 것은 정신분석의 언어로서, 프로이트가 발달시키고 지난 일 세기에 걸쳐 여러 세대의 정신치료자들이 신중하게 발전시켰다. 붓다의 통찰이 서양인에게 제시되어야만 하는 것은 바로 이러한 언어를 통해서다.

이를 염두에 두고 나는 이 책을 세 부분으로 구성하여, 각각 '마음에 대한 붓다의 심리학' '명상' '치료'라고 이름을 붙였다. 제1부에서는 붓다의 심리학적 가르침을 서양의 정신역동학적 언어로 소개하였다. 내가 이렇게 하는 것은 심리학이나 정신치료의 분야에 있는 사람들을 위해서뿐만 아니라, 불교 철학이나 명상에 매료는 되어 있으나 불교적 접근의 개념적 토대에 대해 막연한 생각을 가진 사람들을 위해서다.

제1부의 의도는 불교적 관점에 대한 예비교육이다. 서양에는 붓다의 기본적 가르침에 대해 잘못 생각하는 점이 많이 있기 때문이다. 프로이트 이론에서 유래된 심리학적인 개념들로 가득 차 있고, 자신의 심리적인 문제가 불완전하게 해결되었거나 다루어지지조차 않은 상태에서 명상에 참여한 서양인들은 종종 자신의 갈망이나 살등 그리고 혼란 때문에 궤도를 이탈한다. 붓다의 심리학을 서양의 심리학적인 언어로 설명하면서 나는 그러한 불행한 경향과 맞서 싸우기를 희망한다.

제2부 "명상"에서는 순수한 주의집중(bare attention)이라는 기초적인 불교적 주의집중법을 설명하고, 명상의 길을 어떻게 정신역동적인 용어로 이해할 수 있는지 보여 주려고 한다. 전통적인 수행의 심리학적 토대를 제시함으로써 이러한 고대의 기법들이 어떻게 현대의 서양인들에게 연관되는가를 명백히 보여 주고자 한다. 순수한 주의집중, 집중, 마음챙김(mindfulness) 그리고 분석적인 탐구의 명상 수행이 현대 정신역동적 관점의 최전방에 있는 문제들을 다룬다. 그것들은 다른 세상의 일을 추구하는 것이 아니다. 이러한 명상의 경험들이 심리학적인 용어로 어떻게 이해될 수 있는지를 보여 줌으로써 그것들이 보다 전통적인 서양의 정신치료와 함께 할 때 얼마나 강력한 힘을 발휘할 수 있는지를 분명히 알려 주고 싶다.

제3부 "치료"는 정신치료의 실제에 관한 프로이트의 논문인 '기억, 반복 그리고 훈습'을 가지고 붓다의 가르침이 정신치료의 실제와 어떻게 통합될 수 있는가를 생각해 보는 형판(template)으로 사용하였다. 이 장은 명상가와 환자, 그리고 정신치료자로서 내가 겪은 경험에서 나왔다. 이 경험 속에서 불교와 정신치료라는 두 세계는 언제나 그렇게 다른 것은 아니었다. 나는 정신과 의사가 되기 전에 불교에 대해 배울 수 있는 비교적 독특한 위치에 있었고, 정신치료에 입문하기 전에 명상을 공부했다. 사실 나와 불교와의 첫 만남은 하버드 대학에서 윌리엄 제임스 홀이라고 불리는 심리학과 건물의 강의실에서였다. 그 건물에서 제임스가 예측한 것보다는 50년 늦게 그의 예언이 뿌리내리기 시작하고 있었다. 제3부에서는 불교의 수행이 어떻게 내 자신의 임상적인 작업에 침투했는지 보여 주려고 노

력하였고, 붓다의 가르침이 어떻게 현대의 정신치료의 실제를 보완하고 정보를 주며 활기를 불어넣는가를 보여 주려 하였다. 또 오늘날 매우 중요한 임상적인 정신치료자들 중 얼마나 많은 사람들이 붓다의 문을 두드려 왔으며, 종종 자신도 모르게 그렇게 했다는 것을 알리려고 하였다.

불교 심리학에서 언제나 내가 가장 크게 감명을 받는 것, 즉 인간 정신에 대한 불교 심리학의 포괄적인 관점에 대해 논의하는 것에서부터 이야기를 시작하겠다. 수 세기 후에 일어난 서양의 전통들과 마찬가지로, 불교는 심리학적인 형태로 볼 때는 심층심리학이기 때문이다. 불교는 어떠한 정신분석가도 자신 있게 사용할 수 있는 용어로 인간의 정서적 경험을 거의 모든 범위에서 묘사할 수 있다. 붓다는 프로이트가 정의를 내린 세 가지 특성, 즉 '균형에 대한 사랑, 유대인의 절제, 그리고 예술과 문화를 이해 못하는 사람이 가지는 소심함'을 갖지는 않았지만, 붓다를 최초의 정신분석가였다고 해도 무방할 것이다. 또는 최소한 프로이트가 후에 체계화하고 발전시킨 분석적 탐구의 방식을 사용한 최초의 사람이었다고도 할 수 있다. 윤회에 대한 전통적 묘사에서, 그리고 네 가지 성스러운 진리의 가르침 속에서 우리는 이러한 분석적 탐구의 결실을 발견한다. 영국의 정신분석가 비온의 말에서 얻어 낸 이 책의 제목(역주: 이 책의 영어 제목은 'Thoughts without a Thinker'인데 번역본의 제목은 책의 내용을 고려하여 '붓다의 심리학'으로 붙였다)이 함축하듯이, 붓다의 가르침이 반드시 정신역동적 접근과 불일치하는 것은 아니다. 때로는 사실 붓다의 가르침은 의사가 처방할 수 있는 그런 것이다.

차 례

PART 1

마음에 대한 붓다의 심리학

이해(understand)하지 않는 마음이 붓다다. 그 외에 다른 것이 없다.

— 스즈키(D. T. Suzuki)

잘못된 시작

  불교와 심리학에 관심을 가진 지 얼마 안 되었을 때 두 가지를 통합하려고 하는 것이 얼마나 어려운 일인지를 특별히 생생하게 볼 기회가 있었다. 내 친구 몇 명이 하버드 심리학 교수 집을 방문하는 두 명의 유명한 불교 스승을 만나도록 주선했다. 이들은 명백하게 다른 불교적 전통에서 온 스승들로, 전에 서로 만난 적이 없었고 각각의 전통은 실제로 지난 수천 년간 거의 접촉이 없었다. 불교와 서양의 심리학이 만나기 전에 불교 내의 여러 가지 요소들이 서로 만났어야만 했을 것이다. 우리는 그러한 첫 번째 대화를 목격하게 되었다.

  70세인 티베트의 칼루 린포체(Kalu Rinpoche)는 외딴 수행처에서 오랜 기간을 보낸 노장이고, 숭산은 미국에서 최초로 가르친 한국 선사다. 이 두 스승은 붓다의 가르침에 대한 서로의 이해를 테스트하려고 하였는데 이는 구경하는 서양 학생들을 위해서였다. 이것은 법거량(오랫동안의 공부와 명상으로 예리해진 위대한 인간들의 맞부딪침) 중에서도 수준 높은 형태가 될 것이었다. 우리들은 그러한 역사적인 만남이 가치가 있을 것이라고 모두 기대하면서 기다리고 있었다. 두

명의 스님이 법복을 휘날리면서 들어왔다. 티베트 스님은 밤색과 노란색 옷을, 한국 스님은 검소한 회색과 검정색 옷을 입고 들어왔다. 그 뒤를 젊은 스님들과 머리를 삭발한 통역자들이 뒤따라왔다. 그들은 익숙한 결가부좌 자세로 방석에 앉았다. 행사를 주관한 사람이 선사가 나이가 적으므로 먼저 시작하기로 되어 있다고 분명하게 말했다. 티베트 스님은 아주 조용히 앉아 나무로 된 염주를 한 손으로 돌리면서 '옴마니 반메 훔'을 계속해서 소곤소곤 중얼거렸다. 이 선사는 학생들에게 질문을 세게 던지는 방법으로 이미 명성이 높았다. 학생들이 자신의 무지를 인정할 때까지 그렇게 질문한 후에는 "그 모른다는 마음을 계속 가지고 있으라."고 하면서 학생들에게 고함을 친다. 그는 옷 깊숙이 손을 넣더니 오렌지를 꺼냈다. "이것이 무엇이냐?" 그는 라마승에게 물었다. "이것은 무엇이냐?"라는 질문은 전형적으로 시작하는 질문이다. 우리는 그가 어떤 반응을 하든지 간에 마구 내려칠 준비가 되어 있다고 느꼈다.

티베트 스님은 조용히 앉아 염주를 돌리면서 반응할 움직임을 보이지 않았다.

"이것이 무엇이냐?"고 선사는 주장하면서 오렌지를 티베트 스님의 코 가까이 가져갔다.

칼루 린포체는 아주 천천히 몸을 굽혀서 옆에서 통역을 하는 티베트 스님 쪽으로 향하더니 서로 수분 동안 속삭이며 말을 주고받았다. 결국 통역 스님이 방에 있는 사람들에게 이야기했다. "'뭐가 문제인가? 그 나라에는 오렌지도 없나?' 하고 린포체는 말했습니다."

대화는 더 이어지지 않았다.

1

윤회

신경증적 마음에 대한 불교적 모델

　이 두 불교 스승 사이에서 공통분모를 찾기가 어려웠듯이 동서양의 심리학적 전통 사이에서 일치점을 찾는다는 것은 훨씬 더 어려운 일이다. 그렇지만 내가 생각할 때, 불교에서 그리는 세계에 대한 이미지 가운데 가장 널리 퍼져 있는 것 중의 하나인 윤회 그림이 불교와 서구 사이의 괴로움의 인식과 심리적 건강을 비교해 보는 데 특히 유용한 출발점이 되는 것 같다. 윤회 그림은 육도 중생이라고 알려진 것들을 그리고 있으며, 중생들은 이 끝없는 재생의 원을 지나간다. 그림에서 보면, 이 원형의 만다라는 죽음의 신 야마(Yama)가 크게 벌린 입 안에 그려져 있다. 그 만다라는 중생이 속해 있는 6도, 곧 인간, 축생, 지옥, 아귀, 아수라, 천상에 대해 삽화로 선명하게 나타내고 있다. 이것은 큰 구분이며 이를 주제로 한 자료들은 각각 수

백 개의 세계를 서술하고 있다. 불성으로 가는 길은 윤회에서 벗어나는 것이고, 인간계로부터 벗어나는 것이며, 이것은 인간으로 태어난 것에 함축된 특별한 기회를 나타내 준다. 그것은 불심의 실현, 윤회에서 벗어나는 깨달음이다.

윤회는 불교 국가에서 업의 개념을 가르칠 때 사용된다. 이 개념은 현생의 행위가 내생의 생존 형태에 영향을 미친다는 것이다. 다른 사람을 해치는 것은 지옥에 태어나는 첩경이 되고, 욕망에 탐닉하면 축생에 나며, 다른 이에게 보시를 하면(특히 스님이나 절에) 보다 안락한 인간 세상에 태어나거나 천상에 태어난다는 것 등이다.

업에 대한 심리학적 가르침은 실제로는 당연히 이보다 더 복잡하겠지만, 만다라는 어린이나 초보자도 쉽게 이해할 수 있는 이미지다. 이 그림의 핵심은 원의 중앙에서 서로 잡아먹으려고 노리고 있는 돼지와 뱀, 수탉으로 상징된 힘이다. 즉, 탐욕과 증오와 미혹에 이끌리는 존재가 있는 한, 그들은 자신의 불성에 대해 모르고, 세계가 무상하고 무아이며 고통스럽다는 것에 대해서도 무지한 상태로 남아 있으며, 윤회에 속박되어 있는 것이다.

그러나 윤회에 내재된 고통에 대한 불교적 관점 중에서 가장 매력적인 것 중 하나는 고통의 원인이 곧 해탈의 원인이기도 하다는 것이다. 다시 말하면, 고통받는 자가 어떤 관점을 갖고 있는지에 따라 주어진 영역이 깨달음을 위한 수단이 될지 속박이 될지를 결정한다는 것이다. 육도의 영역 그 자체가 아니라, 탐욕과 분노, 무지로 조건 지워진 우리의 그릇된 육도 인식이 고통을 일으킨다. 각 영역에는 작은 불상(실제로는 관세음보살의 화현으로서 그의 에너지는 다른 사람의 고통을 없애는 데 쓰임)이 삽입되어 있다. 그 불상은 각각의 차원을 왜곡하고 고통을 영속시키는 잘못된 지각을 어떻게 바로잡는지를 상징적으로 가르친다. 불교는 우리가 어떤 영역도 명확하게 인식하지 못한 채. 두려움에 가득 차서 충분한 경험을 얻지도 못한 채, 그것을 끌어안을 수도 없는 채로 우리가 보게 될 것에 대해 두려움에 떨면서 육도를 순환한다고 가르친다. 우리 마음속의 생각이 마치 우리의 통제를 벗어난 것처럼, 재잘대는 것처럼, 우리는 어디로 가는지도 모른 채 이 영역에서 저 영역으로 미끄러진다. 우리는 우리 마음속에 갇혀 있지만 진정으로 마음을 알지는 못한다. 우리는 뜨는 방법을 배우지도 못한 상태로 표류하고 분투하며 그 마음의 파도에 휩쓸린다.

다음은 문자 그대로보다 더 심리적으로 윤회를 받아들이고 이해하는 또 다른 방법이다. 불교 수행의 핵심적인 질문은 무엇보다도 '나는 누구인가?'라는 심리학적인 것이다. 이 질문에 대한 연구는 윤회 전체에 대한 탐구를 필요로 한다. 각각의 영역은 특정한 장소가 아니라, 신경증적 고통을 반영하는 모든 영역으로서 다른 심리적 상태에 대한 은유가 된다.

불교에 따르면, 고통을 일으키는 것은 우리 자신을 직접 경험할 때 느끼는 두려움이다. 이 점은 프로이트의 관점을 매우 잘 지키고 있는 것으로 보인다. 프로이트가 표현했듯이 환자는

병의 현상에 주의를 돌리는 용기를 내야만 한다. 병 자체를 경멸의 대상이 아닌, 그의 인격의 일부이고 용기를 낼만한 가치가 있는 적으로

삼아야 한다. 그것은 생존에 필요한 굳건한 기반을 가지고 있고 그로부
터 미래의 삶을 위한 가치 있는 것이 파생돼야만 한다. 그리하여 증상
으로 표현된 억압된 것과 화해할 수 있는 길이 열린다. 동시에 병적 상
태를 견딜 수 있는 길이 발견된다.[1]

화해가 해탈로 이끈다는 믿음은 여섯 영역에 대한 불교적 관념의
근본이다. 신경증적 마음을 외면하는 동안에는 깨달은 마음을 발견
할 수 없다. 프로이트가 예언적으로 언급했듯이, "결론적으로 말해
서 있지도 않은 것 혹은 허깨비 같은 사람을 파괴하는 것은 불가능
하다."[2] 우리는 각각의 경험 영역에서 명확히 보는 법을 배워야 한
다고 불교는 가르친다. 오직 그때에만 붓다가 보편적이라고 인식한
고통이 변화될 수 있을 것이다. 생존의 여섯 영역인 윤회로부터의
해탈은 전통적으로 열반이라고 묘사되고 인간계로부터 빠져나가는
길로 상징된다. 그러나 열반이 바로 윤회라는 것이 불교 사상의 근
본적인 이론이다. 즉, 세간 존재와 별개인 붓다의 영역은 없으며, 고
통으로부터의 해탈은 어떤 천상의 영역으로 이주하는 것이 아니라
인식의 변화에 따라 획득된다는 것이다.

서구 심리학은 이 육도를 이미 많이 조명해 왔다. 프로이트와 그
추종자들은 열정(passions)의 동물적 본성, 편집증적 상태와 공격적
및 불안한 상태의 지옥적 본성 그리고 구강기적 갈망이라고 하는 것
이 가진 만족할 줄 모르는 열망적 속성(아귀 그림에 묘사되어 있음)을
주장해 왔다. 그 후 정신치료의 발달은 보다 높은 영역에 초점을 맞
추었다. 인간주의 정신치료는 천상 영역의 궁극적 경험(peak experi-

ence)을 강조했으며, 자아 심리학, 행동주의, 그리고 인지치료는 아수라의 영역에서 보이는 경쟁적이고 유능한 자아를 개발시켰다. 그리고 나르시시즘 심리학에서는 인간계에서 매우 핵심적인 자기동일성(역주: 이 책에서는 identity를 자기동일성으로 번역하였다)의 문제를 다루었다. 정신치료 상에서 이런 각각의 경향은 소외되어 있는 약간의 신경증적 마음을 되찾으면서, 인간 경험의 잃어버린 부분을 되돌리는 것과 관련되어 있다.

자기의 모든 측면을 되찾는 데 대한 관심은 육도라는 불교적 관념으로 볼 때 근본적인 것이다. 불교인들은 우리 성격의 이런 측면뿐아니라 깨달은 마음인 불성으로부터도 우리가 소외되어 있다고 주장한다. 우리가 되찾거나 다시 기억하는 방법을 연습할 기회는 풍부하다. 그 방법은 특히 명상 속에서 배우게 된다. 우리는 여섯 영역의모든 재료, 즉 우리 마음속에 있는 모든 집착들을 연습할 수 있기 때문이다.

만약 어떤 사람의 어느 측면이 이해되지 않는 채, 즉 단절되고, 부정되고, 투사되고, 거절당하고, 탐닉하고, 혹은 동화되지 않은 채로있다면 거기에 탐, 진, 치가 붙게 된다. 그것은 다른 사람이나 세상과만족스런 만남을 갖지 못하게 하고, 두려움을 흡수하며, 소외된 자기에 대한 방어벽을 만들어 내는 블랙홀이다. 빌헬름 레이히(Wilhelm Reich)가 성격 형성에 대한 선구적 연구에서 밝혔듯이, 인격은 자기소외라는 이 지점 위에 세워져 있다. 역설적인 것은 우리가 실재한다고 간주하는 우리 자신이란 단지 우리가 자각하고 싶지 않은 것에대한 반응으로 구성된다는 것이다. 우리가 부정하고 있는 것 근처에 우리는 긴장해 서 있고, 그 긴장을 통하여 우리 자신을 경험한다.

예를 들어, 최근 내 환자는 수치감과 무가치함, 그리고 어렸을 때 어머니가 정서적으로 부재했던 데 뿌리를 둔 분노를 중심으로 하여 자기동일성을 발전시켰다는 것을 깨달았다. 어머니가 없다고 느끼면 두려워졌는데, 이 두려움의 공포가 그의 정신을 너무 위협했기 때문에 대신 자신을 문제로 만들어서 자기가 부족하고 모자란다는 감정으로 뒤바꾸었다. 그가 성인이 되고 얼마 지나지 않아, 그의 어머니가 뇌졸중으로 마비가 되어 자리에 눕게 되었다. 그래서 그의 어머니는 그에게 신체적으로 반응을 보일 수 없게 되었는데, 이때 결국 그는 그의 공포를 자각하게 되었다. 자기라는 섬유(fabric of self)는 우리의 정서적 경험 안의 바로 이 구멍들에서부터 함께 짜여지는 것이다. 무의식적으로 거부해 온 그런 양상들이 되돌아 왔을 때, 그래서 그것들이 의식화되고 받아들여지고 관용하게 되고 통합될 때, 비로소 자기는 하나가 되고 자의식의 껍질을 유지할 필요가 사라지며 자비의 힘이 자동으로 속박에서 풀려난다. 내 환자가 최종적으로 어머니의 정서적 부재에 대한 자신의 공포를 알 수 있게 되었을 때, 그는 어머니가 처한 정서적 곤경에 대해 공감을 느끼기 시작했다. 전에는 그의 수치심이 그것을 사전에 가로막았던 것이다. 유명한 선사인 도겐(Dogen)은 다음과 같이 말했다.

불교를 공부함은 자신을 공부하는 것이고,

자신을 공부함은 자신을 잊는 것이며,

자신을 잊는 것은 다른 것들과 하나가 됨이다.

윤회의 가르침을 통하여, 육도 윤회 중 한두 개 영역의 억압만을 드러내는 것은 충분치 않다는 것을 상기하게 된다. 반드시 전체영역에서 억압을 드러내야만 한다. 신적 본성(God-like nature)과는 단절되지 않았지만 자신의 열정과 단절된 사람은 반대의 경우로 고통을 겪는 사람만큼이나 균형을 잃고 견디지 못하게 될 것이다. 서구의 많은 정신치료 운동은 어떤 특정한 영역의 고통들에 대해 상당히 깊게 연구했지만 어느 누구도 윤회 전체를 탐구하지는 않았다. 예를 들어, 프로이트는 동물, 즉 욕망의 영역을 탐구했고, 아동정신분석가인 멜라니 클라인(Melanie Klein)은 불안과 공격성이라는 지옥의 영역을, 영국의 정신분석가인 위니코트(D. W. Winnicott)와 자기 심리학(self-psychology)의 개발자인 하인츠 코헛(Heinz Kohut)은 나르시시즘의 인간 영역을, 인간주의 심리학자인 칼 로저스(Carl Rogers)와 에이브러햄 매슬로(Abraham Maslow)는 천상 영역의 궁극적 경험을 연구하였다. 이러한 접근들은 특정한 집착점의 치료에 도움이 되고 실제로 본질적인 접근이다. 그러나 그것은 각각 전적으로 하나의 차원에만 초점을 두고 있기 때문에 태생적인 한계가 있다. 어느 정도까지는 각각이 필요하다. 그러나 불교전통은 전체 만다라를 신경증적 마음이 반영된 것으로 보고, 그리하여 포괄적으로 적용할 수 있는 접근을 요구한다.

윤회 속에서, 불교의 전문가들은 인간 영역 안의 고유하고 특별한 기회를 강조했다. 바로 이곳에서 해탈로 향한 길이 도출된다. 이 영역에서 순수한 주의집중이라는 본질적인 명상 기법이 나오는 것이다. 이 기법은 각각의 다른 영역을 위해 개발된 가장 효과적인 치료법들을 뒷받침한다. 인간 영역은 다른 모든 영역으로 퍼져 나간다. 그래서 그것은 윤회의 중심축이자 나르시스의 영역으로, 자신을 찾고 자신의 그림자(reflection)에 사로잡혀 있다.

이것을 염두에 두고 각각의 불교적 영역과 그 안에서의 투쟁들을 좀 더 자세히 살펴보자. 나는 개인적인 나의 이야기로 시작하고 싶다.

지옥계

내 딸이 세 살이 되었을 때, 동생이 태어났다. 그때 딸은 바람을 유난히 두려워했다. 처음에 우리는 그것을 너그러이 봐주었다. 맨해튼의 허드슨 강에서 불어오는 바람은 꽤 강한 돌풍일 때도 있었고 딸은 그에 비하면 너무나 작아 보였기 때문이다. 우리는 나름대로 아이를 안심시키고 보호해 주었지만 아이의 두려움은 커져만 갔다. 아내와 나는 미풍이 불 때조차 깜짝깜짝 놀랐다. 다른 아이들은 바람이 불어도 평온했지만, 우리는 모두 현관에서 가리개를 하고 보호막이 될 옷가지들을 서로 겹겹이 걸치거나 그렇지 않으면 급격히 퍼지는 이 공포에 완전히 지배되어 갔다. 딸은 미풍의 스침에도 두려움에 떨면서 서서히 지옥계로 미끄러져 들어갔다. 딸은 바람에 휩쓸려서 바다에 가라앉아 큰 고래에게 먹혀 버리거나 아니면 바람이 속으로 들어와서 자기를 터뜨릴까 봐 두렵다고 했다.

티베트의 윤회도에는 지옥의 중생들이 지독한 고문에 시달리고 있는 것으로 묘사되어 있다. 그들은 뜨거운 기름에 튀겨지고, 사나운 짐승들에게 손발이 잘리며, 한랭함과 기아와 다른 여러 가지 무시무시한 벌을 받고 있는 것으로 나타난다. 바람에게 고통을 받는 것은 아주 흔한 경우는 아니지만, 딸의 경험이 지옥과 같은 것이었다는 사실은 말할 필요도 없다. 정신역동적 견지에서 볼 때, 지옥의 영역은 공격성과 불안의 상태를 생생하게 묘사하고 있다. 지옥 중생들은 분노에 불타거나 불안으로 고통받고 있다. 그러나 그들은 자신들을 괴롭히는 것이 자기 마음의 산물임을 알아채지 못한다. 격노와 불안에 완전히 지배되어 있는 동시에 그로부터 소외되어 있다. 그들은 그 원치 않는 것들이 자신의 것이라는 사실을 알지 못하여 자신이 만든 감옥 속에 갇힌다. 관세음보살은 거울이나 정화의 불꽃을 가지고 지옥의 영역 속에 가끔 들어가 있다. 이것은 거울에서 원하지 않던 감정을 보게 되면 고통이 완화될 수 있다는 것을 시사하는 것이다. 그렇게 보고 인식할 때 감정 자체가 치유된다(이 점은 프로이트도 놓치지 않았다).

실내에서 움츠려 지낸 여름 방학 후, 딸의 증상이 나타난 지 6개월 만에 우리는 외부의 자문을 구했다. 딸의 견딜 수 없는 감정을 바람이 드러나게 한 것이다. 그것은 딸의 내부에서 바깥세계로 투사된 것이다. 무엇이 그렇게도 견디기 힘들었을까? 우리는 동생이 태어났다는 사실이 그 아이에게 어떤 충격을 주었다는 것을 분명히 알고 있었고, 널리 알려진 형제간 경쟁의 가능성에 대해서도 신경을 곤두세우고 있었다. 그렇지만 아이는 정말로 동생을 좋아했고 돌봐주며 보호하는 듯했고 거의 적의를 보이지 않았다. 그러나 동생에 대한 딸의 분노 쪽으로 너무 민감하게 보려고 했기 때문에 실상이 흐려졌다.

딸은 동생에 대해서는 갈등을 일으키지 않았지만 어머니를 향해서는 갈등이 생겨났다. 새로 생긴 동생을 사랑하고 받아들이는 딸의 겉모습에서 우리는 딸이 너무 사랑하고 필요로 했던 어머니에 대해 인내할 수 없을 만큼 분노하고 있었음을 보지 못하고 놓쳤던 것이다.

딸은 엄마에게 분노하고 있었고 그것이 밝혀졌다. 그러나 그 분노의 느낌은 너무 강렬하고 위험해서 우리의 협조가 없는 한 딸이 가질 수 없는 것이었다. 딸은 분노를 제거하여 우리를 보호하였고 그 결과를 스스로 떠맡으면서, 우리 없이 할 수 있는 최선을 다해 왔다. 우리가 문제를 깨닫자 그것은 믿을 수 없는 속도로 해결되었다. 아내는 딸과 놀이를 했는데 그것이 싸움과 같은 놀이로 발전해도 개의치 않았다. 그렇게 해도 괜찮다는 것을 알자 딸은 거의 격려를 필요로 하지 않았다. 곧바로 둘은 마루가 꺼질 정도로 뛰고, 웃고, 소리 지르고, 껴안고, 서로 주먹으로 치고 놀았다. 딸이 투쟁 정신을 되찾게 되었을 때 바람에 대한 두려움은 감소되었고, 잠시 동안 우리는 딸에게 바람에 맞서 혼자 싸우는 연습을 해 보거나 고함을 지르거나 바람 속으로 달려가 보도록 용기를 북돋아 주었다. 우리가 딸의 분노를 견딜 수 있다는 것, 엄마와 독점적 관계의 소실에 대한 분노를 이해한다는 것을 딸이 알게 되었을 때, 그 공포증은 사라졌다. 5년이 지난 후 지금 딸은 그 일화를 단지 웃음거리로만 회고한다.

인도에서 티베트로 불교가 전래될 무렵의 전설 중에 이와 유사한 전설이 있다. 불교가 인도에서 티베트로 전래된 것은 8세기의 위대한 인도 유가 수행자 파드마 삼바바(Padma Sambhava)에 의해 처음으로 이루어졌다고 한다. 그 당시 티베트는 샤머니즘의 전통이 지배적이었고, 티베트인들은 외부에 숨어 있다고 느끼는 많은 정령과 마법의 힘에 사로잡혀 두려움에 떨고 있었다. 파드마 삼바바는 토착종교인 본교의 최고 사제와 시합을 하여 그들의 게임 방식으로 그의 마술 능력이 훨씬 우월하다는 것을 증명해 보이며 이겼다고 전해진다. 이러한 과정에서 그는 하등 영역의 짐승 머리를 한 강한 악마들을 물리치고, 그들을 불교의 수호자로 바꾸면서 악마적인 힘보다는 깨달은 마음의 측면의 그들의 본성을 드러냈다. 그 후부터 티베트 전통은 '자아의 시체를 짓밟고 가는' 그러한 존재들의 이미지로 가득 찼으며 고통스런 정서를 길들이며 투사, 편집증, 두려움으로부터 통합과 명확한 비전으로의 발전을 나타냈다.

원치 않는 감정을 인식하기를 거부할 때, 우리는 화가 나고 자기를 합리화하면서 그 감정들에 사로잡힌다. 전통적으로 종교는 공격적이거나 성적이거나 자기중심적인 마음을 '순수한' 헌신의 상태, 겸손 혹은 경건함으로 대치하라고 신자들에게 조언한다. 정신분석학에서는 그 추종자들이 이런 감정을 덜 두려워하고, 그것들의 뿌리를 이해하며, 원초적 충동과 갈망을 받아들이는 데 실패하여 잃게 되었던 에너지를 회복하도록 격려해 준다. 세계의 종교 중에서 불교만이 독특하게 중도를 취하는데, 이것은 파괴적인 감정으로부터 벗어남의 필요성을 인식하고 동시에 그런 벗어남은 우리가 벗어나기를 바라는 감정에 대해 비판단적으로 자각하는 것을 통해서임을 알기 때문이다.

지옥의 영역이 기본적으로 공포 및 공격성의 상태와 연관된 것같이 보이는데, 성장기 아동들에게 미움이 필요하다고 밝힌 위니코트의 견해가 불교도들이 이런 감정에 대해 고무하는 태도를 설명하는 데 도움이 될 것이다. 위니코트는 어린아이가 사랑하는 사람과 하나가 되고 싶어 하는 자연스런 충동을 갖고 있다고 보았다. 또한 어린아이는 아이를 돌보는 여자라면 누구라도 인정하듯 가차없는 일편단심으로 어머니와 떨어지지 않으려 한다고 보았다. 그는 '좋은 어머니(good enough mother)'라는 개념을 개발하였다. 그 개념은 아이의 이러한 공격성을 파괴하지 않고 다룰 수 있고, 공포로 위축되지 않으며, 격노해서 복수하지 않고, 모성을 포기하는 일 없이 그 공격으로부터 살아남을 수 있는 어머니를 의미한다.[3] 이 '좋은' 반응의 한 면으로는 아이가 저지르는 파괴를 견디고, 어머니의 입지를 굳히며, 한계를 설정하고, 경계를 명확히 함으로써 좌절의 요소를 아이의 경험에 들어가게끔 하는 것이다. '좋은' 반응의 다른 한 면은 격노를 허용하고 격노가 초래하는 불화를 받아들이는 것이다. 이것은 위니코트가 말한 '대상관계(object relating)'라는 상태에서 '대상사용(object usage)'이라는 상태로 아이의 성숙을 촉진시켜 준다. 다시 말하면, 어머니가 단지 유아의 연장으로만 경험되는 상태에서 어머니의 분리가 이해되는 상태로 성숙하는 것이다.

아이들의 분노와 공격적인 충동은 어머니가 올바르게 충족시키고 수용할 때, 유아 자신의 나이에 맞지 않는 관계 방식을 없애는 힘이 된다. 올바르게 충족시키지 못했을 때, 아이의 분노는 끝이 없어지고 아이는 지옥의 영역으로 떨어지게 된다. 위니코트가 암시했듯이 이 영역에서의 실패는 종종 정신치료를 받게 하거나 명상을 하게끔 한다. 불교적 접근방식이 기여한 것 중 하나는 자신의 분노와 관계를 맺는 방법을 가르치는 능력이다. 그것은 위니코트가 말한 '수용(holding)'과 같은 것이다.

축생계

동물의 영역(The Animal Realm)은 본능적 만족의 세계, 즉 식욕과 성욕의 생물학적 욕구의 세계다. 티베트 우주관에서 축생계 특유의 특징은 '어리석음'이다. 이 차원에 있는 보살상은 책을 든 모습인데, 이것은 우리가 갖고 있는 동물적 본성에 부족한 사고력, 언어능력, 반성능력을 상징한다. 또한 그러한 이미지는 '승화'의 개념을 상징하기도 한다. 승화란 프로이트가 본능, 욕구, 충동에 관한 그의 연구에서 개발한 것이다.

궁극적인 행복은 감각적 쾌락에서 유래될 수 없다는 프로이트의 설명은 불교의 교설과 꼭 들어맞는다. 프로이트는 성적 만족의 쾌락에는 한계가 있다고 했다. 그는 성의 특질을 탐구하면서, "성적본능의 본성에는 완벽한 만족의 실현에 호의적이지 않는 그 어떤 것이 있다."[4]는 역설적인 결론에 도달하였다. 성적 갈등이 있는 많은 사람들이 두려워하는, 조절되지 않는 열정의 끝없는 급류의 속박을 풀기보다는 차라리 동물의 영역과 함께하는 것이, 쾌락이 본래 덧없다는 것을 드러내 준다. 쾌락은 영원히 유지할 수 없고, 그것이 달성되면 다시 빈곤, 불안, 분리, 욕구, 긴장의 상태로 돌아간다는 것을 우리는 발견했다. 쾌락에 대한 프로이트의 설명은 불교의 개념, 즉 쾌락적인 감각 경험의 추구는 필연적으로 불만족의 상태에 이르게 하고, 이것은 무한정 유지되지 않는 쾌락의 본성 때문이라는 것을 명료하게 이끌어 낸다.

> 엄격히 말해 우리가 행복이라고 부르는 것은 상당히 억눌렸던 욕구가 만족(가급적이면 갑작스럽게)되었을 때 오고, 행복의 본성상 주기적인 현상으로 찾아온다. 쾌락원리에 따르면, 원하는 어떤 상태가 연장되었을 때 가벼운 만족의 느낌만이 일어난다. 우리가 강렬한 쾌락을 얻는 것은 뚜렷이 대비되는 것에서 오는 것일 뿐이며, 계속되는 상태로부터는 좀처럼 얻을 수 없다. 따라서 우리의 행복의 가능성은 이미 우리의 속성상 한정되어 있다.[5]

프로이트 시대 이후 성적인 즐거움이 더 많이 받아들여졌음에도, 성의 자유와 행복을 에워싼 억압은 확실히 사라지지 않았다. 그것은 어쩌면 방종하는 자세에 따라, 또는 본질적으로 순간적인 즐거움에서 지속적인 즐거움이나 의미를 끌어내려는 시도에 따라 보완되고 완성되어 왔다. 그러나 프로이트가 설명한 그 억압은 적어도 어떤 사람에게는 존속하고 있다. 사실 불교에 관심을 갖는 어떤 사람들은 명상을 통해서 해결되지 않는 성적 문제로부터 자유로워지고자 노력하는 경향이 있지만 이것은 대개 일시적인 효과만 있다. 더 가능성 있는 시나리오는 그 영적인 작업 때문에 성의 문제점들이 더욱 절박해져 간다는 것이다.

광범위한 명상 경험을 가진 많은 내 환자들이 수행을 통해서 성적 문제를 피할 수 없음을 깨달은 후에 치료를 받으러 왔다. 한 여성은 인도의 수행처에서 여러 해를 보낸 후, 더 이상 그녀 자신이 동성애자란 사실을 피할 수 없다는 것을 알았다. 그녀가 가장 크게 두려워한 것은, 동성애 소식을 자신들의 '실패'로 받아들일 연약하고 동성애를 혐오하는 부모님이었다. 한국의 엄격한 천주교 가정에서 자란 또 다른 환자는 강도 높은 두세 번의 안거(retreats) 후에 치료를 받으려 왔는데, 자신은 성행위를 할 수도 있고, 그만둘 수도 있고, 성을 절박하게 찾지도 않으며, 심지어는 성행위를 할 때도 오르가슴에 대한 강한 열망이 없다고 여러 번 강조했다. 이러한 주장 아래에는 성욕과 두려움을 통합하려는 그의 욕구가 깔려 있는데, 그가 가진 두려움이란 이러한 통합이 불가능하다는 두려움, 그의 동물적 본성에게 기회를 준다면 그 본성이 그를 압도할 것이라는 두려움이었다.

분노를 통합하는 데 곤란을 겪는 환자들처럼 그는 성욕을 그의 나머지 부분을 위협하는 분리된 '그것'으로 보려는 경향이 있었다. 치료의 한 시점에서, 그는 그의 가족들이 다니는 성당에 춤추고 술 마시는 이교도의 난봉꾼들이 침입하여 난장판을 치는 꿈을 꾸었다. 또 다른 시점에서 그는 가학피학성 성인클럽에 처음으로 갔던 이야기를 해 주었는데, 그곳에서 그는 여러 가지 주도적인 행동을 하였다. 그는 억눌린 열정을 푸는 것이 얼마나 위험할지, 또 그의 에로틱한 환상이 그 자신을 어디까지 끌고 갈지 나에게 보여 주길 원했다. 그러나 그가 그의 성적 갈망에 대해 덜 당황하게 되자, 그 갈망들은 그들의 자연스런 원래 자리로 가기 시작했다. 그리고 그는 그 갈망들에 얽매이지 않으면서 그의 영적인 일과 인생을 계속 이어갈 수 있었다. 역설적이게도 동물의 영역을 직면하여 보는 것이 그가 그곳에 갇히지 않도록 하는 유일한 방법이었다. 이것은 동서양의 많은 영적 모임들이 계속해서 배워야 할 교훈이다. 동물의 영역을 무시하는 것은, 많은 영적 모임과 영적 지도자들을 크게 흔든 성적 스캔들이 입증하듯이, 오히려 그것에게 힘을 부여해 주고 있는 것으로 보일 뿐이다. 성과 융합하지 않을 때, 성은 영성을 위협한다.

동물의 영역이 무시되지 않는 한 본래의 자리에 놓여질 수 있다. 성은 확실히 그것과 관련된 탐닉을 필요로 하지 않는다. 그러나 깨친 마음과 분리될 필요는 없다. 실제로 티베트 전통은 깨친 마음에 대한 은유로서 성행위를 자유롭게 이용한다. 그리고 깨달음을 촉진시키기 위해서 수년간의 준비 기간 후에 스님들이 배우는 상급의 탄트라 명상 수행은, 종종 의식화된 성적 행위 안에서 최고조에 달한다.

아귀계

아귀(The Hungry Ghosts)는 아마도 육도 윤회에서 가장 생생하게 그려진 은유일 것이다. 쇠약해진 다리, 뚱뚱하게 부풀어 오른 배, 길고 가는 목을 가진 도깨비 같은 생물인 아귀는, 여러 면에서 분노와 욕망의 융합을 상징한다. 아귀들은 성취되지 않은 갈망으로 고통을 받고, 불가능한 만족을 끝없이 요구하면서, 과거의 이루어지지 않은 욕구들에 대한 충족을 추구하고 있다. 그들은 자신 내부의 심한 공허함을 드러낸 존재고, 이미 일어난 일을 수정하는 것은 불가능하다는 것을 알지 못하는 존재들이다. 그들의 도깨비 같은 상태는 그들이 과거에 집착함을 상징한다.

게다가 이러한 존재들은 심한 공복감과 갈증에 시달리면서도 통증이나 소화불량을 일으키지 않고는 마시거나 먹을 수 없다. 그들 자신을 만족시키려는 그러한 시도는 더욱 통증을 일으킨다. 그들의 길고 가는 목구멍은 아주 좁고 쓰라려서, 음식을 삼키는 것이 견디기 어려울 정도로 화끈거리고 짜증스럽다. 그들의 부풀어 오른 배는 음식물을 소화하지 못하고, 만족시키려는 시도는 더 심한 굶주림과 갈망만을 야기시킨다. 이들은 현재의 만족이 순간적인 만족에 불과해도 그마저도 받아들일 수 없는 존재들이다. 그들은 과거의 고통으로부터 완전히 해방될 수 있다는 환상에 사로잡혀 있으며, 그들의 욕구가 환상이라는 것을 좀처럼 의식하지 못한다. 그들은 이런 인식으로부터 소외되어 있다. 왜냐하면 그들은 환상 속에 있기 때문이다. 아귀들은 그들 고유의 갈망이 허깨비 같다는 것을 깨달아야 한다.

비록 정신치료자의 도움이 있다고 해도 아귀들이 이러한 깨달음을 성취하기는 쉬운 일이 아니다. 실제로 아귀 영역의 문제들은 정신치료자들의 사무실에서 점점 더 많이 일어난다. 예를 들어, 최근에 내가 본 환자인 학식 있는 불문학 교사 타라는 아귀 상태를 구체적으로 보여주었다. 타라는 각자의 분야에서 최고의 학식을 갖춘 학자들과 오랫동안 지속적으로 관계를 가져왔다고 설명하였다. 그녀는 이미 한 남자와 관계를 맺고 있으면서, 또 다른 남자와 열정적인 관계를 발전시키는 것을 반복했다. 그녀는 항상 실제로 동거하는 남성이 자기에게 접근하지 못하게 했다. 그녀는 재빨리 그리고 비판적으로 남자의 모든 잘못을 밝혀내었고, 성적으로 그에게 관심을 갖지 않았으며, 육체적으로든 정서적으로든 본질적으로 그가 자신에게 접근하는 것을 막곤 했다. 동시에 그녀는 그녀의 인생에서 다음에 올 굉장한 사람에 대하여 환상에 잠기기 시작했다. 성적으로 아주 경험이 많았지만, 그녀는 거의 오르가슴에 도달하지 못했고, 성관계에서의 막연한 불편함을 털어놓았다. 그녀는 불행하였고 잔소리가 심했던 어머니를 기억해 냈다. 그녀의 어머니는 어렸을 때 따뜻이 어루만져 준 적이 거의 없었고, 한 번은 발작적 분노상태에서 타라의 테디 베어 인형을 찢고 망가뜨렸었다. 그 일은 타라의 고집 때문이었다. 타라는 처음으로 좌선 수행을 시도하고 난 후에 치료를 받으러 왔다. 그녀는 스스로 설명할 수 없을 만큼, 혼자 앉아 있지 못하고 명상하는 방을 뛰쳐나와야 할 정도의 상태였다.

타라는 한 종류의 영양분을 지칠 줄 모르고 찾고 있었는데, 그것은 한때는 필요했지만 성인이 된 지금은 부적당한 것이었다(만약 그녀의 어머니가 타라를 버려두었던 것과 달리, 자신을 품어 줄 누군가를 찾을 수 있었다 해도 그녀는 오랫동안 만족하지 않았을 것 같다. 오히려 타라의 성인적 욕구에 더 이상 맞지 않고 숨을 막히게 하였을 것 같다). 타라는 자신이 가장 갈구하는 것(누가 어루만져 주는 것)을 두려워했고, 그녀가 누릴 수 있는 순간적 만족을 경험할 수 없었다. 한 남자와의 관계는 단지 또 다른 남자와의 해방적 관계에 대한 환상이 되살아나도록 자극할 뿐이었다. 그리고 타라는 그것이 도달할 수 없는 환상이라는 것을 알지 못했다. 사실 타라는 이러한 환상에 대해 의견을 나누는 것조차도 반대했다. 타라는 그 환상들로 내몰렸지만 환상의 비실재성은 고사하고 환상의 존재도 인식할 수 없었다. 타라가 그녀의 어머니에게 받은 고통을 느낄 수 있었던 것은, 자신의 열망들을 똑똑하게 표현할 수 있기 시작한 때였다. 이 시점에서 그녀의 좌선에 대한 공포는 사라지기 시작했고, 그녀에게 친밀감을 보였던 사람들을 낮게 평가하던 그녀의 강박증적인 욕구를 의식하기 시작했다.

윤회에 대한 전통적인 묘사에서, 관세음보살은 정신적 영양분을 상징하는 물질로 가득한 그릇을 들고서 아귀 영역에 나타난다. 그 의도는 분명하다. 먹는 음식은 이 영역의 만족되지 않는 욕구들을 만족시켜 줄 수 없다. 다만 붓다가 완성한 비판단적 자각만이 구원을 줄 수 있다.

무제한적 풍요에 대한 이런 필사적인 갈망이 서양 정신에서는 매우 일반적이다. 서양 정신에서 그것은 '낮은 자존심'이라는 제목의 가면을 쓰고 있다. 역설적이게도, 이는 동양권 불교 스승들이 서양 제자들에게서 이해하기 어렵다고 밝힌 서양인의 마음 상태다. 서양 정신에서 공허함과 무가치함이라는 내적 느낌의 정도는 동양에서 성장한 스승에게는 거의 믿기 힘든 것으로 보인다. 동양인 스승에 대해 서양 제자들이 어쩔 수 없이 느끼는 치유(reparation)의 환상은 어떤 철저한 정신분석적 풍조에서도 거의 다루어지지 않는다. 아귀의 공허함이 불가능한 원천으로부터는 더 이상 치유를 추구할 수 없다는 방식으로 경험되어야 하는 것 같이, 공허함과 무가치함과 같은 느낌으로 고통받은 서양 제자는 그 공허함 자체를 명상의 대상으로 삼아야 한다. 오직 그때만이 자기혐오가 지혜로 전환될 수 있으며, 이는 정신치료와 명상이 잘 협력해서 해결해야 할 것이다.

천상계

불교의 우주관에서 천상의 영역(The God Realm)은 감각적 지복, 희열, 환희, 심미적 쾌락의 장소다. 천상의 영역에는 고통을 느끼지 않는 미세한 몸을 가진 자들이 산다. 그들은 음악에 맞춰 춤추며 즐거워하고, 궁극적 경험이라고 할 수 있는 것 속에 존재한다. 참여자가 사랑하는 것과 하나가 되고 일시적으로 자아의 경계를 허물면서 즐거움의 경험으로 녹아드는 것을 궁극적 경험이라 한다. 이것은 게슈탈트(Gestalt) 심리치료에서 융합점(confluence)이라고 부르는 상태다. 다시 말해, 오르가슴의 융합, 소화된 음식의 동화, 가슴에 안긴 어린아이의 조화, 새로운 전체가 만들어지고 자아는 일시적으로 해체된 어떠한 완결된 경험에 대한 만족이다. 그러한 경험들은 불교 수행으로 배양되는 강력한 상태이나 불교의 교설에서 경고하는 것이기도 하다. 그 이유는 근원적으로 볼 때 일시적인 휴식이나 피난처로 남아 스스로 만족하게끔 하는 그 경험들의 가능성 때문이다. 천상의 영역에서 관세음보살은 루트라는 악기를 들고 나타난다. 그것은 그 차원의 음악적인 즐거움을 의미하기도 하지만, 이 천상계에서 음악적 즐거움을 붓다의 가르침의 소리로 바꾸고, 그들을 잠이나 몽환의 상태로부터 깨어나게 한다. 그들의 즐거움은 일시적인 것이라고, 루트는 소리를 낸다. 그들은 다른 이들의 고통을 잊고 있다고, 그들은 영광스런 월계관 속에 휴식하고 있다가 어느 날 그 은총에서 추락할 것이라고, 루트는 소리를 낸다.

심리학적 측면에서 융합점에 의해 야기되는 어려움은 최소한 두 가지 타입이다. 건강하지 않은 방향으로 가게 될 융합점에 집착하는 것과, 건강한 융합점으로부터 후퇴하거나 멀어지는 것이다. 첫 번째 분류는 자녀, 사랑하는 사람, 친구, 부모, 동료, 또는 가까운 다른 사람으로부터 동일감을 요구하면서, 다른 사람들이 숨 쉴 수 있도록 허용해 주는 '다름'을 허락하지 않는 사람들이다. 이들은 연결고리가 끊어질까 두려워하고, 충동이 '이기적'이라는 이유로 스스로 공격적인 충동을 꾹 참으며, 다른 이들의 소망이 자신의 소망과 갈등을 빚을 때 견딜 수 없어 한다. 마치 그들은 알코올 중독 가정에서 도와주고 있다고 생각하지만 실제로는 술 마시게 만드는 사람이거나 신경증 환자들과 상호의존적 관계에 있는 자들이다. 두 번째 분류는 대개 일찍이 박탈당했거나 독립을 재촉받았기 때문에 융합이 초래할 수 있는 자아 붕괴를 불안해 한다. 초기 아동기에 부모가 주는 애정의 편안함을 충분하게 경험하지 못해서, 그들은 성인기에서도 그런 것이 예상될 때 접근하는 것을 두려워한다. 그리고 그들은 너무도 어린 나이에 만들 수밖에 없었던 그 자아 경계선을 지키면서, 오르가슴의 순간에 긴장하거나 뒤로 물러선다. 그들은 대개 이러한 긴장을 의식하지 못하고 어떻게든 속는다고 느끼지만, 그들은 계속되는 고립감의 근원을 의식하지 못한다.

예를 들어, 제임스라고 하는 내 친구는 청소년기의 결정적인 한 순간을 기억하는데, 그 순간은 그 후 20년 동안이나 그를 당황하게 하고 괴롭혔다. 이것은 그가 천상의 영역을 처음으로 맛본 결과가 초래한 것이었다. 16세에 운전면허를 딴 직후, 그는 2년 동안 홀딱

반했으나 아무런 표현도 못했던 아가씨에게 데이트 신청을 했다. 그
들의 행복한 밤은 그녀의 부모가 잠든 후 몇 시간에 걸친 성 관계 중
절정에 이르렀다. 그는 지금까지의 어떤 느낌들보다 더 큰 행복감을
느꼈다. 그러나 그는 그날 밤 집에 들어온 후 다시는 그녀에게 전화
를 하지 않았는데, 스스로 왜 그랬는지 전혀 이해할 수 없었다. 20년
후 부인이 정서적 경험이 서로 맞지 않다며 그를 떠나려 했을 때, 그
는 심하게 불안해 했다. 천상의 영역 같은 융합의 상태와 그와의 관
계는 매우 연약하였다.

사춘기 때 그는 그것을 추구하기도 하고, 그것으로부터 도피하기
도 했다. 어른이 되어서는 그 경험이 사라지는 것이 견딜 수 없었고,
자신이 그 경험을 다시 만들 수 있을지 자신이 없었다. 그는 그 경험
의 존재와 부재 모두 때문에 불안했다.

윤회의 필수적인 구성 요소로서 천상계는 자아 경계를 느슨하게
하고, 일시적으로 붕괴시키기도 하는 사람의 능력을 상징하며, 결합
의 기쁨과 미적이고 지적인 쾌락의 기쁨을 인식하는 사람의 능력을
상징한다. 정신분석가 마이클 아이겐[6](Michael Eigen)이 아기를 미소
짓게 만드는 마르지 않는 '기쁨의 핵심(nuclear joy kernel)'이라고 묘
사한 반향과 공명의 장소다. 불교도에 따르면 이 천상계에서의 경험
들은 인간 능력의 일부로서 두려워할 필요는 없다. 예를 들어, 그것
들은 통상적으로 명상 수행을 통해 경험하지만, 프로이트가 그렇게
몰두한 감각적 즐거움이 지속적이지 않은 것처럼 이 경험도 지속적
이지 않다. 사실 그 경험들이 갈망의 대상이 될 때, 그 자체는 고통
의 강력한 원인이 된다. 이 신비한 경험에 대해 프로이트는 '대양

적'이라고 강력하게 설명하였는데 이 우주관에 딱 들어맞는다. 실로 우주와 하나가 되는 대양적인 느낌을 일으키는 명상 경험은 바로 천상의 영역의 경험이다. 그러나 그것은 붓다가 분석적 명상의 심리학에서 핵심이 되는 것이라고 말한 그 신비적인 경험은 아니다.

아수라계

아수라의 영역(The Realm of the Jealous Gods)은 때로는 천상계의 한 부분으로 묘사되기도 하고, 때로는 그 자신의 고유 영역으로 묘사되기도 한다. 어느 경우로 묘사하든 두 집단의 아수라들이 열매가 많이 달린 '소원을 비는 나무'를 에워싸고 두 편으로 나뉘어 싸운다. 자아의 적극적인 노력을 구체화한 그 존재들은 끊임없는 경쟁적 힘을 통해 천신들의 열매를 얻고자 노력한다. 그들은 에너지를 상징한다. 이 에너지는 두려움을 극복하고 상황을 변화시키거나 새로운 경험에 접촉하기 위해 필요한 것이다. 접촉이 성취될 때 천상 영역의 만족감을 야기한다. 어쨌든 장애물에 접근하고, 파괴하고, 동화시켜 만족으로 향하게 하는 데 필요한 공격적 힘이 구체적으로 표현된 것이 아수라다.

불교가 수동적, 금욕적, 반자아적이라는 평판에도 불구하고, 자아와 공격성의 이 아수라계가 상위 차원에 속하는 것은 흥미롭다. 길들이고, 숙달되고, 자기를 제어하고, 적응하는 고전적인 자아 기능들은 분명히 불교의 우주관에서 가치 있는 것이다. 실제로 이러한 자아 기능들은 마음챙김(mindfulness)이라는 핵심적인 명상 수행의 기초를 형성한다. 이 명상 수행 속에서 자아 기능 그 자체는 순간순간의 알아차림을 함양시키기 위해 채택된다. 이 장면에서 관세음보살은 분별적 자각을 상징하는 불타는 칼을 들고 나타난다. 이 칼의 존재는 자아의 공격적 본성이 문제점으로 보이지 않는다는 점을 보강해 준다.

이 에너지는 사실 가치 있고, 영적인 행로에서 필수적이다. 그러나 이 노력의 목적이 '소원을 비는 나무'의 열매라는 것이 근본적으로 실망스럽게 한다. 관세음보살은 아수라가 그들을 그들 자신으로부터 계속 소외되게 만드는 이러한 무의식을 파괴하고 동화시키면서, 그들로 하여금 그 공격성의 방향을 바꾸도록 요구한다. 바로 이러한 방법으로, 사물을 소유하고자 하는 시도에서 벗어나게 하고 분별적 자각의 성취를 향한 쪽으로 자아 기능들을 바꾸게 함으로써, 명상 수행은 다양한 자아 기능들을 낚아채려고 노력한다. 그러나 이것을 성취하기 위해서는 자아 기능들 그 자체가 우선 먼저 자유로워져야 한다.

이러한 자아 기능들의 자유로움은 종종 정신치료의 과제가 된다. 내 환자 중 한 명은 작가였는데, 그녀는 흥분과 열정으로 진행하던 프로젝트를 끝마치는 데 곤란을 겪고 있었다. 그녀는 아버지가 시간이 있건 없건 개의치 않고 아버지에게 달려가 자신의 경험을 이야기할 때, 아버지가 항상 "너무 흥분했구나."라고 말한 것을 기억했다. "네 엉덩이에 빗자루를 매달아 놓는다면, 너는 가는 데마다 쓸고 다닐 것 같구나." 하고 아버지는 말하곤 했다. 이렇게 그녀는 모든 것을 통제하고, 몸을 엄격하게 다루면서 흥분을 억누르는 방법을 배웠다. 그 결과, 그녀를 무력하게 만드는 두통이 나타났다. 그녀의 적극적이고 흥분된 에너지가 그 에너지 자체를 즐기거나 무언가를 성취하는 데 이용되기보다 자신의 몸으로 되돌아온 것이다. 그녀가 흥분을 즐길 수도 있다는 생각은 그녀에게 도전이면서도 놀라운 일이었다.

나의 옛 이웃은 이 중요한 자아 기능으로부터의 소외를 또 다른 특징적인 방법으로 보여 주었다. 그가 어떤 사람에게 무엇인가를 기대할 때, 그 사람에게 직접적으로 다가가기보다는 그에 대해 골똘히 생각하고 부루퉁해지곤 했다. 어른이 되어서는 이러한 행동 양상을 애인에게 가장 직접적으로 나타냈다. 그는 애인에게 화를 내게 되었고 애인으로 하여금 공격적으로 그를 대하도록 말없이 요구했다. 예를 들어, 그는 성행위를 원할 때 애인에게 직접 표현하지 않고 그의 애인이 그 전에 사귄 남자친구와 성행위를 하는 것을 상상했다. 그러한 상상을 하는 동안 그는 공격적으로 버림받은 상태에서 괴로워하곤 했다. 그는 나에게 비밀스럽게 말하기를, 꿈에서 화가 나지만 그 꿈에서조차도 화를 표현할 길을 찾지 못했다고 했다. 예를 들어, 꿈에서 그가 우주선을 타고 도망치는 애인을 공격하려고 한 후, 그 장면은 끝없이 황폐한 사막으로 극적으로 변했다. 그 사막은 모든 것이 멈춰 있고 아름다우며 외로운 곳이었다. 그의 공상과 꿈은 그가 아수라의 중요한 에너지로 무엇을 했는지를 분명하게 보여 주었다. 그는 스스로를 마비시켰고, 또한 자신의 공격성으로부터 스스로를 단절시켰다. 그리고 지옥계의 존재들처럼 연인의 배신을 상상함으로써 그 연인에 의해 공격성이 다시 자신에게로 향하는 것을 경험하기 시작했다. 그는 **빼앗기고**, 꼼짝도 할 수 없었으며, 격리된 채로 남겨졌다.

인간계

신경증적인 마음의 표현으로서, 윤회는 중생이 어떻게 자기 탐닉적일 수 있는가 하는 점뿐만 아니라 어떻게 자기로부터 도피하는지도 보여 준다. 자라는 어린아이가 진정으로 사랑하기 위해서는 미워하는 것도 필요하고, 성에 대한 열망은 그것의 한계를 이해하기 위해 반드시 존속되어야 하며, 채워지지 않는 욕구에 대한 충족의 환상은 실질적인 충족이 제대로 평가되기 위해 환상으로 이해되어야만 하고, 자아 기능은 영적인 목적으로 사용하기 위해 자유로워져야 하며, 도달할 수 없는 어떤 천상의 단계가 아닌 만족스런 접촉의 자연스런 결과로서 융합점을 이해하기 위해 자아 경계는 일시적으로 긴장을 풀어야만 한다. 그런데 자신으로부터 도피하려는 이 경향이 인간계에서 가장 많이 드러나고 있다.

낮은 영역들이 프로이트가 받아들이기 어려운 욕망에 관심을 가졌던 것처럼 받아들이기 어려운 욕망과 관계가 있다면, 그리고 천상계와 아수라계가 자아 기능과 그것의 일시적인 소멸의 영역이라면, 인간계는 자기라고 알려진 것과 관련되어 있다. 더 정확하게 말하자면, 인간계는 자기에 대한 탐구의 영역, 다시 말하면 나르시시즘에 대한 비교적 최근 심리학의 주된 관심사이고 어떤 면에서는 모든 창조적 활동의 영구적인 관심사다. 관세음보살은 이 영역에서는 B.C. 5세기경에 인도의 왕자였던 역사적인 부처님인 석가모니로 나타난다. 그는 자기동일성의 탐구에 대한 불교적 방법을 받아들여 고행자의 발우와 지팡이를 갖고 있는 모습으로 묘사된다.

인간계가 직면하고 있는 핵심적인 문제는 우리 스스로가 누구인지 진실로 알지 못한다는 것이다. 위니코트가 기꺼이 제의했듯이 "건강한 사람들은 의사소통을 하고 의사소통하는 것을 즐기지만, 반대의 사실도 그와 같은 정도로 진실하다. 곧 각 개인은 소외되어 있고, 영원히 의사소통하지 않으며 영원히 알 수 없는 존재고, 사실 발견되지도 않는 존재다."[7] 우리는 공허함, 진정한 자기 자신이 아니라는 느낌, 그리고 소외라는 막연하고도 혼란스러운 감정들을 알고 있다. 이러한 혼란스러운 감정의 배후에는 주목이나 인정을 받지 못한다는 느낌이 자리 잡고 있다. 정신분석가는 주목이나 인정을 '비추기(mirroring)'[역주: 정신분석에서 최근에 발달된 한 분야인 자기 심리학(Self Psychology) 분야의 주도적인 정신분석가인 코헛(Heinz Kohut)이 만든 용어로, 상대방에 대해 정확하고 존중이 담긴 인정을 함으로써 상대방이 자신을 가치 있고 확고하고 일관성 있는 존재로 여기게 되는 것을 '비추기'라 한다]라 부른다. 우리는 근본적으로 확신이 없는 것이다.

우리는 이러한 감정이 어떻게 세대를 통해 전해지는지 알 수 있다. 단순히 본능적인 욕구충족보다는 다른 사람과의 관계를 더 원하는 아이가 있다고 치자. 만약 이 아이의 부모가 자신의 양육 방식에만 사로잡힌 나르시스트적인 인물이라면, 아이는 공포와 불안의 씨앗이 되는 부재의 느낌을 가진 채 남게 된다. 이런 아이는 자신들에게 지나치게 간섭했다가 어떨 때는 무관심한 부모의 요구에 부응하기 위해 위니코트가 말하는 이른바 '거짓 자기'를 어쩔 수 없이 형성하게 된다. 그런 후에 사람들은 실제를 느끼기(feel real) 위해 이러한 거짓 자기의 형성에 저항한다. 거짓 자기는 불가능한 상황에 대처하기 위해 형성된다. 즉, 거짓 자기 형성을 통해 사람들은 자신으로부터 단절되며, 좀 더 자발적이고 개인적인 표현들을 할 수 없게 된다. 위니코트가 지적한 바에 따르면, 나르시스적인 부모의 아이는 부모가 자신에게 관심이 없다는 사실을 알게 되는 순간 부모로부터 자신을 감추려 한다는 것이다. 위니코트의 표현을 빌리자면, "숨는 것은 즐거운 일이지만 발견되지 못하면 재앙"[8]인 것이다.

환자 중에 릴리라는 서른 살 화가가 있는데, 그녀는 자신의 유년 시절을 떠올리며 이러한 거짓 느낌의 발생에 관한 적절한 예를 들려주었다. 릴리는 여섯 살 무렵에 다락방에서 페이즐리 셔츠를 발견했는데, 다음날 그것을 친구들에게 보여 주기 위해 재킷을 입지 않고 학교를 가겠다고 떼를 쓴 기억이 있다고 한다. 릴리의 엄마는 화를 내면서 릴리에게 재킷을 입으라고 하며 "사람들이 날 어떤 엄마라고 생각하겠니? 널 보고 엄마를 판단하는 거야."라고 말했다. 결국 릴리는 다음날 재킷을 입은 채로 학교에 갔고 '난 보이지 않아. 난 단지 엄마의 반영(reflection)일 뿐이야.'라는 생각을 하게 되었다고 한다.

한 번은 정신치료자이기도 한 환자를 본 적이 있는데, 그녀는 머리를 땋은 다섯 살 난 자신의 이미지를 가지고 치료를 시작했다. 그때 그녀는 성적이 붙어 있는 게시판 뒤에 숨어 있었다. 그녀의 환상 속에서 게시판 뒤는 안전한 장소였던 것 같다. 그러나 나는 위니코트의 권고를 염두에 두고 그녀에게 그렇게 숨기 좋은 장소에서 발견되면 어떤 기분이 드는지 물어보았을 뿐이었다.

불교적 관점에서, 인간의 영역은 비단 거짓 자기뿐만이 아니라 자기의 진짜 본질에 대한 초월적인 통찰의 가능성이 있는 곳이다. 여기서 불교의 '공' 개념이 진가를 발휘할 수 있다. 불자들은 우리가 '공'을 이해하면 할수록 더욱더 우리 자신에 대해 진정하게 느낄 수 있다고 말한다. 또한 소통되지 않는 요소(incommunicado element)는 핵심적인 부분으로 바로 우리 자신의 비실재성에 대한 공포가 있는 곳이다라고 불자들은 주장한다. 이러한 이유로 우리는 스스로를 사나우리만큼 방어하게 되고, 외부로 노출되길 원하지 않는다. 또한 가장 은밀하고 개인적인 감정에 접근할수록 무력해지는 것이다. 그 은밀하고 개인적인 부분을 두려움 없이 접근한다는 점에서 불교적 수행은 영원한 고립이 아닌 진정한 해탈을 가능하게 한다.

욕망, 분노, 무지

끊임없는 윤회의 중심에는 욕망과 분노와 무지라는 추동력이 있다. 그것들은 붉은 수탉, 초록색 뱀, 검은 돼지로 상징된다. 그것들은 서로의 꼬리를 물고 있는데, 이는 상호 연관성을 드러내는 것이다. 이들은 자기 소외를 영속화하고 우리를 윤회에 묶어 두며, 붓다의 통찰을 알 수 없게 만든다. 또한 우리 자신의 달아나고자 하는 마음 때문에 도리어 곤궁에 빠지게 된다. 불교적으로 표현하자면, 우리 자신에 대한 혼란과 공포, 불안, 무지나 어리석음은 우리를 즐거운 경험에 집착하게 하고 괴로운 경험을 거부하게 만드는데, 이와 같은 노력들은 무익한 것이다.

1950년대에 이르기까지 프로이트와 그의 추종자들이 활동한 정신분석의 고전기에 있었던 첫 번째 물결은 주로 억압된 욕망과 분노, 곧 삶과 죽음의 본능인 에로스와 타나토스를 해방시키는 것과 관련되어 있었다. 억압된 욕망과 분노는 어떤 측면에서 각각 불교 만다라의 뱀과 수탉에 상응한다. 지난 30년간을 지배한 대상관계(Object relations)와 나르시시즘이라는 두 번째 물결은 진정한 자신으로부터의 소외와 혼란, 무지로부터 초래된 공허함과 불확실함, 소외와 같은 우리 내부의 결함을 드러냈다. 불교적 관점에서 이것은 검은 돼지에 비유되는 어리석음으로, 탐욕과 미움의 뿌리 혹은 전제조건이다. 정신분석가는 무지를 확인할 수 있을 뿐, 홀로 남겨져야만 하는 소통되지 않는 자기(incommunicado self)를 가정하는 것을 넘어서 그것을 직접적으로 다룰 수는 없었다. 나르시시즘을 변화시키기 위한 필수적인 전제조건으로 나르시시즘 자체를 노출시킨 것은 분명 한 단계 발전한 것이다. 우리는 명상 전통에서 우리 자신에 대한 혼란을 직접적으로 다룰 수 있는 방법론을 발견했다.

불교를 윤회에서 벗어남을 주장하는 것으로, 정신치료를 윤회에 대한 적응으로 보는 견해는 매력적이다. 사실 이러한 견해는 불교의 많은 초기 번역자와 선생, 그리고 학생이 제안했던 것이다. 그러나 앞서 언급하였듯이 열반이 곧 윤회라는 것은 불교의 공리다. 윤회의 각 영역에 존재하는 보살상은 각 단계의 감정을 다루는 또 다른 방식을 배우는 것이 가능함을 암시한다. 깨달은 사람은 세상 안에 있되 세상에 속한 것은 아니라는 의미다.

이렇게 보는 견해는, 정신분석학계의 많은 사람들이 주장하는 견해, 즉 욕망과 분노와 무지의 힘은 근본적으로 발전하거나 성숙할 수 없는 본능 혹은 충동이라고 보는 견해와는 명백히 다른 것이다. 실제로 성적이면서도 폭력적인 충동이 발전하거나 성숙할 수 있는가 없는가에 대한 견해에 대해서 정신분석학계 내부에서 첨예한 의견 대립이 있다. 한편에서는 이드를 원초적 에너지의 '끓어오르는 냄비'로 간주하여 반드시 조절 또는 규제되거나 엄격한 통제하에 두어야 한다고 보는 사람들이 있는 반면, 유아적 충동에 "의식적으로 접근"[9]하는 과정을 통해 유아적 충동을 변화시킬 수 있다고 보는 사람도 있다.

붓다의 통찰은 물론 후자를 추구하는 것이다. 윤회 전체는 우리가 고통을 대하는 방식을 변화시킴으로써 고통을 변화시킬 수 있다는 가능성을 표현하는 것일 뿐이다. 붓다가 그의 시자 아난에게 한 마지막 가르침에서 설했듯이, 깨달음을 얻으려면 '스스로에게 등불이 되어야'만 한다.

붓다는 윤회로부터의 해탈이 윤회로부터의 탈출을 의미하는 것은 아니라고 암시했다. 해탈은 자기 자신과 모든 범위의 인간 경험에 대한 명확한 인식을 의미한다. 『능가경』(A.D. 443 한역)에는 "사물은 보이는 대로 존재하는 것이 아니다."라는 말이 있다. "존재하지 않는 것도 아니다. …… 행위는 존재하지만 행위자는 존재하지 않는다."[10]

실재하는 개별 행위자의 부재에 대한 강조는 전통적 불교 심리 사상을 가장 특징적으로 드러낸다. 윤회의 경험을 전환시키는 것은 바로 그와 같은 깨달음이다. 그러나 그러한 개념이 정신분석의 영역에서 완전히 벗어나 있는 것은 아니다. 진정한 생각은 "생각하는 자를 필요로 하지 않는다."라고 정신분석학자 비온(W. R. Bion)은 화답한다. 비온은 정신치료자가 그들 자신의 통찰(insights)에 집착할 때 그들의 공헌은 "정신분석적으로 가치 없는 것"이 된다고 말한다.[11]

정신분석이 불교적인 관점에 근접했다고 하는 것은 바로 이 "생각이 있을 뿐 생각하는 자는 없다."라는 점에서다. 그러한 관념은 비온이 제시하는 바와 같이 나르시시즘의 제거이고, 또한 불교에서도 중시하는 가능성이기 때문이다. 붓다의 가르침의 모든 주안점은 이러한 점을 현실적인 가능성으로 바꾸려는 시도에 맞추어져 있다. 붓다는 처음에 그의 깨달음을 설파하기를 주저했다. 아무도 그것을 이해할 수 없을까 봐 두려워했기 때문이다. 그러나 결국 자비심이 큰 붓다는 마음을 바꾸어 그의 가르침을 사성제로 정립했다. 사성제는 고통과 그 원인, 고통의 제거와 제거로 가는 길이다. 붓다의 첫 번째 진리는 우리 삶에서 굴욕은 피할 수 없다는 사실을 강조한다. 그의 두 번째 진리는 그러한 굴욕을 피할 수 없게 만드는 원인인 원초적 갈애에 대해 설명한다. 세 번째 진리는 해탈을 약속하고, 네 번째 진리는 해탈을 성취하는 방법을 똑똑히 설명한다. 본질적으로 붓다는 나르시시즘으로부터 해방된 정신의 면모를 명료하게 말하고 있었다. 그의 네 가지 진리, 즉 사성제는 마음에 대한 불교 심리학을 이해하는 열쇠다.

2
굴욕
붓다의 첫 번째 진리

붓다는 6년간 자신과 싸운 끝에 35세에 정각을 얻었다. 정각 후 7주 동안 보리수 아래서 단식하면서 쉬고 반조하는 동안 붓다는 그의 발견에 대해 당혹해 했던 것처럼 보인다. 그는 침묵하고 싶어 했고, 깨달은 바를 혼자만 간직하고 싶어 했고, 누구도 자신을 진정으로 받아들이지 못할 것이라고 생각했다. 그래서 그는 설법하기를 주저했던 것 같다. 그런데 위대한 신 브라만(great god Brahma, 역주: 불교 경전에 나오는 범천을 말한다)이 세 번이나 간청한 후 마침내 그의 가르침을 펴는 데 동의했다고 전해진다.

내가 깨달은 이 법은 실로 심오하고 알기 어려우며 파악하기 어렵고, 고요하고 고귀하며, 논리의 영역이 아니고 미묘하며, 현자가 이해할 수 있는 것이다. …… 만약 내가 이 법을 가르친다면 다른 사람들은 나를 이해하지 못할 것이다. 그것은 나를 피곤하게 하고 지치게 하는 일일 것이다.

……나는 어렵게 파악했다. 그것을 선양할 필요는 없다. 이 법은 욕망과 분노에 지배된 사람들에게는 쉽게 이해되지 않는다. 탐욕에 사로잡혀 있고 어둠에 덮인 자는 이 법을 보지 못한다. 이 법은 세간의 흐름에 거스르는 것이고 난해하고 심오하며 알기 어렵고 미묘한 것이다.

……이렇게 성찰했을 때 내 마음은 활동하지 않는 것과 법을 가르치지 않는 것으로 향했다.[1]

물론 붓다는 지극히 자비로웠으므로 45년간의 유행과 가르침에 착수했다. 그러나 우리가 그의 발견을 현대 심리학의 맥락에서 이해하고자 할 때, 그의 최초의 망설임은 기억할 만한 가치가 있다. 붓다의 가르침은 여전히 "흐름에 거스르고", "이해하기 어려우며", "논리의 영역에 속하지 않는다." 붓다의 가르침은 우리가 듣고 싶은 말이 아니다. 예를 들자면, 붓다의 첫 번째 진리는 심리학적 용어로 우리 자신의 굴욕(humiliation)의 불가피성에 관한 것이다. 그의 통찰은 우리로 하여금 우리 자신을 솔직하게 검토하도록 요청한다. 이 솔직함이란 우리가 되도록 피하고 싶어 하는 것이다.

붓다의 가르침

종교가 없고, 바하와 바이올린 그리고 중국음식과 숙모를 사랑하는 IBM의 중역인 삼촌이 몇 년 전 슬로안케터링(Sloan-Kettering) 암 센터에서 치명적인 백혈병으로 드러누웠을 때, 임박한 죽음에 대한 그의 마음은 갑작스런 깨달음으로 다소 진정되었다. 그의 육체는 고통에 지치고 쇠약해져서 무너지고 있었지만 여전히 희미하고 슬픈 듯한 미소를 띠고 그의 아내에게 속삭였다. "적어도 나는 다시 똥을 눌 필요는 없을 거야." 그것은 베케트(Beckett)가 '인간의 조건'으로 묘사했던 그런 것이다.

고(苦)에 대한 가르침에서 붓다는 이런 종류의 굴욕이 우리 모두를 기다린다는 것을 확실히 밝혔다. 이 진리는 "눈에 먼지가 없는 사람"은 이해할 것이라고 붓다가 느꼈던 진리다. 그는 우리가 아무리 무엇을 하더라도 자족(self-sufficiency)이라는 환상을 유지할 수 없다고 가르쳤다. 우리 모두는 늙고, 죽음을 피할 수 없으며, 실망과 상실과 질병을 피할 수 없다. 우리 모두는 우리 자신의 이미지 안에서 자신을 유지하려는 헛된 투쟁을 하고 있다. 우리 삶에서 운명을 컨트롤하려는 것이 얼마나 불가능한 것인가는 위기가 닥칠 때 필연적으로 드러난다. 언젠가는 우리 모두가 쇠퇴함과 죽음 사이에 있는 내 삼촌의 처지와 같은 자신을 발견한다.

사성제는 이러한 취약성 자체를 출발점으로 해서 억압적이고 도망칠 수 없을 것 같은 삶의 굴욕에서 겸손을 길러 준다. 불교가 염세적이라고 묘사되어 왔는데, 이와는 달리 사실은 상당히 낙관적이다. 붓다는 우리의 나르시시즘에 대한 모든 모욕은, 공격으로부터 도피함으로써가 아니라 보호가 필요한 '자기(self)'에 대한 확신을 뿌리째 뽑음으로써 극복할 수 있다고 선언했다. 사성제의 가르침은 이러한 가능성을 명쾌하게 묘사한다. 그것은 (서양의 입장에서) 종교적이라기보다는 오히려 심리학적 치유를 위한 실질적인 청사진이 있는 실재 모습이다. '견고한' 자기에 대한 우리의 욕구가 고통의 중심에 있다는 것을 분명히 하면서, 불교는 어떤 종류의 치유를 약속했다. 그 치유는 정신치료의 영역을 넘어서 있는 것이고, 서양에는 알려지지 않은 자기 성찰과 정신적인 훈련의 기법을 통해 가져올 수 있다. 우리가 우리 자신의 나르시시즘을 꿰뚫어 볼 수만 있다면 행복은 실제로 가능하다고 붓다는 가르쳤다.

고 통

붓다의 첫 번째 가르침은, 현재 사르나트라고 알려진 고대 인도의 베나레스 외곽에 있는 녹야원에서 정각 이전에 그와 함께 수행한 다섯 사문에게 행해졌다. 그 가르침은 『전법륜경(Dharmacakkappavattana Sutta)』이라는 경전에 담겨 있다. 그 가르침은 이전에 함께 고행했던 친구이자 동료인 그들에게 깨달음을 설명하는 능력을 시험하는 것 같았다. 그는 "형제들이여[역주: 빨리어 경전의 'bhikkhave(비구들이여)'를 기독교 배경을 가진 불교 경전 초기번역가들이 '형제들이여'로 번역], 이것이 성스러운 고제다!" 하고 선언한다.

태어나는 것은 고통이다. 늙는 것은 고통이다. 병드는 것은 고통이다. 죽는 것은 고통이다. 슬픔[憂], 비탄[悲], 고뇌[惱], 비애와 절망은 고

통이다. 싫어하는 것과 만나는 것은 고통(怨憎會苦)이다. 좋아하는 것
과 헤어지는 것은 고통(愛別離苦)이다. 바라는 것을 얻지 못하는 것은
고통(求不得苦)이다. 요컨대 5취온은 고통(五取蘊苦)이다.[2]

고통은 불교의 고(dukkha)에 대한 전통적인 번역이지만 이 번역
어는 원어의 의미를 살리지 못한다. 보다 전문적인 번역은 아마도
'전반적인 불만족'에 관한 어떤 것이다. 붓다는 여기서 여러 가지 차
원에 대해 이야기하고 있다. 그는 삶이란 적어도 세 가지 근원에서
유래하는 전반적인 불만족의 느낌으로 가득 차 있다고 이야기한다.
첫째, 육체적인 질병과 정신적인 고뇌는 우리 삶에서 피할 수 없
는 현상이다. 늙음, 질병, 그리고 죽음은 우리가 바라는 불멸의 환상
과 충돌한다. 그러므로 그것들은 불만족스런 느낌의 원인이 된다.
둘째, 우리 자신의 호불호가 이 고의 느낌의 원인이 된다. 원하는 것
을 얻지 못하는 것은 불만족을 가져온다. 원하지 않는 것과 대면하
는 것이 불만족을 가져온다. 소중히 하는 것과 떨어지는 것이 불만
족을 가져온다. 셋째, 우리 자신의 인격이 일반적인 불편한 느낌의
원인이 된다. 많은 정신치료자들이 증언할 수 있듯이, 그리고 붓다
가 아주 명백히 인식했듯이, 우리 자신은 스스로에게 불만족을 느끼
고 있다. 우리 모두는 불완전성, 비실체성, 불확실성 혹은 불안정이
라는 에는 듯한 감정에 영향을 받고 있고, 또 그러한 불편을 마술처
럼 해결하는 것을 갈망하고 있다. 애초부터 어린아이는 깊이를 헤아
릴 수 없는 불안에 상처 입기 쉬운데, 그 불안은 어른이 되어서도 무
용성의 느낌이나 비실재의 느낌으로 남아 있다. 한편으로는 소외,

다른 한편으로는 해체 또는 합병이라는 두 가지의 대립하는 두려움 사이를 배회하면서, 우리는 어디에 서 있는지 확신하지 못한다. 우리는 독립성에서나 관계에서 명확함을 추구하지만 그 기반은 언제나 그것이 우리 발밑에서 끌려 나가고 있는 듯이 느껴진다. 우리의 자기동일성은 우리가 생각하는 만큼 결코 확고하지 않다.

자기라는 이미지

그리스의 나르시스 신화는 이러한 자기의 실체에 관한 근본적인 불확실성 때문에 힘을 얻는다. 나르시스는 연못에 비친 자신의 모습에 매혹되어 그 이미지에서 벗어날 수 없게 되고 결국은 무력감에 빠져 죽음에 이른다. 물에 비친 자신의 모습은 나르시스 자신을 굴복하게 할 만큼 엄청난 힘을 가진 것이었다. 그는 그 이미지가 주는 완전함에 사로잡혀 자신의 비실재성을 완화하고, 의지할 수 있는 (겉으로 보기에는) 견고한 무언가를 갖게 된 셈이었다. 물론 그 이미지는 가공의 것이었으며, 이 완전한 이미지에 대한 집착 때문에 나르시스는 결국 죽게 된다.

붓다의 첫 번째 가르침에서 잘 드러나듯이 매혹적인 자기의 이미지에 대해 불교적 관점에서 어떠한 접근이 이루어지는지 살펴보자.

자기에 대한 모든 근심은 공허한 것이다. 자아는 신기루와 같고 자아에게 닥치는 모든 고난은 사그라질 것이다. 그 고난은 잠에서 깨면

악몽에서도 깨듯 그렇게 사라지는 법이다.

깨어 있는 자는 두려움으로부터 자유롭다. 그는 붓다가 되었다. 그는 모든 근심, 야망, 그리고 고통조차 얼마나 공허한가를 알고 있다.

흔히 목욕을 하다가 젖은 새끼줄을 밟으면 뱀인줄 착각하는 자들이 많이 있다. 이때 그 사람은 공포심에 사로잡혀 두려움에 몸을 떨고 뱀에게 물렸을 때의 온갖 고통을 떠올리리라. 그런데 사실은 뱀이 아니고 새끼줄이라는 것을 알게 되었을 때 그 사람이 느낄 안도감은 이루 말할 수 없을 것이다. 그가 두려움에 빠진 것은 다름이 아니라 그 자신의 오류와 무지, 착각 때문이다. 자신이 밟은 것이 새끼줄이라는 것을 아는 순간, 그는 마음의 평정을 되찾게 된다. 비로소 안도하고 즐겁고 기쁨을 느끼는 것이다.

이것이 바로 자기는 없는 것이며 모든 고통과 근심, 공허함의 원인은 한낱 신기루요 그림자요 꿈이라는 것을 깨달은 사람의 마음 상태다.[3]

많은 정신분석가와 종교학자들이 불교 명상을 '나르시스적 추구'라고 규정해 온 것과는 달리, 불교 명상은 오히려 나르시시즘이 출몰하는 모든 곳에서 그것을 타파하고 드러내려는 시도라고 할 수 있다. 붓다는 우리 모두를 나르시스로 본다. 우리는 우리 자신의 이미지에 사로잡혀 그것에 눈을 떼지 못하고, 자족감을 추구하는 과정에서 괴로워하며, 우리의 덧없고 상대적인 본성을 일깨우는 모든 것에 필사적으로 대항한다는 점에서 나르시스인 것이다. 붓다의 이런 메시지는 주의를 기울일 만하다. 그는 우리를 나르시스적 공상으로부터 깨어나게 하려고 애쓴다. 또한 필연적으로 결점이 있을 수밖에 없는 자기라는 느낌을 견고하게 해 보려는 집착에서 벗어나 이른바 '성스러운 진리'를 아는 데로 주의를 돌릴 것을 촉구한다.

생로병사가 씁쓸한 것은 비단 그것이 고통스러워서일 뿐만 아니라 굴욕적이기 때문일 것이다. 생로병사는 우리의 자존심을 무너뜨리고 나르시시즘에 크나큰 타격을 가한다. 이와 관련된 프로이트의 첫 저작 중 하나에 따르면, 자신에 관한 불쾌한 사실을 참아 내지 못하는 것은 나르시시즘의 핵심이라고 한다. 붓다의 가르침은 이러한 통찰을 자신의 심리학의 기초로 삼는다. 붓다는 우리 모두가 이러한 경향을 가진다고 보았다. 우리는 우리 자신에게 실체가 결여되어 있다는 것을 인정하려 들지 않고, 대신에 완전하거나 자족감을 주는 이미지에 우리 자신을 투사하려고 애쓴다. 역설적이게도 우리는 이러한 욕구에 빠질수록 자신으로부터 소외되고 '진짜'가 아니게 된다. 나르시시즘은 우리가 자신에 대한 진실에 접근하지 못하게 하는 것이다.

분석가의 목소리

정신분석은 물론 붓다의 영향 없이 이러한 보편적 부족감과 씨름해 왔고 몇 가지 주목할 만한 각도에서 논의를 진행시켰다. 각각의 논의들은 몇몇 중요한 관점에서 괴로움에 관한 붓다의 주장을 구체화한다. 정신분석계에서 새로운 움직임들이 태동함에 따라 보편적 불만족을 설명하는 이론들도 방향을 전환하게 되었다. 그 결과 학계의 추세는 성적인 원인에서 정서적인 원인을 고찰하는 것으로 변해

가고 있다. 처음에는 프로이트가, 그 후에는 빌헬름 라이히가 생식기적인 토대를 바탕으로 보편적 불만족에 접근한 반면, 이어서 등장한 조류는 인간 고통의 보다 근본적인 원인은 사랑에 대한 역량이 제한되는 것이라고 주장했다. 예의 이러한 견해들을 고려했을 때 붓다의 말씀은 다음과 같이 다시 쓰여야 할 것이다. "태어남은 고통이요, 늙음도 고통이요, 병듦도 고통이요, 죽음도 고통이요, 성욕을 통해 궁극적인 만족을 추구하는 것도 고통이요, 사랑할 수 없는 것도 고통이요, 충분히 사랑받지 못하는 것도 고통이요, 남들이 알아주지 않는 것도 고통이요, 자신을 알지 못하는 것도 고통이다."

프로이트는 인간 고통의 보편성을 두 가지 반박할 수 없는 사실의 공존을 통해 성찰했다. 첫째는 어린아이의 무력함과 의존성이고, 둘째는 어린아이의 정신성적(psychosexual) 조숙함이다. 어린아이의 성적인 욕구는 자신의 생식기 능력과 균형을 이루지 않는다. 즉, 아이는 부모를 성적으로 원하지만 부모로부터 만족을 얻을 수 없으므로 계속해서 부족감을 갖게 된다. 이러한 어린 시절의 성적 욕구는 결코 채워지지 않고, 많은 성인들은 성숙한 형태의 성적 만족을 누리지 못한다. 대신 그들은 어릴 적부터 바라 왔던 도달 불능의 성적 판타지를 갈구하게 된다. 이와 관련해 프로이트는 다음과 같이 기술하였다.

이렇듯 유아기에 성 생활의 절정을 경험하는 것은······ 결국 가장 괴로운 상황으로 치닫게 되고 고통스러운 감정이 수반된다. 사랑의 상실과 실패는 나르시스적 상처의 형태로 자존심에 영원한 상처를 남긴다.

생각하건대, 이는 신경증 환자들에게 흔히 나타나는 '열등감'에 가장 큰 역할을 한다고 여겨진다.[4]

치료자들은 프로이트가 명확히 지적한 상황들의 단면을 계속해서 확인할 수 있을 것이다. 그것들은 여러 가지 면에서 윤회 중 동물의 영역에 처해 있는 것이 어떤가에 관한 예라고 하겠다. 재능 있는 배우인 내 친구 에이미는 적절한 이야기를 들려 주었다. 에이미는 여태껏 맡아 온 역할 중에 가장 도전적인 배역으로 출연하는 새 연극의 시사회를 하고 있었다. 공교롭게도 그녀의 부모님은 그때 에이미의 여동생이 그녀의 남편과 한 살 난 아이와 살고 있는 웨스트 코스트로 휴가를 가기로 했다. 에이미의 부모님으로서는 자주 있었던 일이었다. 그들은 에이미의 일에서 중요한 순간마다 참석하지 못할 때가 많았고 이번 연극 역시 손자와 시간을 보내느라 놓치고 말았다. 손자들과 보내는 시간이 그들에겐 훨씬 중요했던 것이다. 당연히 에이미는 자신이 무시당하고 있다는 느낌을 받았고 자신이 못났다는 생각이 들었다. 그녀의 부모님은 에이미의 일에 별로 관심이 없었을 뿐더러 연극을 감상할 만한 위인도 아니었다. 이 점이 에이미의 신경을 건드린 것이다. 기본적으로 그것은 부모의 열렬하고도 꾸준한 칭찬을 갈망했던 어린 시절의 욕망을 불러일으켰다(프로이트는 아마 이 경우 '성적화된 욕망'이라는 표현을 썼을 것이다). 또한 이는 에이미로 하여금 현재 자신이 이루어 놓은 성과에 대해 어떠한 만족도 느끼지 못하게 할 위험 요소가 되는 것이다. 그녀에게 중요한 것은 다른 것이 아니라 부모의 반응인 듯했다.

프로이트에게 있어서 핵심이 되는 나르시스적 충격은 "욕망과 만족 사이에 건널 수 없는 틈"의 산물이다. 어른은 결코 그가 어린 시절에 가졌던 성적 환상을 만족시킬 수 없다는 것이다.[5] 불교적 개념에서 이는 적어도 전통적으로 '두 가지 병', 즉 고정되고 영구적인 자기가 있다는 믿음(내부적인 병)과 '현실'적 대상에 대한 욕망(외부적인 병) 중 후자에 대한 정신역동적인 설명이라 하겠다. 부모와 성적 결합을 이루고자 하는 욕망이 현실적으로 충족되지 않는 이상 어떠한 대상(사람)에 대해서도 충분한 실재감을 느낄 수 없을 것이다. 그러한 만족이 충족되지 않는다면 소위 대상이라고 하는 것은 항상 부족하게 느껴지고 충분히 실재한다고 느껴지지 않는다.

라이히는 불만족에 대한 성적 원인론을 프로이트보다 훨씬 더 구체적으로 전개해 나갔다. 그는 성 관계를 완전히 만족시킬 수 있다는 가능성을 열어 놓은 채, 직접적인 성적 만족을 치료의 목표로 삼았다. 그의 초점은 '근육 갑옷(muscular armoring)'에 맞춰져 있었는데, 근육 갑옷이란 성적 욕구의 발산을 충족시키는 데서 벗어나 "긴장과 이완의 리듬을 불가능하게"[6] 할 수 있는 경직성을 일컫는다. 라이히가 관심을 가진 점은 불충분함(inadequacy)이 우리 몸 안에서 어떻게 유지되고 영속될 수 있는가 하는 문제였다. 그의 목표는 성격을 개방적이 되게 해서 사람들로 하여금 덜 경직되고, 더 '유동적'이고 자발적이 되게 하여 좀 더 정서적이고 특히 성적인 경험을 할 수 있게 하는 것이었다. 윤회의 관점에서 라이히는 욕망의 축생계에서 만족의 천상계로 전환하려는 노력을 쏟았다고 하겠다.

정신분석적인 사고가 발달함에 따라, 라이히의 근육 갑옷이라는 개념은 어떤 점에서는 성적 발산의 억제를 강조하는 데서 인간의 마음을 억제하는 것에 더 초점을 맞추게 되었다. 자주 간과되기는 하지만 오토 랭크는 두 견해 사이의 주목할 만한 연결점을 제시한다. 랭크는 생식기의 오르가슴에서 자아의 오르가슴으로 그의 이론을 전환시켰다. 그의 이론에서 랭크는 자아가 다른 사람과의 성 관계나 사랑을 '이용'하여 내적 긴장과 억제로부터 해방되어 "스스로의 짐을 덜어 내려고" 하는 방법을 제시한다. 랭크에 따르면, "자아는 언제나 대상과의 관계에서 그 대상이나 상황이 자신의 목적에 부합하기만 한다면 자아 구조를 풀어서 해체할 준비가 되어 있다."[7]고 한다. 반면 자아가 자아의 구조를 풀어서 해체할 수 없을 때, 즉 두려움, 불안감 혹은 혼란 때문에 사랑에 대한 역량을 발휘할 수 없을 때 그 사람은 스스로의 개체성에 매몰되고 자기로부터 소외당하게 된다. 부담에서 벗어나지 못하고 긴장과 이완의 리듬이 없다면 유대에 대한 자유, 자아 경계의 포기, 그리고 모든 사랑에서 나타나는 융합 역시 있을 수 없다. 이것이 없다면 인간은 타자와의 단절 속에 소외되고, 그의 개체성은 결합과 분리의 끊임없는 과정에서 필수적이고 불가분인 것이 되지 않고 불안과 동의어가 되어 버리는 것이다.

랭크가 설명한 대로 우리의 근원적인 고통은 일종의 분리에 대한 원초적 분리 불안(랭크가 '생의 두려움'이라고 정의한)에 뿌리박고 있다. 우리는 보다 거대한 전체로부터 분리되는 것을 두려워한다. 그것이 되돌릴 수 없는 것임에도 말이다. 또한 우리는 죽음으로써 이 귀중한 개체성을 잃을지도 모른다는 두려움에 부딪히기도 한다. 랭크는 다음과 같이 적고 있다. "인간은 이 두 가지 두려움의 양 극단

사이에 평생 이리저리 내던져진다. 그리고 이는 두려움의 근원은 하나가 아니며 그것은 치료로 해결될 문제가 아니라는 것을 잘 드러낸다."[8]

그렇다면 개별화와 고립에 대한 두려움은 어떠한가? 이는 붓다가 중요시한 바대로, 자기에 대한 불안으로 가는 길목은 아닐까? 나르시스는 그 자신의 이미지에 집착함으로써 그런 두려움을 숨기려고 한 것은 아닐까? 고정되고 영원하며 진실한 자기라는 것이 그러한 두려움에 대항하기 위해 고안된 것은 아닐까? 불확실성의 문제와 안절부절못하고 불안정하고 의심하는 자기에 대한 문제는 현대에 이르러 정신분석의 메인 테마가 되어 왔다. 이것은 붓다의 가르침을 더욱 의미 있게 해 준다. 붓다는 비록 처음에는 망설였지만 바로 이 자기동일성의 혼란에 관해 직접적이고 명백하게 설파하였기 때문이다.

위니코트는 다른 어떤 분석가보다 심도 있게 사적 자기의 영역을 탐구하였다. 무엇보다도 위니코트는 존재하는 개인은 나약하다는 것과 어려운 성장 과정에 묵묵한 지원이 필요하다는 것을 인식했다. 그는 우리가 스스로의 필요 때문이 아니라, 걱정 많은 부모의 요구에 순응해서 어떻게 우리 자신을 닫아 잠그는지에 대해 설명하는 데 대가였다.

위니코트는 만일 부모의 환경이 충분히 탄력적이지 못해서 우리가 분리되는 것이나 자아의 짐을 더는 것이 용인되지 않는다면, 우리는 "스스로에게 일관성(Coherence)을 부여한다."[9]고 가르친다. 이 부여된 일관성이 이른바 '거짓 자기'다. 라이히의 근육 갑옷과 유사하게도, 위니코트의 거짓 자기는 착취와 관심 부족으로부터 개인을 보호해 준다. "그것은 양육이 이루어지지 않을 때 발생하는 원시적인 형태의 자족(self-sufficiency)이요",[10] 매정한 부모의 환경으로부터 도피하여 생존하게 해 주는 순응(compliance)[11]의 전략이라고 할 수 있다. 위니코트와 그를 추종하는 치료자들에게, 계속되는 불만족감의 원인은 바로 거짓 자기의 경직성이었다. 충분한 관심을 받아야 할 시기에 너무 일찍 어머니의 관심으로부터 떨어져 나온 사람은 자기 자신의 몸과의 접촉을 잃어버리고 마음이라는 제한된 공간으로 물러나 버린다. 그리하여 생각하는 마음은 자기를 느끼는 곳이 된다. 그러나 이것은 불만족스럽고 단절된 타협에 불과하며 원초적 박탈감을 영속케 할 뿐만 아니라, 비생동적이고 비자발적인, 고립된 마음이라는 개념을 공고히 할 뿐이다. 위니코트에 따르면 고통(Dukkha)은 개인의 영원한 고립이었다.

잃어버린 지평

이러한 모든 이론들은 가상적이든 실제적이든 간에 인간이 그토록 추구하지만 영원히 도달할 수 없는 원초적으로 완전한 상태를 공통적으로 상정하고 있다. 원초적으로 완전한 상태가 프로이트가 제시한 생식기적 단계의 상상 속의 성적 만족이냐, 아니면 어머니와 유아 간의 자연발생적 조화(attunement)의 초기 경험이든지 간에 이 모든 이론들의 주장은 사람들이 결코 얻을 수 없는 성적 환상을 꿈꾸며 상대적인 쾌락을 거부한다는 것이다. 프로이트는 "자신 앞에 투사한 이상형은 자기가 자기자신의 이상형이었던 유아기 시절의 잃어버린 나르시시즘의 대체물에 불과하다."[12]라고 말한다. 때때로 그런 것을 추구하는 경향이 오랜 시간 동안 반복되면 그 사람은 정신치료를 받게 될 것이다.

대부분의 치료에서 하는 작업인 패턴을 살펴보는 것은 불교적 관점에서 볼 때 출발점일 뿐이다. 근본적인 차원에서 인간은 자신 안에 내재하는 불확실성을 직면하고 수용하는 방식을 찾아내야 한다. 내 오랜 친구 사라는 너무 오랫동안 불확실성에 자기 나름대로 대처하기를 꺼렸던 나머지, 주변 친구들은 사라가 자신의 행동 양식에서 벗어날 수 없을 것이라고 생각했다. 사라는 20여 년 가까운 세월 동안 성 관계는 할 수 있었지만 이루어질 수는 없었던 남자와의 관계에 강박적인 집착을 보였다. 이런 남자들을 사랑하면서 그녀는 자신을 죽이고 사는 능력을 기르게 되었다. 그런 남자들에게 집착하지 않았더라면 그런 능력은 생기지도 않았을 것이다. 그녀는 자기 자신을 포기할 수 있었는데, 한편으로는 그렇게 하는 것이 사라의 행복에 절대적으로 필요한 것처럼 비치기도 했다. 왜냐하면 그녀는 남자들로부터 끌어낸 일종의 강력한 에너지를 통해 활기를 찾았고 그것이 곧 자기 삶의 의미였기 때문이었다. 사라는 그럭저럭 남자들의 저항을 극복하면서 동시에 그들에게 복종하였다. 그럼에도 불구하고 그녀는 일단 남자들을 침대로 끌어들이기만 하면 오히려 곧 그들에게 싫증이 났다. 매번 남자를 사귈 때마다 이 사람이야말로 자신이 평생 찾아 헤맨 궁극적인 경험의 대상이라고 느꼈지만, 그녀에게 돌아오는 것은 실망뿐이었다.

사라가 가질 수 없었던 아버지에게 집착하는 오이디푸스적인 성향을 보이는 것인지 아니면 유년기에 결핍되었던 어머니와 아이 간의 원초적 조화를 복원하려는 것인지는 알기 어렵다. 그러나 그녀의 행동은 어느 모로 보나 명백한 하나의 사실을 말해 준다. 사라는 스스로 불완전하다고 느낄 뿐만 아니라, 애정 관계에서 가질 수 없는 남자를 사랑하는 극단적인 조건이 아니고서는 자아를 벗어 던지는 데 엄청난 어려움을 겪었다는 점이다. 보다 참되고 지속적인 관계를 통해 자신의 불안감을 드러내는 것이 사라에겐 너무도 위협적인 일이었다. 그녀는 자신을 드러낼 때 모멸감을 느낄까 두려워했고, 그러한 두려움 때문에 친구들의 권유에도 불구하고 치료받기를 거부했다. 가질 수 없는 환상을 계속적으로 추구한 사라는 자기 자신의 꼬리를 잡으려고 빙글빙글 돌았던 셈이다. 윤회의 중심에 있는 돼지, 뱀, 수탉처럼 말이다. 기억하지는 못하지만 상상 속에서 존재하는 그 완전한 상태를 추구하는 한, 사라는 불완전한 느낌과 결코 화해할 수 없었다. 그녀에게 필요했던 것은 그러한 느낌들을 탐구할 뿐만 아니라 자신이 발견한 바를 어떻게 하면 수용할 수 있을지 배우는 것이다. 치료가 사라가 자기의 패턴을 살펴보는 데 도움을 줄수는 있겠지만, 자신의 고통을 받아들일 줄 아는 도구를 제공하는 것은 다름 아닌 명상이다.

자기 자신을 아는 것

불교적 접근 방식은 개개인의 사정이야 어떠하든 간에 인간은 모두 핵심적이고 존재론적인 불안정감을 갖고 있다고 상정한다. 정신분석에서 부모의 불안정감(insecurity)은 자녀에게로 이어질 수 있다는 점에 착안하여 연구를 해 온 반면, 불교는 '좋은' 엄마 역할이 있었든 없었든 우리가 누구인가를 아는 것은 처음부터 불가능하다는 점을 강조한다. 우리는 아무 장애 없이 자신을 알고자 하며 우리가 누구인지에 대한 확신을 갖고 싶어 한다. 그러나 우리는 한 가지 결정적인 모순에 부닥치면서 시작부터 좌절을 겪는다. 관찰자는 어쩔 수 없이 관찰 대상을 왜곡한다는 사실을 현대 물리학자들을 통해 알 수 있는 것처럼, 우리가 경험의 주체로서 자신을 객체로 만족스럽게 안다는 것은 결코 불가능하다. 우리는 결코 자신을 주체, 객체로 분리하여 경험할 수 없지만 주체나 객체, 아는 자나 아는 대상 중 하나로 경험해야만 한다.

주체와 대상으로 성숙하게 분리되는 것은 애정 관계에서 그렇듯이 단순한 융합(fusion)만으로는 충분히 풀 수 없는 문제를 야기한다. 종교학 교수인 리차드 디 마르티노(Richard De Martino)는 고전으로 꼽히는 공저 『선불교와 정신분석(Zen Buddhism and Psychoanalysis)』에서 "자아는 당연히 자신이 성취하는 것과 '자신이 어떤 것인 것'을 혼동하게 된다."라고 했다. 주체로서 스스로를 알아 가는 과제를 수행하는 과정에서 객체로서의 이미지를 가지게 된다."[13] 그러나 이는 아무런 득이 되지 않고 불만족스럽기만 한 해결일 뿐이다. '객체의 이미지'는 언제나 무언가 부족하다. 결코 주체를 충분히 설명할 수 없기 때문이다. 프로이트가 성적인 관계는 언제나 사소한 결핍이라도 남긴다고 말한 것처럼, 그러한 객체의 이미지는 결코 실제적인 경험을 완벽히 나타낸다고 할 수 없다.

이 딜레마를 해결하는 붓다의 방법은 '생각하지 않고 그 상태에 들어가는 것(not-knowing, 역주: 우리 자신의 의견, 편견, 조건을 벗어나서 상황을 있는 그대로 경험하고 받아들이는 것으로 생각됨)'을 격려하는 것이었다. 선사들은 "그 '생각하지 않고 그 상태에 들어가는' 마음을 유지하라."고 당부한다. 현대의 불교 작가인 스테판 베첼러(Stephen Batchelor)는 '의심에 대한 신념'을 연마하라고 종용한다. 또한 17세기 일본의 선사 타카스이(Takasui)는 다음과 같이 가르쳤다.

> 깊게 의심하라. 의심하고 또 하라. 듣고 있는 주체가 누구인지 자신에게 물어라. 그대에게 일어나는 여러 쓸데없는 잡념들로부터 주의를 거두어라. 다만 그대 속에 있는 모든 힘을 하나로 모아 깊고 더 깊게 의심할 지어다. 목표를 두지 말고 미리 기대하지도 말며 깨달으려 하지도 말고 심지어 깨닫지 않으려고도 하지 마라. *다시 말하면 그대 자신의 마음속에 존재하는 어린아이와 같이 되어라*(이탤릭체는 덧붙임).[14]

그렇다면 "네 자신의 마음속에 존재하는 어린아이와 같이 되어라."는 것은 무슨 뜻일까? 많은 서구 분석가들이 불교의 메시지를 이해한 대로, 융합을 상실하기 전의 어머니에게로 돌아가라는 말인가?

이는 또 다른 형태의 나르시스적 신화는 아닌가? 다시 말해, 자신의 마음속에서 자기를 찾으라는 것인가? 아니면 그것과는 차이가 있는가? 분명한 것은 타카스이는 명상가에게 어머니 품에 있는 아이가 되라고 말하지는 않았다는 것이다. 그는 새로운 무언가를 제시했는데 이것은 일견 불가능한 것처럼 보인다.

불교에 따르면, 자기에 대한 의심은 불가피한 것이요, 성숙하는 과정에서 반드시 겪는 일이다. 그 의심을 탐구하고 나아가서 해결할 수 있는 방법이 있다. 불교는 그 방법이 의심으로부터 도피하려는 것이 아니라 의심 속으로 들어가는 것이라고 가르친다. 다시 말해서, 그 의심에 빠져 허우적대는 것이 아니라 존재하는 구조들을 의도적으로 붕괴시키는 것이다. 붓다가 우리에게 설한 첫 번째 성스러운 진리는 결국, 자칫 무시할 수도 있는 불확실성을 받아들일 것을 가르친다. 그렇게 하는 가운데 우리는 비로소 나머지 붓다의 심리학을 이해할 수 있을 것이다.

3

갈애

붓다의 두 번째 진리

한 부유한 환자가 나에게 털어놓기를 "거하게 식사를 하고 난 뒤에는 코냑이 마시고 싶다."고 했다. 그리고 코냑을 마시고 나면 담배가 당긴다는 것이다. 담배를 한 대 물고 나서는 성 관계를 가지고 싶어 한다. 관계가 끝나고 나면 아마 담배 한 가치를 더 피우고 싶어지리라. 얼마 지나지 않아 잠을 자고 싶어 할 것이고, 이왕이면 단잠을 방해하는 꿈 따위는 꾸지 않는 것이 더 좋다고 생각할 것이다. 이처럼 감각적 쾌락을 통해 편안함을 추구하는 것은 끝이 없다.

붓다의 두 번째 성스러운 진리는 이러한 경험에서 비롯한다. 이는 전통적으로 '고통의 발생'에 대한 진리로 설명되어 왔고 고통의 원인은 집착, 갈망이라는 것을 중심 교의로 한다. 붓다는 두 가지 유형의 갈망을 언급하는데, 정신역동적 사고에서 이와 각기 대응하는 것들이 존재한다. 첫째는 감각적 쾌락에 대한 갈망으로 우리가 바로 이해할 수 있다. 내 부유한 환자가 자신의 경험을 통해 설명한 것이다. 둘째는 붓다가 소위 존재와 비존재에 대한 갈망이라 명명한 것으로서, 오늘날 우리가 나르시스적 갈망이라고 부르는 것이다. 다시 말해, 고정된 자기에 대한 갈망(그것이 어떤 것이든 간에)이다. 그것은 태어남과 죽음의 어디에서나 발견될 수 있는 안전(security)에 대한 갈망이라 하겠다. 내 환자의 섹스에 대한 욕구 뒤에는 붓다가 존재에 대한 갈망이라 불렀음직한, 에로스(역주: 프로이트는 인간에게는 두 가지 기본적인 본능이 있다고 봤다. 생에의 본능인 에로스와 개체가 생기기 전의 편안한 상태로 돌아가고 싶어 하는 죽음의 본능인 타나토스가 있다고 생각했다)와 결합하려는 열망이 놓여 있다고 여겨진다. 꿈을 꾸지 않고 숙면을 취하고자 하는 욕구의 이면에는 망각의 욕구가 있는데, 붓다는 이를 비존재에 대한 갈망으로 인식했을 것이다. 이 두 가지의 갈망은 긴밀하게 연결되어 있다. 감각적 쾌락은 종종 더 깊은 곳에 있는 갈망을 표현하는 수단이 되곤 한다.

쾌락원칙

붓다가 말한 감각적 쾌락에의 갈망과 프로이트의 쾌락원칙은 많은 면에서 일치한다. 프로이트에 따르면, 인생의 초기에는 먹을 것, 편안함, 따뜻함 등에 대한 내부적 욕구의 요구 때문에 편안한 상태가 방해를 받는다고 한다. 필요한 것이 무엇이든 처음에는 마술처럼 어머니로부터 얻게 되고, 이로 인해 아이는 자신이 전지전능하다고 믿게 되어 완벽한 지배의 감정을 갖게 된다. 모든 욕구가 즉각적으로 충족될 수 있고, 모든 감각적 쾌락을 누릴 수 있으며, 더불어 불쾌한 감각들은 언제든 떨칠 수 있다는 느낌은 나르시스적 갈망과 감각적 쾌락에 대한 갈망, 양자의 밑바탕을 이룬다. 이것은 인간정신에서 첫 번째로 나타난 조직적인 원칙으로 쾌락원칙이다. 그러나 붓다와 프로이트에 따르면, 이 원칙의 지속은 더 많은 정서적 혼란을 야기할 수 있다. 프로이트는 다음과 같이 기술했다.

환각을 통한 만족을 포기하게 만드는 것은 기대되는 만족이 일어나지 않는 것, 즉 실망의 경험뿐이다. 대신에 심리적 장치는 외부 세계의 실제적 환경에 대한 개념을 형성하고, 외부 환경에서 실질적으로 변화를 발생시키기 위한 노력을 기울일 것을 결정해야만 했다. 따라서 정신의 작용에 대한 새로운 원칙이 도입되었다. 마음속에 떠오른 것은 더 이상 기분 좋은 것이 아니며 비록 불쾌한 것이라 할지라도 그것이 현실이라는 것이다. 이러한 현실원칙의 정립이 중대한 진보임은 주지의 사실이다.[1]

쾌락적인 감각 경험은 본질적으로 유쾌한 것으로서, 그 자체가 현실원칙의 수립을 강요하지는 않는다. 그러나 쾌락적인 감각 경험은 믿을 만한 것이 아니기 때문에 과도하게 쾌락에 의지하는 것은 바뀌어야 할 것이다. 이와 같은 맥락에서, 불교의 견해 역시 쾌락을 부정하지는 않는다. 불교의 가르침은 쾌락적인 경험의 부정을 권고하는 것이 아니라 그에 집착함으로써 궁극적인 만족에 이르려고 하는 자세를 경계한다. 감각적 쾌락이라는 것은 일시적이고 믿을 만한 것이 못되기 때문에, 우리 모두가 느끼는 확실성에 대한 갈망을 충분히 채워 줄 수 없다는 것이다. 두 번째 성스러운 진리는 우리로 하여금 방출과 포만감을 추구하는 데 내재되어 있는 절망감을 인식하게끔 한다. 우리가 방출과 포만감을 추구하는 이유는 비단 만족을 위해서뿐만이 아니라 불안감과 불확실성을 채워 보고자 하기 때문이다. 감각적 쾌락은 현실의 어려움 속에서 위안을 주지만, 동시에 우리는 점차 이에 중독되어 가고 경감시키고자 했던 그 불만은 영속하게 된다.

마찬가지로 붓다의 가르침은 현상적 자기에 관해 이 현실원칙을 수립하려는 시도로 이해될 수 있을 것이다. 우리는 감각적 쾌락 경험의 본질을 왜곡하듯이, 부풀리기도 하고 끌어내리기도 하면서 계속하여 자기에 대한 느낌을 왜곡한다. 이는 마음속에서 수용할 만한 자기의 이미지를 정립하기 위해 지속적으로 이루어지는 시도의 일환이라고 하겠다. 정신분석이 이러한 자기팽창(self-inflation)과 자기축소(self-deflation)가 발생하는 영역을 도식화한 반면, 불교에서는 이를 집착적인 마음이 겪는 불가피한 고통으로 본다.

불확실성

붓다는 스스로 만들어 낸 이러한 고통에서 벗어나는 방법, 즉 다시 말해, 자기팽창과 자기축소의 위험에서 벗어나는 방법에 대해 고

심했다. 여기서 두 번째 성스러운 진리 중 후자, 즉 존재와 비존재에 대한 갈망이 비로소 의미를 갖는다. 다만 명심해야 할 것은, 붓다는 사변적인 심리학을 설파한 것이 아니라 수행자들을 불만족에서 자유롭게 하는 실제적인 가르침을 행했다는 것이다. "나는 이론을 가르치려 들지 않는다. 다만, 분석(analyse)할 뿐이다."[2] 붓다는 절대적이고 낭만화된 이상에 집착하거나 허무주의적인 방관을 초래할 만한 문제에 관해 일절 답을 주지 않았다. 존재와 비존재라는 화두에 교묘히 포섭된 이 두 가지 경향은 다수의 영향력 있는 종교, 심리학, 철학의 도그마적 바탕이 되기도 한다. 실제로 붓다가 절대적 확실성을 추구한다는 이유로 거듭 논쟁을 피한 14개의 주제가 있다.

- 이 세상은 영원한가 아닌가, 아니면 영원하기도 하고 영원하지 않기도 한가, 아니면 영원하지도 않고 영원하지 않은 것도 아닌가.
- 이 세상은 공간적으로 유한한가 무한한가, 아니면 유한하기도 하고 무한하기도 한가, 아니면 유한하지도 않고 무한하지도 않은가.
- 깨달음을 얻는 자는 사후에도 존재하는가 아닌가, 아니면 존재하기도 하고 존재하지 않기도 하는가, 아니면 존재하지도 않고 존재하지 않는 것도 아닌가.
- 영혼은 육신과 같은 것인가 다른 것인가.

붓다는 이러한 물음에 대한 단정적인 답을 얻으려고 하는 시도는 그릇된 생각으로 이어질 뿐이라고 가르쳤다. 그러한 시도는 단지 절대적인 것에 집착하거나 허무주의적으로 거부하는 경향을 부채질할 뿐이라는 것이다. 붓다는 이 두 가지 모두를 쓸데없는 것으로 여겼다. 그는 진정한 자기가 존재한다고 가르친 바가 없으며, 또한 '아무것도 중요치 않고' 개인의 행위 역시 하찮은 것에 불과하다는 카오스적 우주론을 지지하지도 않았다. 오히려 그는 삼라만상의 본질에 관한 모든 고정된 가정들에 대해 끊임없는 의문을 품어야 한다고 촉구했다. 붓다는 말룽캬푸타라는 한 회의적인 제자에게, 사물의 궁극적인 본질을 묻는 질문은 다음의 상황에 비유될 수 있다고 가르친다. 어떤 사람이 화살에 맞았는데 화살을 뽑을 생각은 하지 않은 채, 누가 화살을 쏘았고, 그는 어디서 왔고 어떻게 생겼으며, 무슨 활을 사용했고, 또 화살은 무엇으로 만들어졌는지에 대한 답을 구하느라 몸에 박힌 화살을 뽑지 못해 죽고 말았다. 붓다가 강조하고자 한 것은 "말룽캬푸타여, 그 사람은 자신이 궁금해 했던 사실을 끝내 알지 못하고 죽을 것이다."[3]는 것이었다.

같은 논리를 자기의 본질에 관한 심리학적 질문에 적용해도(우리에게 좀 더 친숙할 것이다), 붓다는 일관되게 어떠한 단정적인 답을 내놓기를 거부한다. 바차곳타(Vacchagotta)라는 외도(wanderer)로부터 자기의 실재에 관한 단도직입적인 질문을 받았을 때 붓다는 '치료적으로' 침묵을 지켰다. 나중에서야 시자인 아난다(경전에서 종종 붓다의 가르침을 받는 인물)에게 말하기를, 바차곳타의 질문에 대답하는 것은 자기에 관한 몇몇 그릇된 견해를 강화해 주는 것에 다름없다고 했다.

아난다야, 외도 바차곳타가 자기가 있느냐하고 물어보았을 때 내가 그러하다고 말해야 했다면, 이는 상주론을 주장하는 사문과 브라만의 편을 드는 것이다. 또 외도 바차곳타가 자기가 없느냐고 물어보았을 때 내가 그러하다고 말해야 했다면 단멸론을 주장하는 사문과 브라만의 편을 드는 것이다. ···외도 바차곳타는 이미 혼란스러울진대 더욱더 정신이 혼란해질 것이 아니냐. 그리고 아마 그 자는 이런 생각을 했을 것이다. '이전에 내게 있어 자기란 존재하지 않았던가? 지금은 없구나.'[4]

과대감과 공허감

이상하게도, 자기의 존재 여부, 집착과 비난, 존재와 비존재와 같은 가설 속에서 존재하는 이원적인 것들을 지지하지 않는 붓다의 일관된 거부는 어딘가 모르게 서양인들에게 친숙한 데가 있다. 알다시피 붓다의 시대에는 나르시시즘, 과장, 유기 우울증, 비추기 등과 같은 심리학적 언어가 존재하지 않았다. 대신에 그 당시에는 많은 경우, 유사한 심리학적 개념과 통하는 고도로 발달한 철학 체계가 있었다. 붓다는 이 철학 체계에 내재되어 있는 심리학적 차원의 것을 꿰뚫고 있었다고 여겨진다. 그는 두 번째 성스러운 진리의 말을 빌려 존재와 비존재에 대한 갈망에 관해 언급하는데, 이는 서구적 개념에서 소위 과대감 혹은 공허감으로 불리는 것이다. 존재와 비존재에 대한 갈망은 우리를 보편적이고 빠져나올 수 없는 불만족감에 빠지게 한다. 서양의 정신분석가들이 두 극단적인 상태의 허구성에 대해 인식한 바와 같이, 붓다와 붓다의 행적을 따르는 심리학자들은 이쪽도 저쪽도 아닌 중도를 권고하였다.

붓다가 살던 시대의 철학자들은 상주론자(영원불멸의 천국, 신, 자기의 실재를 믿는 자)가 아니면 단멸론자(인생의 무의미함과 헛됨만을 믿는 자)로 분류할 수 있다. 마찬가지로 인간의 정신은 이러한 견해를 번갈아 취함으로써 위안을 얻는다. 그들은 실제로 거짓 자기의 양 극단에 서 있다고 볼 수 있다. 즉, 부모의 칭찬을 받기 위해 그들의 요구에 순응하는 과정에서 형성되는 과장된 자기와, 외롭고 위축되어 있으며 소외되고 불안정하여 받지 못한 사랑만을 갈구하는 공허한 자기가 양 극단을 이루고 있는 것이다. 과장된 자기는 외부로부터 상처받기 쉽고 타인의 칭찬에 의존적이면서도 스스로를 전지전능하고 자급자족적인 존재로 여긴다. 따라서 격리되고 멀어지려는 경향이 있으며 위협을 느낄 때는 자신의 힘을 되찾아 줄 만한 이상화된 존재에 집착한다. 공허한 자기는 필사적으로 자신의 공허감을 달래 줄 수 있는 것에 매달리거나, 메마른 공허함 속으로 도망치려 한다. 그 속에서 자신은 접근할 수 없는 것이 되고 스스로 무가치하다는 믿음을 강화할 수 있게 된다. 두 가지 거짓 자기 중 어느 것도 완전히 만족스러울 수 없지만 거짓 자아가 지배하는 이상, 어떠한 대안도 상상할 수 없다.

붓다가 자기란 존재한다고 대답했더라면, 그는 질문자의 과장감, 즉 영속적이고 변하지 않으며 특별한 무엇인가를 손에 얻었다는, 이상화된 개념을 강화시켰을 것이다. 또한 붓다가 실로 자기란 존재하지 않는 것이라고 했다면, 그는 질문자의 소외감과 공허감, 자신이 무가치하다는 절망적인 믿음을 강화시켰을 것이다. 또 다른 제자가 "자기의 본질이 무엇입니까?"라는 궁극적이고도 나르시시즘적인 질문을 던졌을 때, 붓다는 자기가 존재하는 것도 아니고 자기가 존재하지 않는 것도 아니라고 말했다. 그 질문 자체가 자기가 실체라는 가정을 담고 있는 것이기 때문에 이미 오류에 빠진 것이라는 뜻을 담고 있는 것이었다. 붓다의 견지에 동조하는 정신치료자로서, 이해하기는 힘들지만 나는 이러한 붓다의 가르침을 항상 염두에 두어야 한다고 생각한다. 사람들은 대개 치료를 받으러 오면서 '진정한 자기'를 찾으려고 한다. 바차곳타가 붓다에게 요구했듯이 말이다.

치료를 위한 시사점

치료의 계기가 되거나 혹은 치료의 결과로서 발생되는 상당한 자기동일성의 혼란은 이러한 관점으로 이해될 수 있다. 사람들은 종종 자신들이 가짜(거짓)라는 느낌을 없애려는 기대를 가지고 치료에 임한다. 만약 치료자와 환자가, 환자가 말하는 그 틈을 채우려고 지나치게 서두른다면, 불교적 관점에서 중요한 기회를 놓치는 셈이 된다. 자기에 형상을 부여하려는 시도(서양의 치료법에 영향을 받은 대부분의 사람들이 그렇게 해야 한다고 생각하는) 중에, 붓다가 말한 양 극단을 가지고 작업할 수 있는 기회를 놓칠 수 있다는 것이다. 진정한 자기를 발견하려는 노력을 도와준다기보다, 불교적 접근 방식은 그저 두 극단을 명확히 함으로써 두 극단으로 인해 무의식적으로 잡고 있던 것을 놓아 버린다. 이것은 내가 하고 있는 대부분의 치료 작업에서의 지도 원칙이기도 하다.

예를 들면, 계속되는 의심과 불안정성의 느낌으로 괴로워하는 환자가 있다고 치자. 나는 그 환자가 성급하게 자기동일성을 확립하기를 돕기보다는 그들이 자족감과 공허함에서 안식처를 찾고 있는 방식을 탐색할 것이다. 이러한 접근방식은 부처가 두 번째 진리에서 설파한 가르침에서 직접 비롯된 것이다. 왜냐하면 거짓 자기는 언제나 당사자가 존재와 비존재의 세계에 집착하고 있는 도중에 드러나기 때문이다. 그러한 집착을 알게 됨으로써 비로소 해방의 기회를 얻을 수 있다. 최근에 만난 환자 중 35세의 변호사 도로시를 예로 들겠다. 그녀는 이러한 괴로움을 생생하고도 비교적 흔한 꿈에서 드러내었다.

> 저는 누군가의 부모님과 함께 있었어요. 그분들은 절 딱히 좋아하지 않았죠. 저는 뭐라 말을 하려고는 했지만 결국 아무 말도 할 수 없었어요. 그러니까…… 어떻게 말해야 딱 들어맞을지 모르겠더라구요. 적절한 말이 떠오르지 않았다고나 할까. 입을 열기는 했는데 말이 나오지 않았어요. 그럴수록 점점 당황스러웠죠. 그냥 울고 소리 지르고 싶었는데 그럴 수조차 없어서 돌아서서 자리를 떠났어요.

거짓 자기는 이렇듯 종종 자기가 표현하고자 하는 바를 전달할 수 없는 방식으로 상징화된다. 도로시가 기억하기로는, 어릴 적 그녀가 가장 주의해야 할 점은 어떤 감정도 겉으로 내보이지 않아야 하고 괴로움을 부모에게 절대로 말해선 안 된다는 것이었다. 그녀의 부모는 감정적으로 되는 것을 두려워했기 때문이다. 그녀는 '완벽'해야 했고 이 때문에 스스로를 마비시켰다. '지나치게 감정적'으로 되는 것을 두려워한 나머지, 도로시는 어른이 되어서도 그녀 자신과 주위 사람으로부터 단절되어 버렸다. 부모의 요구에 따르느라 그녀는 자기 자신의 정서 생활을 잃어버리고 단절된 관계를 회복하는 데마저 두려움을 느꼈다. 무감각해지고 비현실적이 되어 고통받던 도로시는 하마터면 작년에 자살을 할 뻔했다. 주변 사람들에게 비친 도로시는 자족감에 차 있고 초연한 여성이었으나, 정작 도로시 자신은 공허함과 절망에 빠져 공공연히 자기가 누군지 잘 모르겠다고 말했다. 이는 그녀의 자기동일성에서 매우 필수적인 요소인 것처럼 보인다. 겉으로 보기에 혼자서도 잘 지내고 어떤 감정으로부터도 초연한 도로시에게서, 붓다의 스펙트럼 중 '과장'의 극단을 읽어 낼 수 있다. 또한 그녀의 비밀스러운 절망감 속에서 '공허함'의 극단을 찾아볼 수 있다.

　도로시의 꿈을 분석하던 중 명백해진 점은, 내가 자극을 주었음에도 불구하고 도로시는 부모에게 표현할 마땅한 말이나 감정을 찾지 못했다는 것이다. 즉, 그녀의 감정은 자신에게 개방되지 않았다. 그녀에게 허락된 것은 다만 부모의 요구에 부응하기 위해 키워 온 두 가지 모습이었다. 완전히 몰감정적인 로봇이 되거나, 대인관계를 철저히 끊고 소외감과 공허함에 빠진 이방인이 되는 것이다. 그러한 두 가지 모습에 대해 분명히 알아갈수록, 그녀는 그 모습과 자신과의 동일시를 깨뜨려 나가기 시작했다. 이는 붓다의 가르침과 부합하

는 것이다. 붓다에 따르면, 거짓 자기의 고통은 자족과 공허감의 양
극단에 대한 집착에서 비롯된다. 이러한 집착을 인식할 때 비로소
고통으로부터 벗어날 수 있다. 사실 도로시는 자신이 누구인가에 대
해서는 오히려 명확히 알지 못하게 되었다. 그러나 그녀는 예전에
비해 훨씬 더 살아 있다는 것을 느끼기 시작했다.

　도로시의 이야기는 특별한 것이 아니다. 어렸을 적 우리는 모두
부모의 이기적인 요구에 순응할 것을 강요받는다. 부모는 그들의 욕
구를 채우기 위해 우리로 하여금 특정한 방식으로 행동하도록 요구
한다. 그때 우리는 모두 자신이 뭔가 잘못되어 있고, 어떠한 방식으
로든 그 결점을 메우는 편이 낫다는 판단을 하게 된다. 도로시처럼
우리는 부모가 요구하는 것을 채우기 위해 최선을 다했고, 보상적인
자기팽창 또는 자기부정의 두 가지 방식 중 하나를 통해 스스로를
적응시켜 나갔던 것이다. 어떠한 경우든 우리는 사랑하는 사람들로
부터 무시당하는 것을 피할 수는 있었지만, 그들을 만족시키는 과정
에서 우리 자신으로부터는 소외되었다. 치료자인 앨리스 밀러(Alice
Miller)는 '재능 있는 아이의 드라마(The dramas of the gifted child)'에
서 너무도 생생하게 이를 묘사하고 있다.

　환자가 자신이 각고의 노력과 자기 부정을 통해 획득한 모든 사랑이
있는 그대로의 자신을 위한 것이 아니었다는 정서적 통찰에 이르는 순
간 치료는 중대한 전환점을 맞이한다. 자신의 아름다움과 성과에 대한
칭찬이 단지 그 아름다움과 성과물에만 한한 것이지 자기 자신을 위한
것은 아니라는 것을 깨닫는 것은 매우 중요한 것이다. 치료를 받으며,

이 작고 외로운 아이는 더 이상 자신의 성과에 가려지는 것이 아니라 새롭게 각성하게 되고 질문을 던진다. "내가 당신 앞에서 슬퍼하고, 보채고, 화내고 짜증 냈더라면 어땠을까요? 그랬다면 당신의 사랑은 어디로 갔을까요? 물론 이 모든 것들도 나예요. 당신이 사랑한 것은 진정 내가 아니라 내가 가장했던 모습이 아닌가요? 바르게 행동하고, 믿음직스러우며, 공감하기 쉽고, 총명하고 또 다루기 쉬운 아이. 실제로는 한 번도 아이인적 없는 그런 아인가요? 내 어린 시절은 어떻게 됐나요? 내가 속아온 건 아닐까요? 나는 다시는 어린 시절로 돌아갈 수 없어요. 그 시절을 보상받을 수 없다구요. 처음부터 나는 작은 어른이었을 뿐이에요."[5]

그러한 각본의 결과는 예외 없이 공허함 혹은 뭔가 텅 빈 느낌이다. 아이는 자신이 이루어 놓은 성과를 부모가 칭찬할 때마다 자존감 어린 이미지를 계발해 왔는데, 그것이 진짜가 아니라 가짜라는 것을 깨달은 후 느끼는 패닉은 이러한 이미지를 산산조각 낸다. 붓다의 심리학이 지닌 힘은 이렇듯 오늘날의 경험에서 잘 보고된 측면을 직접적으로 설하고 있다는 점이다. 그러나 붓다의 가르침은 전적으로 부모를 비난하지는 않는다. 서구에서 한 극단에서 다른 극단에 이르는 정신의 경향을 이제서야 발견한 데 비하여, 붓다는 오래전부터 그에 관해 상세히 설명하고 있었다.

자기에 대한 오해

정신분석은 사실상 이러한 결과의 모든 책임을 부모의 잘못으로 돌려 왔다. 정신분석에 따르면 아이들이 과대감과 공허감 속에서 갈팡질팡하게 되는 것은, 어떨 때는 관심을 보였다가도 돌아서서는 무관심해지는 부모의 행동에 적응하는 과정에서 발생하는 현상이다. 병적 나르시시즘이라는 용어는 도로시의 경우에서 드러난 허약한 공허함이나 다치기 쉬운 자존심 등과, 상대적으로 덜 혼란스럽다고 할 수 있는 건강한 나르시시즘을 구분하기 위해 개발된 개념이다. 그러나 불교의 스승들이 보기에 '건강한 나르시시즘'은 그야말로 모순일 뿐이다. 나르시시즘의 종류에 상관없이 나르시시즘이라면 모두 양 극단에 집착하게 하는 씨앗을 가지고 있으며 우리 모두는 이를 어느 정도 경험하고 있다. 이는 쾌락원칙에서 현실원칙으로 변화하는 과정에서 등장하는 필연적인 결과다. 왜냐하면 우리 모두는 구하지 않아도 바라는 것이 충족되고 우리의 욕구가 마술처럼 채워지기를 원하기 때문이다. 이러한 바람이 이루어지지 않을 때 우리는 이를 곧 정서적 안정에 대한 거부나 위협으로 간주하고는 기분이 상해져서 현실을 자기 식으로 받아들인다. 이러한 상황에 이르면, 우리는 우리를 실망시키는 위협으로부터 스스로를 보호하기 위해 무관심과 공허함으로 도피하는 것이다.

실제로 붓다는 두 번째 진리에서 병적으로 고통받는 자들이 존재와 비존재를 갈망하는 데 대한 언급을 빠뜨리지 않고 있다. 감각적 쾌락에 대한 갈망과 마찬가지로, 그러한 갈망은 보편적인 현상으로 나타난다. 붓다는 저항하기 어려운 과장감과 공허감의 책임을 부적절한 자녀 훈육에 돌리지 않는다. 불교는 나르시시즘에서 자유로워져 깨달음을 얻은 아이로 키우는 방법은 제시하지 않는다. 불교 심리학에 따르면, 나르시시즘은 인간이라면 누구나 선천적으로 가지는 것이다. 나르시시즘 자체가 착각을 일으키는 것이기는 하지만, 이는 성숙하는 과정에서 불가피하게 거쳐야 할 관문이기도 하다. 불교 심리학자들은 나르시시즘이 잘못된 양육 과정 때문에 더 악화될 수 있다는 사실에는 동의한다. 그러나 본질적으로 나르시시즘을 자기발생적인 것이라고 보고 있다. 거짓된 일관성을 부여하는 것, 자기의 이미지에 도취되는 것, 어떤 중요한 것이나 하찮은 것들과 동일시함으로써 자기동일성을 형성하는 것, 자기를 실제로 존재하는 것이 아닌 다른 무엇으로 만드는 것, 이 모두는 정신이 성장하는 과정에서 으레 발생하는 경향이다. 정신을 혼란스럽게 하는 것은 바로 확실성에 대한 이러한 갈망, 자기에 대한 오해에서 비롯되는 것이다. 주체로서의 자아는 안전하게 자신을 알고 싶어 하지만 그럴 수 없기 때문에 부모의 욕구뿐 아니라 자신의 욕구도 만족시키는 체하기를 강요받게 된다. 이러한 안전에 대한 환상을 유지하려는 시도에서, 자아는 과장감과 공허감 중 어느 하나가 안식처를 제공해 주기를 바라며 그 사이에서 갈팡질팡하는 것이다.

투명한 마음

불교 철학자들과 불교 심리학자들이 오랜 세월에 걸쳐 알아낸 바로는, 정신이 과장된 이미지나 공허한 이미지에서 확실성을 찾으려 하는 것을 막기란 매우 힘들다는 것이다. 심지어 거짓 자기의 명백한 극단이 해체된다 해도 그 자리를 좀 더 포착하기 힘든 유사한 충동으로 채우려고 한다. 보편적 마음, 절대적 실재, 진짜 자기, 우주적 의식, 내재하는 공과 같은 개념들은 여러 불교 학파에서 나타났지만, 거기에 희미하나마 집착이 존재한다는 것이 인식되고 나서부터 결국 폐기되었다. 자기의 본질을 알고자 하는 욕망은 우리 시대나 붓다의 시대나 모두 강하게 작용해 왔다. 정신분석가 아담 필립스(Adam Phillips)가 그의 저서 『키스, 간질이기 그리고 따분해지는 것에 관하여(On kissing, Tickling, and Being Bored)』에서 지적한 바와 같이, 없다는 느낌을 어떤 형태의 존재하는 것으로 바꾸지 않고 유지하는 것은 매우 힘들다.[6] 실제로 인도불교에서 발달한 가장 영향력 있는 학파인 중관학파(A.D. 2세기에 나가르주나(역주: 용수를 말한다)라는 대학자가 융성시켜서 티베트 불교에서는 지금까지 이어져 오고 있음] 역시도 이 어려움을 인식했다. 나가르주나를 비롯하여 그를 이은 중관학파 학자들은 자기에 대한 어떠한 주장도 왜곡될 수밖에 없다고 한다. 왜냐하면 그러한 주장은 이해되었으면 하는 것을 실체화하는 개념적 의식의 속성을 갖고 있기 때문이다. 환자 중 한 사람은 자기 안에는 어떠한 실체를 가진 작용자가 없다는 가능성에 자신의 마음을 부합하려고 애쓰면서 '나는 동명사다.'라는 결론에 이르렀다. 정신은 심지어 동사에서도 명사를 만들려고 한다.

불교가 발달하고 전파됨에 따라 이러한 엄격한 견해를 유지하는 것은 매우 어렵게 되었다. 모든 존재에게는 '불성'이 내재한다는 교리나 모든 존재에게 스며 있고 모든 존재를 하나로 결합하는 '보편적인 무색의 마음(universal colorless mind)'의 개념은 불교의 가르침을 훨씬 더 접근하기 쉽게 했고, 또한 자기의 개념이 다시 불교적 사유 속으로 연이어 스며들게끔 했다. A.D. 443년에 중국어로 번역된 후 널리 알려진 『능가경(Lankavatara sutra)』은 열반을 비어 있는 것, 생명력, 정신, 활력, 근원적 실체, 최고의 지복 또는 구원으로 보는 통속적인 개념을 논박하는 데 많은 지면을 할애했다. 이 경은 그러한 모든 개념들이 "열반을 이원론적으로 파악한다."고 지적한다. 이들은 단지 "마음을 헤매게 하며 혼란케 하는 결과를 초래한다. 왜냐하면 열반은 어디서도 찾을 수 없는 것이기 때문이다."[7]

진짜 자기라는 이상을 버리기

정신분석은 거짓 자기의 껍질을 벗겨 내는 긴 여정을 지나왔다. 정신분석은 우리를 앞으로 나아가게 하는 것보다는 위축시키는 자기동일성을 형성하게끔 하는 우리의 복잡한 역동(complex dynamics)을 드러냈다. 그러나 정신분석은 불교의 스승들이 수세기 전 경고한 경향으로부터 아직도 자유롭지 못하다. 보편적 마음의 개념이 불교

속으로 계속 스며들었던 것처럼, 내재하는 진짜 자기의 개념 역시 정신역동적 이론 속에서 끊임없이 고개를 처들고 있다. '진짜 자기'를 찾는 것은 매우 어렵지만 정신치료자들은 여전히 스스로를 진짜 자기의 관리인으로 여긴다.

위니코트가 분명히 "거짓 자기를 이해하기 위해서가 아니라면 진짜 자기를 공식화하는 것은 별의미가 없다."[8]라고 말했음에도 불구하고, 위니코트를 이은 정신분석가들은 이와 관련해 그다지 엄격한 견해를 취하지 않는다. 신 위니코트 분석가인 크리스토퍼 볼라스(Christopher Bollas)가 한 다음의 말을 생각해 보자. "진짜 자기는 [자발적일 수 있는 것이다.] …진짜 자기는 베토벤 소나타를 듣고, 산책을 하고, 신문의 스포츠 면을 읽으며, 농구를 하기도 하고, 달콤한 휴일을 꿈꾸며 잠깐 졸기도 한다."[9]

불교적 관점에서 깨달은 존재란 자신에게 진짜 자기가 없다는 것을 깨달은 자다. 깨달은 자는 자신이 없음으로 인해 존재하고, 자기를 이미 부서진 것으로 파악하는 능력을 바탕으로 세상에서 효과적이고 자발적으로 활동한다. 우리가 정서적인 성숙과 연관된 특질을 상상하기 위해 진짜 자기를 상정할 필요는 없다. 사실 우리가 실재한다는 것을 느끼게끔 하는 감정의 범람으로부터 자유로워지는 것은 그러한 본질적인 핵심에 집착하지 않는 것을 통해서일 수 있다. 이것은 위니코트와 전통적인 선사들이 공통적으로 잘 썼던 역설이다. 즉, 서양의 분석가들을 사로잡았던 진짜 자기의 경험은 불교도들이 무아(無我)라고 불렀던 것을 진정으로 인식함으로써 가장 직접적으로 도달할 수 있었다.

깨달음을 얻은 불교 스승과의 관계에서 드러나듯이, 공을 깨달은 자의 행동에는 서양에 사는 우리가 매우 발달된 자기의식(sense of self)을 가진 사람에게 기대할 수 있는 것과 이상하리만치 닮은 점이 있다. 불교적 관점에서 이는 진정한 이해를 통해 가능하다. 이때의 이해란 퇴행적이지 않고, 유방이나 자궁으로 돌아가는 것도 아니며, 진짜 자기가 발현되는 것도 아닌 것을 말한다. 붓다는 그러한 경험이 많은 혼란을 불식한다고 가르친다. '큰 의심'을 실천한 사람으로 유명한 선사 하쿠인은, 자신의 깨달음을 "얼음 덮개가 깨지거나 수정 탑이 무너지는 것 따위"를 갑자기 경험하는 것과 같다고 묘사했다. 그는 "그때의 기쁨이 너무 커서 40년 동안 그 같은 기쁨을 보거나 들은 적이 없다."[10]고 말했다.

거짓 자기의 붕괴는 거짓 자기의 발현을 인식함으로써 일어나는 것이지, 내재하고 있는 '더 진짜에 가까운' 것으로 대체되어 일어나는 것이 아니다. 새로운 자기 표상을 만들어 내지 않고 자기 표상(self-representations)을 안다는 것은 심리학적으로 매우 편안하게 하는 것이다. 이는 우리가 유일하고 어떤 면에서 계속되는(ongoing) 존재로서의 일상 경험을 더 이상 할 수 없다는 뜻이 아니다. 오히려 이는 우리가 나르시스적 영역에 발을 들여놓을 때마다 즉각적으로 대체물을 찾지 않고 그 영역을 인식할 수 있다는 것을 의미한다. 오늘날 중관학파 체계의 복잡한 논리를 교육받은 달라이 라마는 자기의 진짜 본질을 이해한 사람을 선글라스를 낀 사람에 비유한다. 그에 따르면, 왜곡된 색깔이 나타나는 것 자체가 우리로 하여금 그것이 진짜 색깔이 아니라는 것을 알게 해 준다고 한다. 이는 곧 우리가 극단에 치우쳐 생각하는 것은 사실이나, 과장감이나 공허감과 같은 나르시시즘적인 극단의 속박을 받지 않는 것이 가능하다는 것을 함축한다.

붓다의 세 번째 성스러운 진리도 이와 궤를 같이 한다.

4

해방
붓다의 세 번째 진리

　6년간의 고투 끝에 끝없는 선정의 밤의 정점에 이르렀을 때, 샛별이 하늘에 처음 나타난 동틀 무렵 그 순간에 붓다는 깨달음을 이루었다고 한다. 붓다의 세 번째 성스러운 진리에 따르면, 이러한 경험은 마음의 어떤 핵심적인 자질을 갈고 닦은 사람이라면 누구나 쉽게 도달할 수 있다고 한다. 깨달음에 이른 순간 붓다는 저도 모르게 다음과 같은 기쁨의 노래를 불렀다. 노래는 전통적인 불교 시(역주: 게송을 말한다) 모음집인 『법구경』에 실려 있다.

내 헛되이 수많은 생을 헤맸어라
이 집 짓는 이 찾아
실로 괴로워 거듭된 생

오, 집 짓는 자여!

그대 이제 보였나니

다시는 그대 집 짓지 못하리

서까래 모두 내던져졌고

대들보는 무너졌으니

내 마음 열반에 이르러

갈망은 모두 꺼졌어라.[1]

　불교 심리학의 전부가 이 사뭇 간단해 보이는 시에 집대성되어 있다. 그러나 그렇다고 붓다의 말씀이 그렇게 간단히 이해되랴. 붓다가 이 시에서 암시하고 있는 바는 무엇인가? 그가 찾았던 것은 무엇이고, 내던진 것은 무엇이며, 무엇이 무너졌는가? 평정심을 잃지 않기로 유명한 붓다가 이토록 자기의 감정을 여과 없이 드러내는 것은 무엇 때문일까?

　윤회의 바퀴를 돌면서, 그는 재생의 연속을 체험하고 그 나름의 정신적 경험을 해 왔다. 그 와중에 붓다는 그의 몸과 마음을 창조한 자를 찾으려 했으나 끝내 찾지 못했다. 붓다는 자신이 어디에서 왔으며 나라는 느낌은 대체 어디서 비롯되는 것인지를 자문한다. 우리가 무의식적으로 동의하고 있는 의도를 지닌 행위자 또는 독립된 실체로서의 자기라는 모호하게 낭만화된 개념의 근원은 무엇인가? 두 번째 진리에서 설파했듯이 근원, 즉 집 짓는 자는 갈망을 뜻한다. "오, 집 짓는 자여, 그대 이제 보였나니. 다시는 그대 집 짓지 못하리." 자신의 갈망을 봄으로써 그는 그 갈망을 제거한다. 여기서 다시한 번 자신을 아는 것이 곧 치유의 길이라는 붓다의 중심 생각을 확인할 수 있다. 붓다가 말하기를, 그는 스스로 갈망을 자각함으로써 갈망이 가져올 결과인 태어남과 죽음의 슬픔으로부터 자유로워졌다고 한다.

계속해서 붓다는 노래한다. "서까래 모두 내던져졌고 대들보는 무너졌으니." 그는 지혜의 파괴적인 힘을 위력과 정밀함 면에서 다이아몬드에 비견한다. 이 서까래들은 명백히 윤회의 중심에 뱀과 수탉으로 그려져 있는 탐욕과 분노라는 핵심적 힘들을 말한다. 붓다는 이 힘들이 무너진다고 선언하고 있다. 이 힘들은 실체가 없는 것으로 드러난 구조를 더 이상 지탱하지 못한다. 서까래를 지지하고 있는 마룻대도 역시 무너졌다. 여기서 언급하고 있는 것은 고통을 야기하는 정서의 근본 원인이다. 즉, 윤회 중 만다라의 중심에 검은 돼지로 그려져 있는 무지를 말한다. 무지란 곧 오해다. 불교의 언어로 말하자면, 그것은 사람이나 사물들 속에 반드시 있는 것이 아닌 견고한 느낌을 불어넣는 것이다.

붓다는 우리가 갈망 때문에 사물을 이해가 가능한 것으로 만들려고 한다고 말한다. 우리는 본질적으로 일시적이고 덧없는 경험이나 감정들을 환원하고, 구체화하거나 실체화하려고 한다. 그렇게 하는 것을 통해 우리는 우리 자신의 기분과 생각에 따라 스스로를 정의한다. 예를 들어, 우리는 스스로를 행복하거나 슬프도록 그저 내버려두지 않고, 행복해야만 하고 슬퍼야만 하는 존재가 되어 버린다. 이는 무지하고 어리석은 마음의 만성적인 경향인데, 존재하지 않는 것에서 존재하는 '무엇'을 만든다. 갈망을 직시하는 것은 이러한 경향을 무너뜨린다. 아무것도 존재하지 않는 곳에서 실체를 보려 한다는 것이 얼마나 불합리한지를 알게 되는 것이다. 우리가 자기동일성을 구축하는 데 쓴 재료들은 무지의 서까래가 무너지는 순간 이제 쓸모없는 것이 되고 함께 부서진다. 붓다가 술회한 바에 따르면, 그가 자신의 갈망을 똑똑히 확인하고, 탐욕, 분노, 무지의 제약으로부터 벗어나 자유의 몸이 되었을 때, 자신의 마음은 자연스럽게 '무조건적 자유'에 도달했다고 한다.

승 화

붓다가 세 번째 진리를 선언하며 약속한 것은 바로 이 무조건적인 자유다. 그에 따르면, 고통의 끝은 많은 서양인들이 상상하듯 무조건적인 사랑으로 불만족감을 완화하는 것을 통해서는 도달할 수 없다. 상상 속에서만 존재하는 완전함을 다시 획득함으로써가 아니라 깨달은 마음의 무조건적인 자유를 통해서 도달할 수 있다는 것이다. 붓다는 묻는다. "그렇다면 고통의 소멸이라는 성스러운 진리는 어떤 것인가?" "그것은 갈망의 완전한 사라짐과 소멸이요, 그것을 포기하고 버리고 자유로워져 끝내는 그로부터 초연해지는 것이다."[2]

여기서 붓다는 꽤나 근본적인 바를 제시한다. 단지 갈망을 있는 그대로 봄으로써 마음에서 갈망의 힘을 격리시켜 그로부터 해방되고 초연해질 수 있다는 것이다. 언뜻보면 이것은 서양의 정신분석과 뚜렷한 대조를 이루는 것처럼 보인다. 정신분석 이론의 기초적인 개념 중 하나는 본능적인 힘(성적이고 공격적이거나 나르시스적인 노력)은 선천적인 것으로 벗어날 수 없다는 것이다. 정신분석적 관점에서 우리는 이 사실에 우리 스스로를 적응시켜 나가야 한다. 불교에서 말하는 정신적 전환에 관해 정신분석에서 언급하는 것 중 가장 유사한 것은 승화에 관한 논의에서 찾아볼 수 있다. 프로이트가 제시한 것처럼, 승화 속에는 "유아의 소망적 충동의 힘은 사라지지 않고 그대로 존속해서 언제든 이용될 수 있다. 여러 가지 충동의 쓸데없는 목표는 아마도 더 이상 성적인 것이 아닌 상위의 목표로 대체된다."[3] 프로이트에게 승화란 "유아의 소망적 충동"의 불가능한 요구들로부터 벗어날 수 있는 가능성을 내포하는 것이었다. 이때 벗어난다는 것은 붓다가 언급한 것과 일치하는가 아니면 다른 것인가?

예로서 프로이트가 가정한 레오나르도 다 빈치의 심리 상태를 살펴보자. 프로이트가 어떤 사람인지 몰랐다면 우리는 아마 저자는 필시 서양 과학자가 아니라 동양 신비주의의 신봉자라고 생각했을 것이다.

> 그의 정동(affect)은 통제되었다. …… 그는 사랑하지도, 증오하지도 않았지만 스스로에게 그가 사랑할 수 있고 증오할 수 있다는 것의 원천과 중요성에 대해 물었다. 그리하여 처음에 그는 선과 악, 아름다움과 추함에 무관심한 것처럼 보일 수밖에 없었다. …… 하지만 사실, 레오나르도에게 열정이 없는 것은 아니었다. …… 그는 단지 스스로의 열정을 지식에 대한 갈망으로 전환시킨 것뿐이었다. …… 발견의 정점에서 전체 관계의 거대한 부분을 바라보았을 때, 그는 벅차올라 희열에 찬 언어로 그가 연구해 온 창조의 장려함을 찬양하였다. 종교적으로 표

현하자면 창조주의 위대함을 찬양했다.[4]

보통 붓다의 것으로 보는 특성이 모두 프로이트가 기술한 다 빈치의 승화된 상태에 나타난다. 욕망의 통제, 사랑과 증오의 지적 관심으로의 전환, 탐구의 중요성, 창조주의 위대함을 찬양하는 송시(頌詩)까지. 다만 붓다의 경우에서 창조주를 뜻하는 집 짓는 자는 찬양의 대상이 아니라 패배자로 그려진다.

붓다가 보기에 마음의 신경중적인 측면(무지, 미움 그리고 탐욕을 나타내는 돼지, 뱀, 수탉으로 인격화된)은 정신의 연속체(mental continuum)에 있어 중요한 것이 아니었다. 그것들은 선천적이고, 심지어는 본능적일지는 몰라도 마음의 본성에서 본질적인 것은 아니다. 그것들은 사라질 수 있고, 정신분석적으로 말하자면 승화되어 중지될 수도 있는 것이다. 실제로 대부분의 불교 심리학은 자신을 경험과 동일시하거나 그로부터 멀리하려고 하는 나르시스적 충동이 어떻게 자기의 진정한 본질에 대한 지혜로 변화할 수 있는가에 지대한 관심을 갖고 있다. 이는 프로이트가 종종 생각하지 못했던 어떤 단계의 승화로서, 우리가 보는 것처럼 비단 분석을 통해서뿐만 아니라 붓다가 명료하게 가르치는 정신적 훈련의 방법을 통해 가능해진다.

이미 부서진

나는 1978년에 아시아를 여행하던 중 베트남과 라오스의 국경에 위치한 왓 바 퐁이라는 태국 북동부의 한 숲 속 수도원을 찾은 적이 있다. 그때서야 나는 위에서 언급한 점들을 완전히 이해할 수 있었다. 나는 잭 콘필드(Jack Kornfield)라는 내 명상 스승을 따라 그곳에 가게 되었는데, 잭 콘필드는 그 숲 속의 수도원에서 자신을 가르친 승려를 만나는 참에 우리 일행을 데려간 것이었다. 그의 스승 아찬 차(Acchaan Chaa)는 스스로를 "숲 속에 사는 빈도"라고 소개하였다. 그는 단출하고 고풍스러운 100에이커 정도의 숲 속 수도원을 운영하고 있었다. 붓다가 가르쳤던 명상 수행이 종적을 감춘 여타 태국의 불교 수도원과는 달리, 아찬 차는 집중적인 명상 수행과, 매일 매일 일상사의 세세한 것에 천천히 의도적으로 마음챙김을 하면서 집중할 것을 요구했다. 그는 명상 대가로서 최고의 반열에 올라 있었다. 내가 이 고요하고 평화로운 환경을 보고 처음 떠올린 것은 월남전이었다. 월남전의 장면은 대중매체에서 한창 보도에 열을 올린 후로 줄곧 내 기억 속에 강하게 자리 잡고 있었다. 그래서인지는 모르지만 나는 수도원 전체가 왠지 금방이라도 부서질 것 같은 인상을 지울 수 없었다.

첫째 날, 동이 트기도 전에 일어나 이른 아침에 외곽 지역을 도는 탁발 행렬을 승려들이 따라나섰다. 선황색 승복에 검정색 발우를 꼭 쥐고 녹색과 갈색으로 뒤섞인 논 사이를 한 줄로 물결 지어 가니 안개가 피어오르고 새들이 지저귀는 소리가 들렸다. 여자들과 아이들은 길을 따라서 무릎을 꿇은 채로 머리를 굽히면서 김이 모락모락 나는 밥과 과일을 보시물로 내밀었다. 길가의 집들은 목조 건물로, 종종 대나무 기둥 위에 놓여져 있었고 짚으로 지붕이 이어져 있었다. 벽안의 서양인들이 승려들의 뒤를 따르는 것을 보고, 딴에는 요상스러워 보였는지 웃으며 이리저리 뛰어다니는 아이들의 부산스러움에도 이른 아침의 전경은 조용하기만 했다.

　탁발한 음식으로 아침을 해결한 뒤 우리는 아찬 차를 알현하기 위해 안내를 받았다. 눈은 부드럽게 반짝이고 있었지만, 다소 엄격해 보이는 그는 우리가 그 먼 거리를 마다 않고 오게 만든 질문을 할 때까지 느긋하게 기다리고 있었다. 드디어 우리가 운을 띄웠다. "당신이 정말 말하고 있는 것이 무엇입니까. 갈망을 완전히 없앤다는 것은 무엇을 말합니까?" 아찬 차는 우리를 내려다보고 희미한 미소를 지었다. 그는 마시던 물 잔을 왼쪽에다 놓았다. 물 잔을 우리 쪽으로 치켜든 채 자신의 모국어인 짹짹거리는 라오스어로 말했다. "이 잔이 보입니까? 나에게 이 잔은 이미 깨진 것이요. 나는 그것을 즐긴다오. 나는 이것으로 물을 마시지요. 이것은 물을 잘 담고 있고, 때로는 해를 아름답게 비추어 주기도 하오. 이것을 톡톡 두드리면 울리는 소리 또한 아름답소. 혹 내가 이 잔을 선반 위에 놓았는데 바람이 불어 그것을 쓰러뜨리거나, 내 팔꿈치로 툭 쳐서 탁자에서 떨어져 산산조각 나면 나는 '당연히 깨지지.'라고 생각할 것이오. 그런데 내가 이 잔은 이미 깨진 것이라고 생각한다면 잔이 있는 한 순간 한 순간이 소중할 것이 아니겠소."[5] 아찬 차는 단순히 잔에 대해서만 말하고 있거나, 현상 세계나 숲 속 수도원, 육신, 피할 수 없는 죽음에 대해서만 말하고 있었던 것이 아니다. 또한 그는 우리에게 자기에 대해서도 말하고 있었다. 그에 따르면 우리가 매우 실재적으로 여기고 있는 자기는 이미 부서진 것이다.

수축된 잔재

정신분석은 아찬 차의 이러한 통찰이 받아들이기 힘든 이유에 대해서 꽤나 명확한 입장을 취한다. 쉽게 말해서, 잔을 이미 깨진 것으로 보고 싶지 않다는 것이다. 우리 생의 에너지, 즉 리비도의 원천은 유아와 어머니의 방해받지 않는 결합에 있으며, 정신분석가들은 이것을 일차적인 나르시시즘으로 부른다. 프로이트에 따르면, 자아는 원래 어머니와 유아의 복합체(conglomeration) 전체를 자기 것으로 여긴다고 한다. 그 후에 자아는 자신과 외부 세계를 분리시키며, 한때 속했었던 더 큰 전체의 '수축된 잔재'[6]로 축소한다. 그러나 자의식의 욕구(self-conscious desire)가 나타나기 이전에 있던 낙원의 상태는 우리가 사물의 존재를 지각하는 방식에 계속해서 영향을 준다. 이 영향력은 결코 사라지지 않는다.

단일체(unity)에 대한 근원적인 느낌은 우리의 정신 속에서, 성인이 되었을 때 열망하는 추진력으로 정신에 계속 존재한다. 애정 관계에서나 스스로를 주관적으로 이해하는 과정에서, 우리는 이러한 근원적인 느낌, 즉 다시는 가질 수 없는 유아기의 완전함에 대한 느낌을 재생산하고 되찾으려는 시도를 한다. 정신분석적 관점에서, 쾌락원칙의 토대가 되는 어머니-유아 융합의 본래적 에너지는, 아이가 성장함에 따라 이원화되는 것으로 여겨진다. 한편에서는 소위 자아 리비도가 발달하는데, 이 속에서 자기는 아이의 희망과 꿈을 담는 그릇이 된다. 다른 한편에서는 대상 리비도라는 것이 발달하는 데, 이 속에서는 다른 사람이 행복의 열쇠를 쥐고 있는 것이라 생각하여 그와 재결합하고자 하는 기대를 안은 채 그를 갈구하게 된다. 완전함을 추구하는 주관적 자기와 자족적인 실체로서의 객관적 자기 사이의 분열은 혼란의 시작을 예고한다.

분석적인 관점으로 볼 때, 모든 승화는 자아 리비도와 대상 리비도의 이런 에너지를 '좀 더 높은 존재의 상태나 수준'으로 전환시키려는 진정한 시도다. 좀 더 높은 존재의 상태나 수준에서 "원래의 단일체의 …… 무언가가 복원되는 과정에 있다."[7] 중세 인도 불교 철학자의 주장을 묘하게 반향하면서 분석적인 견해는, 승화가 실제로 개인으로 하여금 끝없이 완전함을 추구하는 것과 화해하도록 촉구한다고 본다. 우리 모두는 한때 모든 것을 가졌던 자아의 잃어버린 완전함에 사로잡혀 있으며, 이런 잣대로 자신과 사랑하는 이를 평가한다. 우리는 외적 세계에서의 만족, 음식, 편안함, 섹스 또는 성공에서 그 잃어버린 완전함이 주는 것과 똑같은 느낌을 원하지만, 승화의 과정을 통해 점차로 그 잃어버린 느낌에 가장 가까이 다가갈 수 있는 것이 무엇인지를 깨닫는다. 그것은 바로 창조적인 행위로서, 이러한 행위를 통해 자기의식(self-consciousness)을 일시적이나마 떨칠 수 있는 상태에 이를 수 있다. 이러한 상태에서 예술가, 작가, 과학자 또는 음악가들은 프로이트의 다 빈치처럼 창조의 행위 속에 녹아드는 것이다.

지혜의 완성

이 용어를 사용함으로써 우리는 붓다가 말한 고통의 소멸의 진리를 새로운 각도에서 이해할 수 있다. 정신분석에서도 그러하지만 불교에서 역시 생의 에너지에는 두 가지 중요한 흐름이 있다고 가르치기 때문이다. 바로 지혜와 자비다. 이들은 깨달은 마음의 두 가지 속성으로, 명상을 통해 배양되고 깨닫는 그 순간 자연스럽게 발현된다. 티베트 불교의 학파에서 이어져 내려오는 신비주의적인 탄트라 수행에서, 정신 신경 조직에 흐르는 두 가지 원초적 에너지의 흐름은 높은 수준의 명상에 도달하면 하나로 융합되는데, 이는 지혜와 자비의 힘과 언제나 확실히 일치한다. 정신분석에서 유아기 시절의 이 두 가지 흐름을 자아와 대상의 리비도라고 표현하는 반면, 불교에서는 이 흐름을 승화된 상태, 즉 지혜와 자비로 보고 찬미한다. 지혜란 결국에는 승화된 자아 리비도다. 지혜란 뒤집어진 자기에 대한 투자며 나르시시즘의 전환이자 자기의 본성에 관한 무지가 파괴된 것이다. 그렇다면 아찬 차의 통찰에서처럼 자기가 이미 부서진 것으로 이해될 때는 어떤 발상이 가능할까? 자비는 승화된 대상 리비도라는 발상으로 이어질 수 있을 것이다. 자신을 충족시키기도 하고 좌절시키기도 하는 타인과의 마술 같은 재결합을 원하는 개별 주체는 없다는 인식을 통해 욕망과 분노는 비로소 자비로 전환된다.

붓다가 열반을 이룬 것은 사실 언제나 존재해 왔던 것을 발견한 것에 지나지 않는다. 붓다는 전혀 새로운 영역에 발을 들여놓은 것이 아니다. 그는 삼라만상을 있는 그대로 보았다. 배제된 것이 있다면 자기에 대한 잘못된 견해다. 실체가 없는 것은 실체가 없는 그대로 이해되었다. 관찰자의 관점 외에는 변한 것이 없는 셈이다. 붓다를 경외하는 그의 추종자들이 "당신은 무엇입니까?"라고 물었을 때 붓다는 다만 "나는 깨어 있다."라고 대답했다. 한 중요한 대승경전은 이것을 다음과 같이 표현하고 있다. 즉 "만약 우리가 혼란스러운 주관성에 방해받지만 않는다면, 이 세간의 삶이 곧 열반의 실천이다."[8]

소 망

불교 심리학에서 핵심적인 개념인 갈망, 무지, 그리고 무아(영혼이 없음 또는 자기가 없음)는 모두 붓다의 세 번째 성스러운 진리와 밀접하게 관련되어 있다. 이들은 불교에서 가장 어려운 개념이라 할 수 있는데, 우리 자신에 대한 잘못된 이해의 핵심을 찌르기 때문이다. 근본적으로 붓다의 가르침이 주장하는 것은, 우리는 여전히 현대 심리학자들이 일차적 사고 과정이라고 부르는 것에 얽매여 있다는 것이다. 일차적 사고 과정이란 현실이나 논리, 심지어는 우리 자신의 감각적 피드백에 대한 고려도 없이 대상을 우리가 원하는 대로 받아들이는 단순한 경향을 말한다. 결국 하나의 소망(만족, 충족, 소유, 안전, 견고함에 대한 소망, 즉 유아기 때의 완전함으로 돌아가고자 하는 소망)일 뿐인 갈망은 무엇인가?

어린아이들은 이 원초적 사고방식을 가장 명확히 표출한다. 아이들에게 부모란 천하무적이고 우상이요, 영원불멸과 불변의 존재다. 부모와의 관계 역시 대개 같은 수준으로 파악한다. 우리는 아이들이 이러한 사고방식 내에 적절히 놓이도록 애쓴다. 자기네 부모가 실은 약한 존재라는 것을 아이가 너무 일찍 아는 것만큼 충격적인 것은 없을 것이다. 그러나 이런 사고방식의 결과, 성장하는 아이가 견고함이라는 개념을 중요한 타인과 자기 모두에게 부여한다. 하지만 아이들이 성장하는 데 이보다 더 좋은 대안은 없는 것 같다. 왜냐하면 이러한 견고한 느낌이 주어지지 않는다면, 아이는 끝내 낙담하거나 정신적으로 혼란스러워질 것이기 때문이다. 이 견고한 느낌이 내면화되면, 일차적 사고 과정의 지속 속에서 이 견고한 느낌은 존속된다. 그 속에서 우리는 반복적이고도 무의식적으로 사물의 속성을 '사물 그 자체'[9]가 아닌 과정으로 파악한다.

나는 한때 뉴욕으로 이사한 뒤 맨해튼 거리를 돌아다닌 적이 있는데, 문득 내가 걷고 있는 밑바닥이 견고하지 않다는 것을 깨달았다. 모든 인도 아래에는 그것을 관통하는 터널 층이 있었다. '바닥이 어디지?' 나는 덜컥 의심이 났다. '모든 게 무너지는 건 아닐까?' 나는 유년기에 이와 비슷한 실망을 겪은 적이 있다. 그때 나는 거실에 있는 온도 조절기를 돌린다고 해서 바로 방이 따뜻해지지는 않는다는 것을 처음으로 알았다. 온도를 높이려면 지하실의 보일러라는 놈이 움직여야 되는데 그때 나는 그런 것 따위는 전혀 이해하지 못했다. 나는 내 나름의 방식을 통해, 무의식적으로 사물의 견고함을 가정하면서 내가 상상하는 대로 되어 주길 원했던 것이다.

프로이트는 우리의 무의식적 삶에서 소망이 가장 중요하다는 사실을 밝혀냈다. 그가 설명한 대로, 이러한 사고가 드러나는 가장 보편적인 곳은 친밀하거나 성적인 관계의 장이다. 애정 관계에서는 오랫동안 묻혀 있던, 잃어버린 완전한 상태에 대한 집착이 갑자기 폭발한다. 특히나 사랑을 하면서 처음 실망을 느낄 때 더욱 그러하다. 우리는 종종 치료 과정에서 이것을 볼 수 있는데, 여기서 그런 실망들은 완전함에 대한 기대를 직면할 수 있는 절호의 기회로 이용된다. 의대 재학 시절 친하게 지낸 데이브라는 동료 의사는 자신이 첫사랑에 빠졌을 때 바로 이런 경험을 했다고 털어놓았다. 그 친구는 그 사랑의 결과를 치유하기 위해 꽤나 많은 치료가 필요했다고 했다. 처음 막 관계가 시작되었을 때, 데이브는 일종의 경이로움에 휩싸였다고 한다. 데이브와 그의 미래의 동반자는 둘 다 진정한 사랑을 찾았다는 확신에 차 있었고 서둘러 결혼하였다. 더없이 행복한 몇 년 동안 그들은 성 관계에서도 충분한 만족을 느꼈고 드디어 아기를 갖기로 했다. 데이브에게 아내는 완벽함의 화신이었다. 그는 그녀를 끔찍이도 사랑했고, 그녀와 함께 있는 시간을 소중히 여겼다. 특히 그녀와의 성적인 결합을 고대했는데, 성적인 결합 속에서 그는 정신분석가들이 자아 이상이라고 부르는 완전함에 대한 그 자신의 기억과 합일되는 것을 느꼈다. 어떤 정신분석가가 이런 상황을 설명하는 데 썼던 표현처럼, 아내와 섹스를 하면서 데이브는 그녀의 사랑이 다가와 자신의 자아를 흡수해서 삼켜 버릴 것 같은 '찬란한 빛'을 느꼈다.[10] 데이브는 약간 다르게 표현하긴 했지만, 결국 비슷한 맥락이었다.

그러나 아내가 임신을 하고 나서 그녀의 성욕은 눈에 띄게 감퇴했고 데이브는 충격에 빠졌고 엄청나게 화가 났다. 이제 그녀는 더 이상 완벽하지 않았다. 데이브에게 아내는 단지 좌절을 안겨 주는 원천으로 전락했다. 그녀는 더 이상 데이브의 이상형이 아니었기 때문에 데이브는 아내에 대한 관심이 싹 사라졌다. 그는 그녀의 성욕 감퇴를 자기 나름대로 받아들였고, 그토록 열망했던 과거의 은총 넘치는 합일의 상태가 박탈당한 상태에서 그는 더 이상 임신한(입덧을 하는) 아내와 어떠한 유대감도 느낄 수 없었다. 데이브의 치료에서 관건은 그가 현실에서 결혼한 사람으로부터 스스로 상상하는 완전한 이미지를 제거하는 일이었다. 그로서 가장 받아들이기 힘든 것은 아내가 '불완전함'을 드러낼 때마다 드는 불안과 공허함이었다. 데이브는 그 완전함을 필요로 했고 그것이 없다면 그의 삶은 아무런 의미가 없는 것처럼 느껴졌다.

데이브의 욕구가 특이한 것은 아니다. 특이한 것은 그러한 만족에 접근했다는 사실일 것이다. 그가 느끼게 된 불안은 수세기에 걸쳐 불교 스승들이 말한 인간 역경의 핵심이라고 하겠다. 이러한 불안에서 벗어나기 위한 유일한 길은 그 사람의 이상이 한낱 환상이라는 것을 깨닫는 것뿐이다. 선종의 3조 승찬이 『신심명』에서 표현했듯이 인간 불안의 가장 큰 근원은 불완전함을 경험하는 것이다. 완전함은 환상일 뿐이라는 것을 인식함으로써 그러한 불안감은 해소될 수 있다. 그때서야 비로소 인간은 '불완전함에 대한 불안 없이'[11] 삶을 영위할 수 있는 것이다.

안전과 완전함에 대한 소망 및 불안이 있기 전의 상태로 돌아가고자 하는 소망은 가장 어쩔 수 없는 무의식적 소망이다. 불교적 관점에서, 자기와 타인을 고정되고 부동적이며 영원한 대상으로 보게 하는 힘이 바로 이러한 소망이다. 이때 고정되고 부동적이며 영원한 대상은 소유되고 통제될 수 있다고 여겨지며 어떤 면에서는 그 본래적 안전의 일부를 포함하고 있다. 프로이트가 말한 대로 만약 우리 존재의 핵심이 이러한 무의식적 소망 충동으로 이루어져 있다면, 그러한 핵심을 있는 그대로 확인했을 때 오는 결과를 상상해 보라. 그런 핵심은 간단히 사라져 버릴 수 있다.

무 지

프로이트는 일차적 나르시시즘에 있어서의 최초의 만족은 정신 속에서 기억으로 저장된다고 했다. 이 기억은 '관념'으로 저장되어 이후의 삶에서 추구하는 바의 모델이나 도식이 된다. 프로이트에 따르면, 이 만족감에 대한 기억은 마음속에 구체적인 '무엇'으로 정립되어, 당사자는 그것과 자신을 동일시하거나 혹은 그것을 재창조하려고 한다. 생각하는 마음이 아주 훌륭하게 완수해 내는 이 경험의 구체화는 불교에서 말하는 무지다. 무지의 결과가 우리의 애정 관계에서 드러나는 반면, 무지 자체는 우리 자신에 대한 우리의 잘못된 이해 속에서 은밀히 작용한다. 우리는 스스로에게 어떤 견고함을 기대한다. 견고함을 부여하며 우리의 기대는 젖먹이 시절에 경험한 후에는 잃어버린 완전함으로 구체화되는 자아의 느낌을 기반으로 한다.

고대 경전에서 붓다는 자기는 허구이고 환상이요, 그림자요, 한낱 꿈에 불과한 것이라고 말했다. 현대의 정신역동적 언어로 표현하자면 환상, 가식 또는 소망이라고 할 수 있다. 7세기에 활약한 6조 혜능은 "마음은 사실 상상이다."라고 주장했다. 그리고 "상상은 환상과 같기 때문에 집착할 것이 없다."[12]는 결론을 내렸다. 명상의 핵심적인 과제는 무의식적이고 소망적인 자기의 개념인 근본적인 갈망을 드러내서 그것들을 환상으로 인식하게 하고, 무지를 떨쳐 내어 자기의 허구적 본질을 드러내는 데 있다. 세 번째 성스러운 진리는 이 모든 것이 가능하다고 설파한다. 다음의 네 번째 성스러운 진리에서는 이러한 깨달음을 우리 자신의 것이 될 수 있도록 하는 방법에 대해 살펴보기로 한다.

5

집착할 것이 없음

붓다의 네 번째 진리

    중국의 선(禪) 전통에서, 『육조단경』에 있는 유명한 이야기는 명상을 할 때 명료한 사고가 매우 중요하다는 것을 예시하고 있다. 1,300년 전 뿐만 아니라 오늘날의 풍토에도 이 이야기는 매우 시의적절하다고 생각된다. 왜냐하면 명상에 대한 오해가 오늘날의 수행자들을 계속해서 잘못된 길로 인도하고 있기 때문이다. 붓다의 네번째 진리를 소개하는 서두에 이 이야기보다 안성맞춤인 것은 없는 것 같다. 이야기는 우리가 붓다의 전례를 따라 정서적 삶을 영위해나가려고 할 때 올바른 개념적 접근이 얼마나 중요한지를 강조하고 있기 때문이다.

정 견

5조 홍인은 진정한 이해를 상상적인 완전함으로 대치하려는 인간 정신의 경향에 대해 항상 깨어 있는 선사였다. 그가 5조에서 물러날 때 A.D. 7세기에 살았던 제자들과 추종자들이 붓다의 가르침을 얼마나 이해하고 있는지를 시험해 보기 위해서 그들에게 시를 지어보라고 했다. 홍인의 마음에 가장 드는 시를 짓는 자가 그의 계승자가 된다는 것이었다. 홍인의 뒤를 이어 장(長) 역할을 할 것으로 촉망받던 수제자 신수는 다음과 같은 시를 지었다.

身是菩提樹 신시보리수   몸은 보리수이고
心如明鏡臺 심여명경대   마음은 명경과 같으니
時時勤拂拭 시시근불식   늘 부지런히 털고 닦아
勿使惹塵埃 물사야진애   때가 끼지 않도록 하라

과연 명답이었던 신수의 시는 불교 문헌에서 반복되는 주제인 비어 있고 관조하는 마음의 미덕을 노래했다. 그러나 명경은 진짜 자기와 마찬가지로 너무 쉽게 존경의 대상이 된다. 그러한 견해는 구체적 자기를 단순히 좀 더 세련된 자기로 대체해서 원래보다 더 실재적인 것처럼 여기게 한다.

무지한 불목하니인 혜능은 신수의 시가 가지고 있는 한계를 간파하고 다음과 같은 대안을 제시했다.

菩提本無樹 보리본무수　보리에는 본래 나무가 없고
明鏡亦非垢 명경역비대　명경 또한 틀이 아닐세
本來無一物 본래무일물　본래 아무것도 없었는데
何處惹塵埃 하처야진애　어느 곳에 끼일 때가 있겠는가[1]

혜능의 시는 절대주의와 허무주의를 모두 지지하지 않는 용수의 가르침과 중관학파의 가르침에 일치하고, 신수의 시가 가지고 있는 이상화의 함정을 피하고 있다. 혜능은 해탈에 관해 일반적으로 가지는 오해, 즉 마음은 비어 있고 육체 속에는 정서가 깃들어 있지 않다는 잘못된 생각에서 벗어나 있다. 혜능에 따르면, 우리가 생각하는 마음이나 자기는 우리의 상상대로 존재하지 않는다고 한다. 만약 모든 것이 비어 있다면 우리는 어디에 의지한단 말인가? 마음 자체가 이미 비어 있는 것이라면 구태여 깨끗이 해야 할 필요도 없지 않은가? 정서가 비어 있는 것이라면 왜 우리는 정서를 제거해야 하는가?

불교 승단에서조차 이러한 혜능의 생각은 기존의 전통적 사고에 비추어 매우 도전적인 것이었다. 따라서 5조는 뭇사람들 앞에서는 신수의 대답을 칭찬할 필요성을 느꼈지만 둘만 남았을 때는 신수를 질책했다. 반면 혜능을 사람들 앞에서는 나무라면서도 비밀리에 그를 6조로 인가하고 어둠을 틈타 도주할 것을 권했다. 그러나 혜능은 그 나름의 방식대로 붓다의 가장 주된 가르침 중 하나를 분명하게 설파하였고, 이는 정견으로 알려져 전해진다.

중도

붓다가 사르나트에서의 초전법륜 때 설한 네 번째 진리는 고통을 소멸시키는 '길'에 관한 것이다. 중도로 알려진 이 방법은 자기 탐닉과 자기 고행의 두 극단, 현대적으로 표현하자면 이상화와 부정을 피하는 길이다. 두 가지를 모두 시도해 본 붓다는 우선 양자 모두 고통의 느낌을 발생시키는 '나' 또는 '내 것'의 개념을 교묘하게 강화한다는 것을 깨달았다. 붓다는 감각적 쾌락을 통한 행복 추구를 "비천하고 평범하고 이득이 될 게 없는 필부들의 길"[2]이라고 평가했다. 그리고 부정과 고행을 통한 행복 추구를 "고통스럽고 가치 없으며 역시나 이득될 게 없다."고 했다. 자아의 경계를 느슨하게 하고 쾌락적이거나 황홀한 경험 속에 자기에 대한 느낌을 용해시키는 것은, 고통을 완화하지 못할 뿐 아니라 감정에 자유를 줄 수도 없다. 육신에 채찍질을 가하고 자기를 억눌러 자아를 일종의 항복 상태에 놓이게 하는 것도 역시 고통을 경감시키지 못한다. 감정을 부정하는 것 역시 마찬가지다.

붓다가 가르치기를, 올바른 접근은 이 두 극단의 사이에 위치한다. 그것은 마음과 행동에서 여덟 가지 구체적인 요소들이 조화를 이룰 것을 필요로 한다. 즉, 이해, 생각, 말, 행동, 생계, 노력, 기억, 집중에 관한 것이다. 붓다에 따르면 이 요소들이 적절히 정립될 때 '고통 소멸의 길'이 된다고 한다. 이 여덟 가지 요소들은 '팔정도'라고 알려져 있다. 정어, 정업, 정명과 같은 행동 범주는 윤리의 기초가 된다. 명상적 범주에 속하는 정근, 정념, 정정은 전통적으로 정식 명상 수행과 관련한 정신 훈련의 토대가 된다. 그리고 정견, 정사의 지혜의 범주는 '바른 견해'라고도 부르는 개념적 토대를 나타낸다. 명상의 길에 발을 들여놓기를 열망하는 사람들은 종종 이 마지막 범주를 간과하기 때문에 기껏해야 신수와 같은 대답밖에 할 수 없는 경우가 많다.

자기에 대한 올바른 견해에 접근하기 위해 붓다가 제시한 방법을 따르면서 첫째로 할 일은 거짓 자기가 드러날 때 그것을 알아차리는 것이다. 이 과정에서 정견을 계발하는 가장 효과적인 방법은 붓다가 종용한 대로 '잘못된 견해'가 어떤 식으로 다양하게 나타나는가를 관찰하는 일이다. 이를 통해 우리 감정의 본질에 관해 우리가 갖고 있는 혼란이 자아나 자기 같은 핵심적 개념을 이해하는 데 얼마나 걸림돌이 되는지 확인할 수 있다. 우리는 감정이 어떤 것인지 알지 못하고 그저 감정에 대처하는 여러 시도들로 하여금 붓다의 가르침에 대한 우리의 이해를 정의하게 내버려 둔다. 진정 팔정도를 실천하기 위해서 우리는 이러한 과정을 뒤집어야 한다. 감정에 대한 오해가 우리의 이해에 영향을 미치도록 내버려 둘 것이 아니라 이해가 우리가 감정을 경험하는 방식을 바꾸도록 해야 할 것이다.

원초적 외침

치료자로 일하면서 나는 사람들이 화와 같은 힘든 감정들을 발견하는 데 도움을 주곤 했다. 그들은 그럴 때마다 나에게 이렇게 묻는다. "내가 지금 뭘 하고 있는 거죠? 집에 가서 이 감정을 겉으로 드러내야 할까요?" 때때로 우리는 우리가 느끼는 모든 감정을 밖으로 표출하는 것만이 유일한 해결책이라고 생각한다. 우리는 감정이 향해 있는 대상에게 감정을 그대로 표출해야만 한다고 느끼고 그렇지 못할 때 스스로를 속이는 것이라고 여기게 된다. 단순히 감정을 '알기'만 하겠다는 생각은 좀처럼 들지 않는다. 표출하지 않는다면 감정이 우리를 오염시킬 것이라는 이 견해는 우리 안에 뿌리 깊게 박힌 생각으로서, 붓다의 무아에 대한 가르침이 종종 잘못 이해되는 것에 시사하는 바가 크다.

예컨대, 많은 명상가들은 붓다의 이러한 가르침을 혼동한 나머지 프로이트적 자아라고 여기는 것을 없애는 데 열중하는 우를 범한다. 자아에 대한 관습적인 이해—성적이고 공격적인 노력을 조정하는 것으로서의 자아 개념—로 많은 미국인들이 무아와 '원초적 외침'을 동일한 것으로 착각하는 수가 많다. 원초적 외침을 통해 사람들은 모든 종류의 사고, 논리, 이성의 제약에서 벗어나 자신들의 감정을 탐닉하고 전적으로 표출시킨다. 여기서 무아는 빌헬름 라이히가 말하는 오르가슴 능력과 혼동되었고, 자아는 육체를 긴장시키고 쾌락적 방출 능력을 방해하고, 감정 표현을 저지하는 무엇으로 여겨지게 되었다. 1960년대에 유행했던 이러한 생각은 지금도 여전히 대중의 상상 속에 깊이 뿌리박혀 있다. 이 견해에 따르면, 깨달음의 길이란 학습된 것을 잊어버리고 문명의 족쇄를 벗어던져 어린아이와 같은 순수한 상태로 회귀하는 것이라고 한다. 또한 퇴행, 정신병, 감정의 무제한적 표현을 미화하는 경향을 보이기도 한다.

　그러한 견해들은 사실 일차적 과정으로 돌아가는 것을 의미하는 데, 이 과정에서 우리가 확인해 왔다시피 환상적인 자기가 형성된다. 이러한 잘못된 개념을 가지고 있는 사람들은 프로이트적 자아(소위 이차적 과정)의 특징이 되는 정신활동과 사유를 벗어던지면서, 성공적인 명상을 위해 꼭 필요한 자아 기술마저도 버린다. 성공적인 명상에 필요한 자아기술은 본질적으로 자아기능이 발휘되는 것이다. 프로이트적 자아가 발휘되지 않는다면 의식적으로 마음과 육체를 훈련시키는 것은 아무런 의미가 없다. 따라서 명상은 자아를 잊는 방법이 아니라 자아를 이용하여 자아 자체의 발현을 관찰하고 길들이기 위한 방법이다. 매 순간 마음의 본질에 집중하는 능력을 계발한다면 이상화나 소망적 판타지와 같은 왜곡에서 벗어나 자기를 경험하게 된다. 스스로의 견고함을 확신하는 강화된 자기를 격려하기보다는, 불교적 접근에서는 잠재적으로 불안정하다고 할 수 있는 무실체성과 무상의 경험을 통합할 수 있는 유연한 능력을 상정한다.

　이 점이 전통적인 서양의 관점과 불교적 관점을 구분 짓는 중요한 차이라고 하겠다. 서양에서 우리가 주로 상상하는 발달된 자기는 흡사 복싱 챔피언과 같은 모습을 하고 있다. 강하고 근육질에 자신감이 넘치며 위협적이기까지 한 챔피언 말이다. 불교적 관점에서는 이러한 견해에 대하여 무하마드 알리가 젊었을 때 당대의 권투선수들에게 도전했던 방식으로 도전장을 내민다. 붓다가 보았을 때 정견이란 알리가 남긴 그 유명한 말, "나비처럼 날아서 벌처럼 쏜다."와 일맥상통하는 것이었다. 그것은 다른 종류의 힘이기는 하지만 여전히 그것은 '힘'이었다. 프로이트적 자아를 버리려는 시도는 성공적인 명상 수행을 위해 필수적인, 자아의 힘을 약화시키는 것에 지나지 않는다.

결 합

무아에 관해 널리 잘못 이해되고 있는 점 중 하나를 더 들자면, 무아란 어떤 하나됨 또는 융합이라고 생각한다는 것이다. 즉, 주위와 동일시하는 동안 자기를 잊는 것, 트랜스 상태 또는 황홀한 결합이라는 것이다. 이 견해에 따르면 열망은 열정의 궁극적 대상으로부터 사람을 분리시키며, 만약 그 사람이 자신의 감정을 포기한다면 궁극적인 만족을 얻을 수 있다. 무아를 결합으로 보는 이 견해는 꽤나 뿌리가 깊다(예를 들어, 이 견해는 환각제 사용의 영향을 받았다). 이는 전통적 정신역동적 관점에서 설명하는 것으로, 프로이트의 대양적 감정이라는 개념에서 유래한 것이다. 따라서 무아란 자아가 발달하기 전의 유아적 상태와 동일시되는 것이다. 유아는 엄마 품에 안겨 젖을 빨면서 일종의 공생적이고 분리될 수 없는 합일 관계에 놓여 있으며 문제되는 감정들은 발생하지 않는다.

이러한 오해 속에서 하는 노력은 힘든 감정들을 사라지게 만드는 것이다. 우리는 힘든 감정을 그것과 반대되는 것으로 대체하거나 혹은 어떤 것도 느낄 필요가 없는 마비된 상태를 유도할 수 있다고 상상한다. 결합 속에서 감정의 소멸을 상정하는 것이다. 개인이 하나됨의 상태로 될 때 감정들은 사라질 수 있다. 자신의 화를 대처하기 위해 항상 상냥하고 부드러워지는 사람들은 이러한 방어 기제를 사용하는 셈인데, 이는 약물이나 알코올을 통해 망각을 기도하는 사람과 별반 다를 바가 없다. 약물이나 알코올 중독에 빠진 사람을 치료하는 데 가장 중요한 과제 중 하나는 그들로 하여금 근심을 씻어 내려고 할 것이 아니라 근심과 병존하는 법을 찾도록 돕는 일이다. 그들이 추구하는 감정을 배제하는 방책은 공허한 것으로, 붓다가 말한 비존재에 대한 갈망과 같은 선상에 놓여 있다.

조화, 융합, 자아경계의 소실 등의 감정을 유도하는 상태들이 명상에 존재하는 것은 사실이다. 그러나 이것들은 무아의 개념을 이루고 있는 상태는 아니다. 하나의 대상에 집중하는 특정 명상 기법이 꾸준히 실천될 때 필연적으로 마음을 진정시키고 편하게 하는 이완과 평온의 감정으로 이어진다. 그 속에서 괴로움을 주는 감정들은 정지 상태에 놓인다. 그러나 붓다가 항상 강조하기를 그러한 상태는 감정 문제에 관한 해답이 될 수 없다고 했다. 불교 특유의 주의 전략은 하나의 대상에 집중하는 것이 아니라 마음챙김(mindfulness) 또는 순수한 주의집중(bare attention)으로, 변하는 지각 대상을 순간순간 알아차리는 것이다. 이것이 바로 자기와 관련된 개념에 주의를 기울이고 우리에게 감정을 경험하는 다른 방법을 가르쳐 주는 수행이다.

그러나 정신분석 해석가들과 그들을 따르는 순진한 명상가들은 단지 집중(concentration)하는 수행을 통해서만 영감을 받아 왔다. 더 핵심적인 수행이라고 할 수 있는 소위 '큰 의심'에 대해서는 주목하지 않은 것이다. 그들은 대양적 느낌을 강조해 왔지만 정작 자기 안에 자기동일성이 없다는 엄청난 사실은 간과했다. 스트레스 감소의 방법으로 명상을 대중화한 의사들도 명상을 단순히 집중하는 수행으로 묘사했다. 이후 새로운 세대의 명상가들도 그들의 긴장과 마음을, 우주 혹은 공과 자신을 '하나'로 만들어 주는 지복의 감정의 장에 융해시키고자 하는 열망에 빠져 있다. 그러나 무아는 유아기 때의 감정 상태로 돌아가는 것도, 미분화된 지복(undifferentiated bliss)을 경험하는 것도 아니며 '어머니'와의 합일도 아니다. 비록 대다수의 사람들이 그런 경험을 찾아 명상을 시작하고 그중 몇몇은 그와 비슷한 것을 찾아내기는 하지만 말이다. 무아는 사람들이 그들의 감정을 소멸시킬 것을 요구하는 것이 아니라 새로운 방식으로 감정을 경험하기를 바라는 것이다.

정 복

정서를 표현하거나 억압하거나 둘 중에 하나를 택하는 것 외에 우리는 가끔 제삼의 대안을 생각하곤 한다. 즉, 정서는 통제되고 관리되고 억제되어야 한다는 것이다. 이러한 견해에서, 정서는 무의식의 정글에 숨어 있는 야생동물로 인격화된다. 이때 그 동물은 가능한 한 많은 보호를 받거나 길들여져야 한다. 내 친구는 수영하는 것을 배우다가 수영장의 맨 끝 쪽 가장 깊은 곳에 뛰어들기가 무서웠다고 한다. 거기에 숨어 있는 어떤 힘이 자신을 아래로 끌어당길까 봐 두려웠다는 것이다. 나중에서야 그 친구는 자신이 가졌던 두려움이 스스로 만들어 낸 강력한 정서였다는 것을 알게 되었다. 이 공포는 무아를 정복으로 잘못 이해하게 된 원천이라고 볼 수 있다. 이 관점에서도 정서들은 결코 비어있는 것으로 이해되지 않는다. 그것들은 실제로 존재한다고 여겨지는데, 사람들은 정서를 제한적으로 통제할 수 있을 뿐이고 재앙을 막기 위해서는 정서를 조심스럽게 다루어야 한다고 생각한다.

이 견해 때문에 자기는 더 상위의 힘으로 정복되어야 할 것으로 간주된다. 이 개념은 얄팍하게 위장된 피학증(masochism)의 영역으로 재빨리 들어간다. 왜냐하면 이러한 경향은 상위의 존재를 찾아 그에게 항복하고, 자아 경계가 일시적으로 허물어지는 이상화된 융합의 경험 속에서 자신의 감정을 억누르는 것이기 때문이다. 여기서의 문제점은 타인의 실체가 인정을 받고 심지어는 숭상되는 동안 자기의 실체는 부정된다는 것이다.

정신분석가 애니 라이히(Annie Reich)는 여성의 자존심에 관한 한 고전적인 논문에서 이를 매우 잘 설명하고 있다. 그녀에 따르면, "여성성은 종종 완전한 소멸과 동일시된다."[3]고 한다. 필요한 자존심을 회복하는 유일한 길은 위대함과 힘 면에서 합일할 만한 영광스럽고 이상화된 타인과 융화되거나 섞이는 것이다. 남녀 모두에게, 이와 유사한 것이 영적인(spiritual) 집단에서 할 수 있는 유일한 선택이라 생각된다. 누군가를 깨닫고 자비로운 마음이 가지는 이상화된 특성을 구현하고 있는 사람으로 보고 싶은 욕구가 매우 강한 것이다. 이 경우에 어떤 대상, 인물 혹은 장소가 추구해 온 마음의 특성을 구체적으로 나타내 주기를 바란다. 이러한 오해를 하고 있는 명상가들은 스승이나 영적 지도자, 혹은 여타 친밀한 사람들에게 성적(eroticized) 집착을 보이기 쉬운데, 이들은 완전한 해방을 얻고자 하는 욕구를 위 인물들에게 쏟는다. 또한 왕왕 발생하는 일이지만, 이런 유형의 명상가들은 대개 방금 언급한 인물들에게 피학증적으로 얽혀서 그들에게 복종하고자 한다.

부인

자아 초월 심리학이라고 알려진 영역에서 널리 알려진 네 번째 빈번한 오해는 무아가 자아를 넘어선 발달 단계라는 믿음이다. 즉, 자아가 먼저 존재하는 것이고 그 후에 버려진다는 것이다. 이것은 무아가 자아 발달에 선행한다는 믿음과 반대되는 입장이라 하겠다. 대신에 무아는 자아를 뒤따르는 것으로 여겨진다. 이러한 오해를 가장 잘 정의하는 대처 전략은 부인하는 것으로서, 괴로움을 주는 감정들을 한 편으로 밀어놓거나 그것들이 더 이상 관계가 없는 것처럼 부인하는 것을 말한다. 괴로운 감정들은 인간이 겪어야 하는 통과의례 정도로 간주된다.

이러한 접근은 자아가 발달의 측면에서는 중요하지만 다른 면에서는 초월되거나 버려질 수 있다는 것을 함의한다. 여기서 우리는 단어의 부적당한 조합과 만나게 된다. 하지만 달라이 라마가 이와 관련해 한 말에 귀를 기울여 보자. "무아는 과거에는 존재했던 것이 나중에 존재하지 않게 되는 것이 아니다. 오히려 이런 '자기'는 한 번도 존재한 적이 없던 것이다. 우리에게 요청되는 자세는 존재하지 않았던 것을 언제나 존재하지 않은 것으로 받아들이는 것이다."[4] 프로이트적 의미에서 볼 때 붓다의 통찰이 겨냥하는 것은 자아가 아니다. 불교적 통찰의 실제적인 대상은 바로 자기 개념, 즉 자아의 표상적 요소이자 자기에 대한 실제적인 내적 경험이다.

요점은 전체 자아는 초월되지 않는다는 것이다. 자기 표상은 구체적인 실재를 결여하고 있는 것으로 드러났다. 실재하는 무언가가 사라진 게 아니라, 그동안 항상 있어 왔던 것이 본질적으로 근거 없다는 사실을 깨닫는 문제라는 것이다. 이 난점을 이해하는 데 어려움을 겪는 명상가들은 종종 불건전한 자아와 동일시되는 그들 존재의 중요한 면을 부인해야 할 것만 같은 압박에 시달린다.

가장 흔하게 확인되는 것이 성, 공격성, 비판적 사고 또는 일인칭 대명사 '나'의 적극적 사용을 포기하는 모습이다. 일반적인 견해는 이러한 것들을 포기하고 놓음으로써 무아의 경지에 도달할 수 있다고 믿는다. 명상가들은 자기의 어떤 측면들을 적으로 설정해 놓고 그 후에 자신을 자기의 어떤 측면으로부터 멀리 떼어놓으려고 한다. 문제는 이처럼 불건전하다고 여겨지는 가치들이 그것들을 부인하는 시도를 하면서 사실상 힘을 얻는다는 것이다. 명상가들이 그들은 섹스와 오르가슴의 필요성을 느끼지 못한다고 치료를 받으면서 주장하거나 또는 좌절이 화를 불러일으킨다는 사실을 부정하는 모습을 보는 것은 드문 일이 아니다. 명상가들은 비판단적 알아차림의 자세를 취하기보다는 그 불건전한 감정들을 놓으려고만 하기 때문에 그들 자신의 감정이 가지는 비실체성을 결코 경험하지 못한다. 그들은 부인함으로써 도리어 그 감정들과 동일시되어 버린다.

비슷한 맥락에서, 무아에 대한 잘못된 이해를 하고 있는 자들은 생각이 없는 '비어 있는 마음'을 과대평가하는 경향이 있다. 이 경우에 생각 자체가 자아와 동일시되고, 그것을 믿는 사람들은 비판적인 생각이 없는 것이 궁극적인 성취라고 여기는 지적 공허에 빠지게 된다. 불교학자 로버트 서먼(Robert A. F. Thurman)은 이러한 오해에 관해 다음과 같이 기술했다. "사람이 모든 견해를 논박하고, 언어가 가지는 의미를 부정하고, 자신이 어떠한 확신도 가지지 않는다고 가정하여 어떠한 견해도 가지지 아니하고, 아무것도 아는 것이 없이, 학습한 모든 것을 망각한 경지에 도달했을 때 그 자는 '성자의 침묵' 중심에 꼿꼿이 서 있다고 생각한다."[5]

이런 사고방식과 달리, 개념적인 사고는 명상적 통찰의 결과로서 사라지지 않는다. 자아의 견고함에 대한 믿음만이 사라질 뿐이다. 그러나 이러한 통찰은 쉽게 이루어지지 않는다. 우리 자신과 관련된 혼란에서 물러나고, 명상이 주는 고요하게 안정된 상태에 머무르면서 이것을 무아의 가르침에 접근하는 것으로 생각하는 편이 훨씬 더 쉽고 구미가 당길 것이다. 그러나 이것은 붓다가 말한 정견이 아니다.

공

불교 중관학파의 시조인 용수는 그러한 경향에 대응하기 위해 공의 교리를 가르쳤다. 그가 이해한 바에 따르면, 공은 본질적으로 사물이 아니며 무엇인가에 대한 신념에 항상 입각해 있다. 사람이나 정서, 사물 내에 자족감이나 실재성이 없다는 것을 언급할 때 공은 우리가 당연히 있다고 생각하는 독립과 개별적 자기동일성이라는 특성의 결여로 설명된다. 자동차 백미러에 나타난 상과 같이, 공은 그 자체로서 무엇은 아니지만 그럼에도 불구하고 우리 앞에 놓인 길을 볼 때 적절한 시야를 유지하게 해 주는 도구라고 할 수 있다.

용수가 가르치기를, 인간 정신의 특성상 구체화시키거나 부정하거나 둘 중 한 가지를 택한다. 즉, 절대적인 의미를 부여하거나 아무런 의미도 부여하지 않는다는 것이다. 공이란 이 둘 중에 어떤 것도 취하지 않고, 판단을 유보한 채로 경험의 내용을 이루는 것과 계속 접촉을 하는 용수 나름의 방식인 것이다. 자동차 백미러가 고속도로를 운행하는 데 필요한 것처럼 공 역시 우리가 정신세계를 향해하는 데 있어 꼭 필요하다. 백미러 없이 운전하게 되면 왼쪽, 오른쪽 중 어느 방향으로 가야 안전할지를 모르고, 뒤에 다른 차가 있는지도 알 수 없기 때문에 불안을 느끼기 때문이다. 우리가 공에 대한 올바른 인식을 가지고 생활할 때, 왼쪽과 오른쪽(과장 혹은 절망)의 극단으로부터 보호받을 수 있다. 또한 어떤 일에 과도하게 반응하여 평정심을 잃을 염려가 있을 때도, 일순간 우리 자신을 바로잡을 수 있다.

불교학자 허버트 귄터(Herbert Guenther)에 따르면, 공은 "지속하는 개별성의 관념을 깨뜨리는 데 일조하는"[6] 경험이지만, 그 자체가 목적은 아니다. 공은 특히 정서와 관련해 곤란한 문제를 다루는 데 유용하다. 공에 대한 올바른 이해를 통해 정서적 탐닉과 정서적 억압이라는 두 극단에 대한 대안을 찾을 수 있기 때문이다. 우리가 명상을 함으로써 이러한 대처 전략을 검토하게 되고 대안적인 견해를 터득하게 된다.

정서의 수용

대부분의 사람들에게 정서적 경험은 골칫거리로 남아 있다. 우리 모두는 감정이 격해지면 불편함을 느끼고 이 격한 감정에 대처하기 위해 많은 방법을 계발해 왔다. 불교의 공은 정서 문제를 푸는 열쇠다. 공은 비어 있는 것이 아니다. 즉, 감정이 텅 빈 상태가 아니라는 것이다. 공은 우리가 익숙하게 생각하는 구체적인 모습이 우리가 상상하는 대로 존재하지 않는다는 점을 이해하는 것이다. 돌아가신 티베트 스님 칼루 린포체의 말을 빌리자면, 공이란 "감지할 수 없는 것 (intangible)"이요, "설탕을 맛 본 벙어리"[7]에 비할 수 있다. 특히, 우리가 생생한 것으로 받아들이고 걱정하는 정서도 우리가 생각하는 식으로 존재하지 않는다는 것을 의미한다. 정서는 존재하지만, 그것을 표현하거나 억압하는 것과는 다른 방식을 통해 우리는 정서를 알 수 있다. 공에 대한 불교에서의 명상은 잘못 인식된 정서로부터 물러나는 것을 의미하지 않는다. 정서를 둘러싸는 잘못된 인식을 인지하고, 그로부터 정서를 경험하는 방식을 바꾸는 것을 이른다. 붓다의 중도는 우리의 정서적 삶에서 특별한 의미를 가진다.

네 번째 성스러운 진리를 포함한 붓다의 가르침 전체에서 염두에 두어야 할 만한 교훈 중 하나는 자신의 감정과 함께할 수 있는 새로운 길을 배우는 것이 가능하다는 점이다. 붓다는 생각과 감정, 그리고 감각들이 명상적 균형 상태 안에서 수용되어, 명백히 보일 수 있는 방법을 가르쳤다. 돌에 끼인 이끼마냥 정서에 항상 들러붙어 있는 동일시와 반응을 벗겨 냄으로써 붓다의 방법은 공의 이해가 가능하도록 한다. 공에 대한 이해는 심지어 통상적인 고통도 탁월하게 치유해 주기 때문에 정신치료 분야에 상당한 함의를 갖는다. 선종의 3조가 7세기 초에 아주 명확히 말한 바와 같은 것이다.

마음이 도를 닦아 평정할 때
세상 어떤 것에도 상처입지 않으리.
그리고 한 사물에도 상처입지 않으면
마음은 옛날 같지 않으며……
한 길로 나아가고자 하면
감각과 사고의 세계조차 물리치지 말라.
오히려 그것들을 완전히 받아들이는 것이
참된 깨달음과 같으니라.[8]

이러한 마음 자세로 수행하는 것이 명상을 하는 이유다.

PART 2

명 상

그때에 리차비족의 비말라키르티(역주: 유마경에 나오는 유마거사를 말한다)가 문수사리 법왕자가 오는 것을 보고 다음과 같이 말했다. "문수사리여! 잘 오셨습니다. 문수사리여! 정말 잘 오셨습니다. 그대는 오지 않고도 있습니다. 그대는 보지 않고도 보입니다. 그대는 듣지 않고도 들립니다." 문수사리가 말했다. "거사여, 그대가 말한 대로입니다. 오는 자는 결국 오지 않습니다. 가는 자도 결국 가지 않습니다. 왜 그렇습니까? 오는 자는 오는 것으로 알려지지 않습니다. 가는 자는 가는 것으로 알려지지 않습니다. 보이는 자는 결국 보이지 않습니다."

—로버트 서먼, 『비말라키르티의 거룩한 가르침: 대승경전』

뗏목

불교 고전어에는 명상에 딱 들어맞는 단어가 없다. 가장 가까운 것이라면 '정신 계발'이라고 해석하는 편이 가장 적절한 바와나(bhavana)를 들 수 있겠다. 명상과 대응되는 단어가 없다는 것은 아마도 우연은 아닐 것이다. 왜냐하면 명상 자체는 붓다의 심리학에서 중요하지 않기 때문이다. 붓다의 가르침에서 중요한 것은 우리가 표준이라고 받아들이는 것을 넘어서서, 마음의 어떤 중요한 속성을 계발하는 일이다. 불교 문헌 중 잘 알려진 비유로 붓다가 여행을 떠나는 사람을 묘사한 것을 들어 보겠다. 여행자는 여로를 막고 있는 큰 강을 건너기 위해 풀과 막대기, 나뭇잎과 가지로 뗏목을 만든다. 건너편에 도달하자마자, 그 남자는 강을 건너는 데 매우 유용했던 뗏목을 만일의 사태를 대비해서 또 가지고 가야할지 고민에 빠지게 된다.

"비구들이여, 그대들은 어찌 생각하는가?" 붓다가 물었다. "이렇게 함으로써 그 남자가 뗏목에 대해 해야 할 일을 하고 있는 것인가?"

"아닙니다, 세존이여."

"비구들이여, 그렇다면 그 사람은 어찌 하여야 자기 할 일을 다 하겠는가? 그러기 위해서는 강을 건넌 뒤 뗏목이 얼마나 유용했던가를 깨달았을 때 그는 이렇게 생각해야 한다. '이 뗏목 덕택에 나는 강을 무사히 건너왔다. 다른 사람들도 이 뗏목을 이용할 수 있도록 뭍에 두거나 다시 물에 띄워 보내야겠다. 그리고 난 후 내 갈 길을 가야지.' 비구들이여. 이렇게 하는 사람이야말로 뗏목에 대해 제 할 일을 하는 사람이다. 나는 이런 방식으로 너희에게 법—뗏목의 비유—이란 강을 건너기 위한 것이지 가지고 가기 위한 것이 아님을 가르쳤다. 비구들이여, 너희는 이 뗏목의 비유를 배워 바른 마음의 상태조차 버려야 한다. 하물며 법 아닌 나쁜 마음이야 말할 것이 있겠느냐."[1]

이 이야기에서 뗏목은, 가라앉지 않고 떠 있을 수 있게 하는 명상을 의미한다. 강은 윤회이고 6도이며 마음이자 몸, 정서다. 이 비유에서 명상은 정신 계발의 방법으로서, 마음의 강을 가로지르도록 도와준다. 붓다는 명상의 특별한 속성을 설하며 명상이 자기 탐구의 유용한 도구가 될 수 있다는 것을 말하기 위해 이 은유를 즐겨 사용했다. 예를 들어, 상윳타니카야의 첫 권에서 붓다는 명상이 가지는 바로 이러한 기능을 암시해 준다.

"세존이여, 당신은 어떻게 (윤회의) 폭류를 건넜습니까?"

"벗이여, 머무름이 없이 그리고 거스름도 없이 그 폭류를 건널 수 있었다."

"그렇지만 오, 세존이여 그것이 어떻게 가능합니까?"

"벗이여, 머무를 때는 나는 가라앉았고, 거스를 때는 나는 쓸려가 버렸다. 벗이여 고로 내가 폭류를 건넌 것은 머물러서도 아니고 거슬러서도 아니다.[2]

무의식의 심연을 탐험한 석학 프로이트는 요가와 관련하여 친구가 한 경험에 대해 단 주석에서, 프리드리히 폰 쉴러(Friedrich von Schiller)의 시 「잠수부」의 구절을 인용해 마무리 지은 적이 있다. 아마 이는 우연이 아닐 것이다. 프로이트는 그 친구가 "오래전부터 덮여 있었던 마음의 원초적 상태"에 대한 탐구로 묘사한 것을 너무 성급하게 외면한 자신을 이 시로 정당화하려고 했다. 프로이트가 그러한 탐구에 관심을 가지지 않은 것은 특별한 것은 아니었다. 마치 그는 원초적 마음이 갖는 마술 같은 특성에 빠져 버릴까 봐 두려워하는 것 같았다. 프로이트는 그의 친구가 그토록 열광하는 바를 "정신적 삶의 많은 분명치 않은 변형(modifications)"[3]이라고 딱 잘라 말하면서 다음과 같은 구절을 인용했다. "여기 장밋빛 아래에서 숨 쉬는 그 사람, 마음껏 즐기도록 내버려 두자." 프로이트가 완전히 알지는 못한 것은 명상적인 경험이란 심연에서 버둥대는 것이 아니라, 반대로 숨을 참지 않고도 물에 떠서 강을 건널 수 있는 것이란 점이다. 사실상 그것은 명상과 정신분석 사이에 있는 커다란 유사점 중의 하나인데, 양자는 자기 자신의 경험에 대한 가장 유용한 정신적 접근으로서 머무름과 거스름의 사이에 있는 이 중간 지대를 권고한다.

나는 명상 스승 조셉 골드스타인(Joseph Goldstein)과 함께 몇 년 전 안거의 시간을 가진 적이 있다. 묵언을 그치고 몇 주간의 집중 수행을 마친 후 조셉은 혼란되고 믿을 수 없다는 목소리로 이렇게 말했다. "마음은 긍지(pride)를 갖지 않습니다." 조셉은 이처럼 두 가지 이상의 의미를 갖고 있는 말을 즐겨 쓰는데 그가 불교의 가르침을 해석하는 데도 즐겨 쓰는 방식이다. 집중적인 명상을 하면서 사람들은 자기 자신에 관해 많은 창피한 점을 발견한다. 하지만 충분히 집중해서 본다면, 사람들은 그 모든 것에 창피함을 느끼는 자신(생각하는 자)을 발견할 수 없을 것이다.

경험이 풍부한 명상가들과 만나면서 감동받은 점이라면 이와 같은 탐구와 관용, 유머가 한데 어우러져 있다는 것이다. 그것은 우연히 찾을 수 있는 능력도 아니고, 정신분석을 통해서만 배양할 수 있는 것도 아니다.

6

순수한 주의집중

2주 동안 몸과 마음에 조용히 집중했던 내 첫 번째 명상 수련회에서, 나는 스스로의 모습에 놀란 적이 있다. 나는 식당에 앉아서 백여 명의 다른 명상가들을 계속 판단하고 있었는데, 그 판단의 기준이란 그들이 식사를 하면서 어떤 모습을 보이는가 하는 것이었다. 본능적으로 나는 한 명 한 명씩을 판단하며 좋아하는 사람과 좋아하지 않는 사람을 가르고 있었던 것이다. 일견 숨을 들이쉬고 내쉬면서 느끼는 신체적 감각에 대해 주의를 기울이는 이 단순한 활동이, 불행히도 내가 일상생활에서 얼마나 통제가 안 되는 인물인가를 여실히 드러내 주었다.

명상은 가차 없이 우리의 일상적 마음의 진정한 실체를 명백하게 드러낸다. 우리는 숨 쉬는 동안 우리 자신에 대해 끊임없이 중얼거리고 투덜대며, 뭔가를 계획하거나 생각한다. 소리없는 목소리를 하고는 그릇된 방법으로 자신을 안심시키는 것이다. 우리의 내적 삶의 많은 부분은 이러한 일차적 과정—거의 유아적인—으로 특징지을 수 있다. '난 이게 좋아. 저건 싫어. 그녀는 날 괴롭혔어. 어떻게 하면 저걸 가질 수 있을까? 이건 좀 더, 저건 이제 그만.' 이러한 정서로 물든 사고들은 쾌락원칙이 계속 작용하게끔 하려는 우리의 시도다. 우리 마음속에서 이루어지는 대화들은 사고하는 마음과 연관되는 '이성적'인 이차적 과정이 아니라, 이처럼 이기적이고 유아적인 주인공이 자신의 경험에 대해 보이는 계속적 반응인 것이다. 우리는 누가 더 많이 가지는지 두 눈을 부릅뜨고 주시하는 일곱 살배기 어린아이에서 그리 많이 벗어나지 못했다.

불교의 명상은 이렇게 훈련받지 못한 일상적 마음을 자연스러운 출발점으로 보고, 어떤 특정한 주의집중의 태도를 계발할 것을 요구한다. 그것은 바로 적나라한 또는 순수한 주의집중이다. 순수한 주의집중이란 "연속되는 지각의 순간들에서 우리에게, 그리고 우리 안에서 실제로 일어나는 것을 명료하게 집중하여 알아차리는 것"[1]으로서, 무언가를 바꾸는 것이 아니라 마음과 정서, 신체를 있는 그대로 관찰함으로써 여태껏 성찰의 대상이 아니었던 마음을 개발한다. 이러한 종류의 주의집중은 그 자체로서 치유적 기능을 한다는 것이 불교 심리학의 기본적 교의다. 이 주의집중의 방법을 지속적으로 적용하면 붓다의 모든 통찰들을 스스로 이해할 수 있는 것이다. 명상에 관한 문헌이 신비스럽기도 하고 선사의 공안이 때때로 뜬구름 잡는 소리처럼 들리지만 불교 사상에는 오직 하나의 내재하는 가르침이 있을 뿐이다. 스리랑카에서 티베트에 이르기까지 모든 학파에서 공통적으로 가르치는 다음의 경구는 불교적 접근방식에서 보편적인 주제가 무엇인지를 드러낸다. "지금 이 순간, 있는 그대로의 감각적 경험과 네 반응을 구분하라. 그리고 매 순간마다 네가 겪는 경험에 세세한 주의를 기울여라." 이것이 바로 순수한 주의집중이 의미하는 바다. 단지 있는 그대로의 사실 즉 정확한 입력을 통해, 마치 처음 보는 것처럼 사물이 스스로 명백해지게 되고, 핵심 사건과 그에 대한 반응을 구별할 수 있다.

반응을 줄이는 것

명상의 긴 여정의 전 과정에서 수반되는 것이 바로 이러한 주의집중 전략이다. 그것은 수행의 시작이자 마지막을 장식하는 것이고 바뀌는 것은 다만 인식의 대상일 뿐이다. 숨을 들이쉬고 내쉬는 데서 시작하여 신체적 느낌과 감정, 생각, 의식 그리고 마침내 나라는 느낌에 이르는 동안 명상은 점차 포착하기 어려운 현상에까지 순수한 주의집중을 하라고 요구한다. '관찰자'와 '관찰의 대상' 사이의 범주가 더 이상 작동하지 않는 '선택 없는 알아차림'의 경지가 한창 무르익었을 때, 순수한 주의집중은 드디어 자기의식(self-consciousness)을 없애 주고 동양의 수행법을 지켜봐 온 심리학적 마음을 가진 사람들의 관심을 오랫동안 끌어 온 그러한 자발성을 허락한다. 여기서 자발성은 서양의 심리학자들이 진짜 자기 관념과 혼동을 일으킨 바

있다. 불교적 관점에서, 그러한 진정한 행위는 순수한 주의집중에 의해 명료하게 지각할 때 튀어나온다. 중간 역할을 하는 매개적인 행위자가 있을 필요가 없는 것이다.

순수한 주의집중이 가지는 전환의 가능성에 대한 열쇠는 핵심 사건 자체와 우리의 반응을 분리시키라는 일견 단순한 명령에 있다. 대부분의 시간에 우리의 일상적 마음은 반응의 상태에 놓여 있는 것으로 드러났다. 우리는 이를 당연하게 받아들이고는 우리가 반응과 스스로를 자동적으로 동일시하는 데 의문을 품지 않았다. 또한 우리는 종종 적대적이고 좌절적인 외부 세계나 위압적이고 두려운 내부 세계에 좌우되어 우리 자신을 경험하곤 한다. 명상을 통해서, 우리는 자동적으로 공포나 좌절과 자신을 동일시하는 데서 벗어나 공포와 좌절에 휘둘리지 않는 유리한 고지에 이를 수 있다. 이러한 변화가 주는 자유란 실로 엄청난 것이다. 대처하기 어려운 정서들에서 도망치는 대신에(혹은 달콤한 감정들에 매달리는 대신), 순수한 주의집중을 수행하는 사람들은 어떠한 반응도 수용할 수 있게 된다. 반응을 위한 공간을 만들기는 하되 그렇다고 완전히 그것과 자신을 동일시하지는 않는 것이다. 이는 비판단적인 알아차림이 수반되기 때문이다.

내 환자 중 시드라는 사람은 이를 직접적으로 말해 준다. 그는 엄마의 신경쇠약 때문에 6세 때 잠시 버려진 적이 있었다. 이후로 시드는 성인이 되고 나서 단지 짧게 만난 여자들에게 이상스러울 만치 강한 집착을 잇따라 보였다. 그는 그 여자들에게 미친 듯이 집착하면서, 전화를 걸거나 장문의 편지로 그녀들이 자신을 오해하고 있다고 절절히 호소했고, 또한 스스로에게 자신의 좋은 의도와 자신이 무엇을 잘못했는지에 관해 구구절절이 되뇌었다. 매번 한 대상에 빠질 때마다 한 해의 대부분이 지나갔고, 그의 이러한 행동은 어렸을 적 엄마의 버림을 받았을 때부터 있었으나 검토하지 않아 온 반응과 관련되어 있다는 나의 조언에는 관심조차 두지 않았다. 시드의 치료는 그가 계속해서 "괴로워요."라는 말을 입에 달고 사는 바람에 더 이상 진전되지 않았다. 이렇게 의미 없이 치료가 정체기를 맞이하자, 나는 시드에게 고통의 더 깊은 곳으로 가서 그 고통에 따라 행동하지 않고 고통과 고통에 따른 반응을 모두 느껴 보라고 격려했다. 이는 당장의 돌파구가 되지는 않았지만 몇 개월이 지난 뒤, 그는 확실히 덜 안절부절한 상태에서 매주 치료를 받으러 왔다.

"있잖아요, 선생님이 말한 것이 사실 매우 도움이 됐어요." 시드가 입을 열었다. "그냥 고통을 느껴 보라고 하셨잖아요. 어느 날 밤엔가, 레이첼의 번호를 누르는 대신에 한 번 시도해 보기로 했어요. 그리곤 결정을 내렸어요. 죽어도 그냥 그렇게 누워서 고통을 느끼리라 하고요. 그리고 결국 해냈죠."

그때 시드가 조용히 나를 보는데, 그의 얼굴에는 깊은 고통과 승리의 표정이 동시에 떠올랐다. 그는 자신의 마음을 길들이기 위해 순수한 주의집중을 사용하기 시작한 것이다. 여자들에게 더 이상 강박적으로 전화하면서 고통을 행동화하지 않고, 시드는 자신의 고립을 영속화할 뿐인 그 행동에 브레이크를 걸었다. 그렇게 함으로써, 그는 자신이 가장 다루기 힘든 감정들을 받아들이는 궤도에 오를 수 있었다. 그런데 여기서 알 수 있는 순수한 주의집중의 역설이란, 받아들이는 것이 동시에 놓아 버리는 것이라는 점이다. 시드는 고통에서 오는 공포, 두려움 때문에 그 여자들로부터의 보호를 원했으나 결과적으로 그러한 행동은 고통을 더욱 치유하기 힘든 것으로 만들어 놓았다. 정서와 함께 하는 것만이 시드로 하여금 그 감정들을 있는 그대로 볼 수 있게 해 주었다. 이전에 그러한 정서들은 시드가 결코 충분히 경험하지 못한 것이고 그의 정서적인 삶의 전부를 조건화했던 것이었다. 그 감정들과 함께 하면서도 계속 반응하지 않는 방법을 찾음으로써, 시드는 자신이 부당하게 거부당한 것이 아니라고 인식하게 된다. 그는 정서적인 반응에서 벗어나 비판단적인 알아차림으로의 변화를 이루어 내었다. 부정과 억압, 혹은 억제를 통해서가 아니라 성장과 유연함 속에서 이루어 낸 것이다.

일본의 한 유명한 하이쿠는 시드가 스스로 안에서 발견해 낸 이 상태를 노래한다. 이는 조셉 골드스타인이 순수한 주의집중의 독특한 집중적 태도를 설명하기 위해 오랫동안 사용해 왔던 것이다.

오래된 연못.
개구리 한 마리가 뛰어든다.
풍덩![2]

여타 일본 예술과 같이, 이 시는 종종 간과되는 일상의 사소함에 대한 적나라한 집중을 불교가 강조하고 있다는 것을 표현한다. 그런데 이 시는 다른 관점에서 해석될 수도 있다. 뗏목의 비유에서와 같이 연못의 물은 마음과 정서를 의미한다. 연못에 뛰어드는 개구리는 마음이나 몸에서 일어나는 생각 혹은 감정이 되는 것이다. 반면 '풍 덩!'은 그 생각과 감정의 반향을 나타내는데, 반응의 힘에 의해 복잡해져 있지 않다. 시 전체는 지극히 절제적인 언어로 순수한 주의집중의 상태를 환기한다.

정신분석의 기술

프로이트는 정신분석을 시행하는 과정에서 아주 유사한 상태를 권고했다. 그는 자신의 꿈을 분석하고 최면을 하면서 그 상태를 우연히 발견한 것 같다. 프로이트는 꿈의 해석과 자유 연상, 그리고 그가 정신분석가들에게 권유한 주의집중의 자세인 '고르게 걸쳐 있는 주의'에 관해 논할 때, 그의 전 저작을 통해 이러한 특정한 주의집중에 관해 언급하였다.[3] 프로이트가 불교 수행의 직접적인 영향을 받았다는 명백한 증거는 없다. 그러나 주의집중에 대한 그의 권고가 붓다의 것과 매우 닮았다는 것은 부정할 수 없을 것이다.

프로이트가 일궈 낸 주요한 성과로서, 그의 전 저작을 통해 반복하여 언급되고 있는 것은 그가 '비판적 능력'이라고 부른 것의 정지가 가능하다는 것을 발견한 일이다. 비판적 능력의 정지는, 사실상 프로이트가 정신분석의 수행을 하는 것을 가능하도록 만들었다. 이는 프로이트가 외부적 도움 없이 이루어 낸 성과이며, 이것이 불교 명상가들이 수 천 년에 걸쳐 호소해 온 주의집중의 자세라는 것을 모른 채 스스로 깨우친 것이다.

이 주제에 관한 프로이트의 저작들은 순수한 주의집중의 첫 번째 본질적 특성, 즉 편견이 없고 치우치지 않음을 나타낸다. 정신분석 가들에게 "…… 판단을 중지하고, 관찰하는 모든 것들에게 …… 치우치지 않은 주의를 기울여라."[4]라고 반복해서 권고하면서, 프로이트는 이러한 상태 속에서 정신적 현상들을 독특한 방식으로 이해할 수 있다고 주장한 것이다. 정신적 내용물이 무엇인지에 관심을 가지면서도, 그는 자신의 추종자들로 하여금 고르게 걸쳐 있는 주의를 실행할 것을 요청했다. 이는 일종의 명상의 첫 단계라고 할 수 있다. 프로이트의 가르침은 최고의 불교 스승들의 명쾌함을 그대로 가지고 있다. 그 주제에 관해 쓴 결정적인 논문에서 프로이트는 가장 선적(禪的)이라고 평가받을 수 있다.

> 의사들이 지켜야 할 규칙들은 아마 다음과 같이 표현될 수 있을 것이다. "의사는 그의 주의를 기울이는 능력으로부터 모든 의식적이 영향을 거둬들여야 한다. 그리고 자기 자신을 완전히 '무의식적 기억'에 맡겨야 한다." 혹은 그것을 순수하게 다음과 같은 기술적인 용어로 표현할 수도 있다. "의사는 그냥 듣기만 하지 마음속에 어떤 것을 가지고 있든 그것 때문에 힘들어서는 안된다."[5]

이처럼 단순히 경청하는 상태, 치우치지 않는 상태는 작위적이지 않고 완전히 자연스럽지만, 동시에 매우 어려운 것이 사실이다. 그것은 일종의 도전인데, 치료자들은 그들의 내담자를 치료하고자 하는 소망, 내담자가 전달하는 정보들에 대한 즉각적인 결론, 그리고 내담자의 고통의 원인에 대한 그들의 통찰을 옆으로 제쳐 놓음으로써 계속해서 치료자들이 아직 이해하지 못한 것을 환자로부터 들을 수 있다. 명상 수행에서 요구되듯이, 이러한 종류의 주의를 자신에게 기울이는 것, 즉 자신의 반응으로부터 자신을 분리시키는 것, 좋아하고 싫어하는 것들에 기초한 자기동일성으로부터, 편견 없고 비판단적인 알아차림에 기초한 자기동일성으로 이동하는 것 등은 훨씬 더 어려운 일이다. 순수한 주의집중이 명상가들에게 요구하는 것은 불쾌하고 싫은 것들을 걸러 내는 것이 아니라, 무엇이 주어지든 다 받아들이는 것이다.

개방성

순수한 주의집중의 또 다른 중요한 특징인 개방성은 이처럼 무엇이 주어지든 다 받아들일 수 있는 능력으로부터 나온다. 개방성은 명상가에게 좁은 렌즈가 아니라 넓은 렌즈를 끼고 살피기를 요구한다. 그리하여 개인적이고 사적인 탐색을 위한 수용적인 정신내적인 환경을 확립하기를 촉구하는 것이다. 위니코트가 그의 저명한 논문 '혼자 있을 수 있는 능력(The Capacity to be alone)'에서 지적했다시피, 어머니의 개방성이란 아이들이 어머니 앞에서 아무런 거리낌 없이 놀 수 있도록 해 주는 것을 말한다.[6] 방해가 없는 이러한 형태의 개방성은, 확실히 명상이 이끌어 내고자 하는 특질이다.

불교 철학의 영향을 많이 받았던 작고한 작곡가 존 케이지(John

Cage)는 소리와 음악에 관해 논의하며 개방성에 관해 언급한 적이 있다.

> 음악적인 소리를 듣는 귀를 계발하는 것은 자아를 계발하는 것과 같다. 처음에는 당신은 음악적이지 않은 소리에 귀를 막게 되고 이로 인해 많은 다양한 경험을 놓치게 된다. ……최근 들어, 소리를 대하면서 내가 느낀 가장 큰 변화는 자동차 경적 소리나 도난 경보와 같이 계속해서 크게 들리는 소리와 관련된 것이다. 예전에는 그런 소리들을 들으면 짜증나기만 했었는데, 지금은 오히려 그 소리들을 받아들이게 되었고 즐겁기까지 하다. 이러한 내 생각의 변화는 마르셀 뒤샹(Marcel Duchamp)이 한 말을 통해서였다. 그는 한 곳에 머무르며 변하지 않는 소리는 공명하는 조각품, 즉 노래하는 조각품이 되어 소리가 나는 동안 계속해서 존재한다고 말했다. 정말 아름답지 않은가?[7]

우리가 우리 내부에 있는 자동차 경적 소리에도 이와 같은 태도를 가진다면, 붓다의 접근과 같은 것을 느끼기 시작할 수 있을 것이다.

내가 최근에 상담했던 폴이라는 환자가 바로 이러한 과제를 가지고 있었다. 문제는 날카로운 경적 소리가 그로 하여금 스스로를 걸어 잠그도록 한다는 것이었다. 폴은 외동이었고 그의 어머니는 지나치게 불안정하고 불평이 많은 여자였다. 폴의 아버지는 폴이 6세가 되었을 때 어머니를 버리고 떠났다. 그는 사춘기가 오기 전 대부분의 시간을 어머니와 집에서 홀로 보냈고, 어머니 침대에서 자고, 그녀가 기분이 나쁠 때는 위로를 해 주곤 했다. 폴은 어린 시절에 대한 기억이 별로 없지만, 분명히 기억하는 것은 아버지가 자신이 가장 좋아하는 레코드를 부숴 버렸다는 것이다. 폴이 계속 레코드를 반복해서 듣고는 울곤 했기 때문이었다. 어른이 되어서 폴은 자꾸 불안하고 우울하였으며 동시에 실재감을 못 느끼는 것이 불만이었다. 그는 자신을 '신경과민(bundle of nerves)'이라고 했는데, 일 처리는 능숙하게 잘 했지만 무얼 하든 특별히 흥분되거나 자신감이 없었기 때문이다. 그러나 폴은 자신이 무엇 때문에 불안한지를 말하기 어려워했고, 첫 치료 시간에 그가 느끼는 불편함을 알아보는 과정에서 매우 힘들어했다. 그는 자신의 불안을 들여다보기가 두려웠다고 말했다. 그 불안들은 그에게 자기 어머니가 가진 불안들을 떠올리게 했고 자신이 어머니만큼이나 혼란스러운 상태에 처해 있다는 느낌이 들게 했다.

치료 중에 폴이 해야 했던 일은 자신의 불안에 순수한 주의집중을 하는 법을 배우는 것이었다. 당시에 그는 순수한 주의집중에 대해 거의 알지 못했다. 그의 첫 번째 반응은 불안을 두려워해서 불안을 묶어 두려고 하는 것이었다. 첫 번째 보인 반응에서 한 발 물러나는 법을 배워서 두려움과 함께 있을 수 있게 되자, 그는 비로소 자신의 불안을 어머니의 것과 구별할 수 있었다. 또한 과거에 그러한 감정들이 폴에게서 발생했을 때 부모는 그에 직면하거나 그것을 수용할 수 없었다는 사실을 깨달았다. 정신치료와 명상은 모두 폴에게 근본적인 것을 가르쳐 주었다. 각기 고유의 방식으로 부모처럼 감정을 판단하지 않고 대신 그것과 함께 있는 법을 말이다. 이러한 실제적 감정과 함께할 때 폴은 실재하는 사람으로서 자신감을 얻을 수 있었다.

순수한 주의집중은 내적, 감각적 경험 모두에게 어린 시절 이후로 좀처럼 남아 있지 않는 개방성을 요구한다. 폴처럼 부모의 기분에 반응적으로 대처하기를 강요받는 아이들은 그 자신의 내적 과정과의 접촉을 잃어버리게 된다. 부모의 요구에 반응해야 하는 압박 속에서 자라는 아이들은, 덜 급박하다고 생각되는 것에 대해 개방적일 수 있는 능력을 상실한다. 심지어는 그것이 자기일 때도 그렇다. 따라서 거짓 자기가 형성되고 어떻게 느껴야 할지를 잘 모르게 되는 나르시스적 성격이 싹트게 된다.

반응적인 자기와 핵심적 경험을 분리함으로써, 순수한 주의집중의 실천을 통해 명상가들은 무조건적 개방의 상태로 돌아간다. 이 상태는 아이에게 적절한 주의를 기울이는 부모 아래에서 형성될 수 있는 감정과 비슷한데 이는 중요한 사실이다. 이것은 반응적인 자기를 가차 없이 드러내고 명상가들로 하여금 계속해서 있는 그대로의 경험 상태로 돌아가게 함으로써 이루어진다. 위니코트에 따르면, 이렇게 "반응할 필요가 없는 상태"에서만이 자기가 "존재하기 시작" 할 수 있다.[8]

놀라움

앞에서 언급하였듯이 순수한 주의집중은 치우침이 없는 것이고, 비판단적이고 열려 있는 것이다. 또한 순수한 주의집중은 새로운 장난감을 대하는 어린아이처럼 마음속 깊이 관심을 가지는 것이다. 불교 문헌에 드러나는 핵심적인 경구들에 따르면, 순수한 주의집중은 '집착하지 않고 비난하지 않는' 자세를 요구하며, 케이지가 자동차 경적과 관련해서 설명한 것과 일맥상통한다. 또한 위니코트가 '좋은 어머니의 역할'의 개념에서 설명한 것이며, 프로이트가 정신분석가들에게 조언한 내용이기도 하다. 더불어 명상 수행자들이 그들 자신의 정신적, 정서적, 신체적 고통에 대해 계발시켜야 할 자세다. 첫 수행에서 가장 잘 드러난 것은 (우리의 마음이 얼마나 통제를 벗어나 있는지 확인한 뒤에) 충분한 시간 동안 일관되고, 감정에 휘둘리지 않는 주의를 고통의 경험에 기울일 때 그것이 어떻게 평화로운 경험으로 대체될 수 있는가 하는 점이다. 고통에 대한 반응—공포, 분노, 두려움, 긴장 등—이 순수한 감각으로부터 분리되면, 그 감각은 어느 시점에 이르러서 더 이상 괴로움을 주지 않게 된다.

정신분석가 마이클 아이겐(Michael Eigen)은 「시냇물 속의 돌들(Stones in a Stream)」이라는 논문에서 자신이 생애 처음으로 한 신비스러운 체험을 이처럼 독특하게 표현하고 있다.

20대 때 나는 버스 안에서 정서적인 고통을 느낀 적이 있다. 나는 고통으로 몸을 구부리고 그것에 맹목적으로 집중했다. 이런 비참한 상태로 앉아 있었을 때 고통이 빨간색으로, 그리고는 검정색으로(일종의 공백), 또 빛으로 변해 가자 나는 놀라움에 휩싸였다. 마치 내 영혼의 질이 열리면서 찬란한 빛이 보이는 듯했다. 고통은 사라지지 않았지만 그 빛은 내 주의를 사로잡고 있었다. 나는 더 넓은 존재를 지각하고 나서 경이에 빠지고 한껏 고양되어 어안이 벙벙했다. 물론 나는 빛이 사라지기를 바라지도 않았고 혹시나 사라질까 봐 약간 두렵기도 했다. 하지만 무엇보다도 경외와 숭배의 느낌이 있었다. 빛은 있고 싶다면 계속 존재할 수 있고, 원하는 대로 오고 갈 수 있었다. 지금도 그때의 기억은 잊을 수가 없다. 그 경험을 한 후, 내 삶은 결코 이전과 똑같을 수 없었다.[9]

이런 종류의 경험은 실로 우리에게 어떤 메시지를 전해 주려 한다. 우리가 습관적으로 도망치는 고통과 함께 있는 것이 이러한 변화를 유발한다는 점을 인식할 때, 우리가 당연하다고 생각하는 것, 즉 싫은 것은 거부해야만 한다는 가정에 의문을 품게 된다. 대신 우리는 고통조차도 관심을 기울일 만한 대상이 될 수 있다는 사실을 알게 되는 것이다.

우리 자신의 마음

순수한 주의집중의 또 다른 특성, 즉 두려움이 없는 것은 이러한 관심으로부터 생긴다. 불교와 정신치료에 관한 첫 학회에 참석해서 알게 된 정신과 의사 랭(R. D. Laing)은 우리 모두는 다음의 세 가지를 두려워한다고 말했다. 그것은 바로 타인, 우리 자신의 마음, 그리고 죽음이다. 그의 말은 그 자신이 죽음을 목전에 두고 하는 것이라 그런지 더 깊이 와 닿았다. 순수한 주의집중이 실제적으로 유용한 것이라면, 이러한 영역들에 딱 맞게 적용될 수 있을 것이다. 신체적인 병을 통해 우리는 대개 그러한 기회를 가질 수 있다.

내 장인은 독실한 유대인이라 동양 철학에 별다른 관심을 보이지 않았다. 장인은 광범위한 절제 수술을 앞두고, 내가 스트레스 감소와 관련된 일을 하고 있다는 것을 알고는 상담을 요청했다. 그는 수술실에 들어가면서 어떻게 마음을 추스르고 뜬눈으로 밤을 지새울 때는 어떻게 해야 하는지를 물어 왔다. 나는 장인에게 유대교의 짤막한 기도문에 그대로 집중해 볼 것을 권했다. 그는 기도를 통해 점점 정신 상태를 넓혀서 자신의 생각과 불안, 공포를 감싸 안을 수 있게 되었다. 수술 후 중환자실에 있으면서 하루 종일 움직이지도, 먹지도, 말하지도 못하는 순간에도 장인은 순수한 주의집중을 통해 휴식을 얻고 자신의 공포를 마음의 명상 공간에서 녹여 버릴 수 있었다. 몇 해가 지나고 속죄의 날 예배에 참석한 후 그는 어떤 기도문 구절을 보여 주었는데, 그 구절은 그가 그 나름의 시련을 통해 배운 것을 상기시켜 주는 것이었다. 아마 이보다 더 불교적인 시는 발견할 수 없을 것이다.

인간은 먼지로부터 와서 먼지로 돌아가는 운명이다. 인간은 자신의 목숨을 걸고 빵을 얻는다. 그러나 인간은 부서진 사금파리와 같고, 시든 풀과 같고, 빛 바랜 꽃과 같고, 지나가는 그늘과 같고, 흩어지는 구름과 같고, 불어오는 바람결 같고, 떠다니는 먼지와 같고, 덧없는 꿈과 같은 것이다.

순수한 주의집중의 두려움 없는 속성은 심리학의 현장에서도 필요하다. 정신치료를 하면서 자아의 방어가 얼마나 교묘하고 비타협적일 수 있는지 알게 되었다. 사람들은 치료를 받는 그 순간에도 자신들이 알고 싶지 않는 자신에 관한 무언가를 발견할까 봐 두려워한다.

매디라는 한 뛰어난 예술가는 최근에 있었던 나와의 치료 중에 이를 보여 주었다. "난 여기 있고 싶지 않아요. 당신 환자라는 사실이 싫다구요. 이건 정말 모욕적인 일이에요. 차라리 그냥 당신 친구가 되는 게 낫겠어요." 매디는 치료적으로 나와 논의해야 할 유일한 주제에 대해 말하고 싶어 하지 않았다. 그녀의 연인이 그녀에게 다가오기 힘들게 만드는 것이 유일한 주제였다. 그녀는 "그 사람이랑 같이 있을 때와 당신과 있을 때가 똑같아요. 너무 힘이 들어요."라고 말했다.

나는 매디가 내 환자가 되고 싶어 하지 않는 자신의 마음에 주의를 집중하도록 만들 수 있었다. 그러한 감정을 장애물로 치부하지 않고 자기가 만든 감정으로 전환시키자 매디는 울음을 터뜨리기 시작했다. 그리고는 이렇게 하는 것이 엄청나게 당황스럽기도 하지만 왠지 모르게 만족스럽다는 것을 알게 되었다. 울고 싶은 충동은 매디가 살면서 두려워했던 점이었던 것 같았다. 우는 것에 대해 마음속으로 온갖 생각을 다 한 것이다. 그녀는 운다는 것은 약해 빠진 것이고, 받아들일 수도 없으며, 부적절하고, 수치스러울 뿐만 아니라 하면 안 되는 것이라는 생각들을 하고 있었다. 사랑하는 사람에게 접근하고자 하는 충동도 위와 비슷한 상태를 유발할 거라는 공포 때문에 자동적으로 억제되었다. 그리고는 화내고, 조바심 내며, 방어적인 자세를 취하였다. 이러한 상황에서 벗어나려고 하는 시도는 모두 공포의 감정을 불러 일으켰다.

이러한 공포는 정신분석에서 종종 저항이라고 부르는 것이다. 순수한 주의집중이 가지는 두려움 없음은 바로 이 두려움을 대상으로 받아들일 때 가능하다. 환자는 그것과 접촉함으로써 좀 더 실재할 수 있는 것이다. 불안정이 발현할 때 순수한 주의집중을 통해 불안정을 직시할 수 있는 용기나 두려움 없는 상태는 언제나 불안정에 대해 갖는 똑같이 강한 인내나 관용과 결합되어 있다. 일부 정신분석학파는 내재하는 진짜 자기를 해방시키기 위해 저항을 무차별적으로 공격하는 우를 범하기도 한다. 이러한 접근법은 관용의 미덕을 결여하여 사람들이 자기 자신의 저항을 가지지 못하게 하고, 그럼으로써 저항을 만드는 데 자신이 관련되어 있다는 것에 대해 마지못한 존중을 환기할 뿐이다.

불교적 관점에서 볼 때, 진짜 자기는 없고 분석되어야 할 것은 '저항' 자체일 뿐이다. 해방되기를 기대하며 기다리고 있는 진짜 자기란 존재하지 않는다. 불안정을 드러내는 것만이 자유를 얻는 길을 열 수 있다. 우리가 공포를 공포로 받아들이고 그것을 붓다의 인내로 감쌀 때, 비로소 우리는 마음 안에서 안식을 얻어 가깝다고 느끼는 사람들에게 접근할 수 있게 된다.

나는 이를 염두에 두고 매디에게 순수한 주의집중의 사용을 시도해 보았다. 첫 번째로 할 일은 그녀의 방어적이고 분노에 가득 찬 자세를 탐색한 뒤 그녀 안에 있는 공포와 슬픔을 탐색하는 것이었다. 매디는 저항 그 자체라고 해도 과언이 아니었다. 그녀는 환자가 되고 싶지 않아 분노하고, 겁을 먹으면서도 악의에 차 있는 자신의 모습을 통해 그 저항을 표현하면서 울기 시작하였고 나와 함께하는 생생한 순간을 경험하기 시작했다. 그녀에게 이러한 경험은 매우 수치스러운 것이었다. 하지만 한 단계, 한 단계 지나갈수록 순수한 주의집중에 대한 올바른 이해는 그녀로 하여금 불교적으로 말해서 머물지도, 거스르지도 않는 경지에 이르도록 해 주었다. 매디가 순수한 주의집중이 요청하는 용기와 인내를 가지고 자신의 감정과 함께 하는 것을 배우면서 그녀는 보다 더 겸손해지고 보다 더 진솔해졌으며, 두려워하면서도 갈망했던 친밀한 관계를 더 잘할 수 있었다.

이행 공간

내가 강조하고 싶은 순수한 주의집중의 마지막 특성은 비인격성이다. 주인 없이 돌아다니는 개처럼, 순수한 주의집중의 대상이 되는 생각과 감정은 마찬가지로 주인이 없는 것으로 취급된다. 이러한 접근은 위니코트가 "이행 공간"이라고 부른 것의 새로운 형태라고 할 수 있다. 이행 공간은 유아적 의존성과 홀로 있기를 감당할 수 있는 능력 사이에 위치하는 디딤돌로 오랫동안 인식되어 왔다. 이행 공간은 '경험의 중간적 영역'[10]으로 불려 왔는데, 이는 아이로 하여금 부모로부터 떨어졌을 때도 편안함을 느끼도록 해 준다. 프로이트가 신비주의와 동일한 것으로 취급한 대양적 감각은 여러 세대의 정신분석가들이 명상을 유아적 나르시시즘의 경험으로 가는 지름길로 받아들이게끔 했다. 하지만 이러한 공식화는 순수한 주의집중에 관한 한, 명백하게 순수한 주의집중의 특징을 놓쳐 버렸다. 만약 치료자들이 명상의 상태와 이행 현상이 가지는 유사성을 인식했더라면, 불교와 정신분석적 심리학 사이의 연결 고리는 오래전부터 단단히 확립되었을 것이다.

이행적 대상―테디 베어, 동물 인형, 담요, 좋아하는 장난감―은 순수한 주관적 경험으로부터 타인을 진짜 '타인'으로 경험하게 하는 경험으로의 이동을 가능하게 한다. '나'도 아니고 '내가 아닌 것'도 아닌 이행적 대상은 부모들이 본능적으로 존중하는 중간자로서의 특별한 지위를 향유한다. 즉, 이행적 대상은 유아를 타인에 대한 이해의 장으로 이끌어 주는 뗏목인 것이다.

이행적 대상의 많은 특성―강렬한 사랑과 증오도 이겨 낼 수 있는 능력, 유아가 일으키는 변화를 제외한 다른 모든 변화에 대한 저항, 피난처와 따뜻함을 제공해 주는 능력, 이행적 대상을 점차적으로 포기함―은 모두 순수한 주의집중과 일치를 이룬다. 유아를 위한 이행적 대상처럼, 순수한 주의집중은 명상가에게 있어 특별한 지위를 향유한다. 순수한 주의집중 역시 중간적 현상인 것이다. 보통 우리가 하는 주관적 인식과 달리, 순수한 주의집중은 티베트 전통에서 말하는 "스파이 의식"으로서, 마음의 한 구석에서 관찰한다.

'관찰자'로서 순수한 주의집중은 이행적 대상을 상기시킨다. 아이의 테디 베어처럼, '나'도 아니고 '내가 아닌 것'도 아니지만 두 가지를 포함하기 때문이다. 예를 들어, 명상가가 순수한 주의집중하는 중에 큰 소리를 들었을 때, 그는 '듣는 사람'과 '소리'를 구분하지 않는다. 대신에, 다만 내부와 외부가 한데로 모이는 '듣는' 순간만이 존재할 뿐이다. 이 듣는 순간에, 숨이 밖에서 오는지 안에서 오는지에 관해 말하는 것이 불가능하듯, 안과 밖의 구분이 없는 것이다. 비슷한 점은 이것뿐만이 아니다. 이행적 대상처럼, 순수한 주의집중은 항상적인 것일 수 있다. 강렬한 정서와 강렬한 자극 모두 그것을 방해할 수 없다. 왜냐하면 거울과 같은 명료함이 순수한 주의집중의 영역으로 들어오는 모든 것을 비춰 주기 때문이다. 이 항상성을 전달하기 위해 자주 이용되는 이미지가 돌다리 아래를 지나는 개울이다. 순수한 주의집중을 통해, 명상가는 개울이 아니라 개울 위의 돌다리가 된다고 여겨진다.

이러한 항상성으로부터 경험을 담거나 수용하는 능력이 길러진다. 이는 유아로 치면, 이행적 대상 속에서 따뜻함과 위안을 찾고 새로운 분리에 직면했을 때 자신을 유지하는 것을 배우는 것이다. 이러한 분리가 아이에게 편안해지면, 그는 점점 이행적 대상을 버리게 된다. 여덟 살 난 내 딸아이는 이제는 더 이상 테디 베어를 데리고 다니지 않지만 밤이 되면 여전히 테디 베어를 꼭 안고 잠이 든다. 명상가들이 순수한 주의집중을 적용하는 것이 익숙해지면, 순수한 주의집중 역시 점점 잊혀져서, 명상가는 선택 없는 알아차림에 안주할 수 있다.

이와 같은 비교를 할 때 가장 핵심적으로 알아 두어야 할 것은, 명상은 분리로의 이행을 쉽게 하도록 돕는 유아적 대상과 똑같은 방식으로 이행적이지는 않다는 점이다. 일단 분리가 이루어지면 명상은 진보한다. 명상은 분리된 자기(와 '실제 대상')의 실체에 의문이 제기되는 새로운 상태로 이행된다. 무엇이 발생하든 그것과 자신을 동일시하지 않고, 집착도, 당황도 하지 않음으로써 명상가는 경험의 내용에 초점을 맞추는 좁은 차원에서 과정 자체에 초점을 맞추는 항상 확장하는 차원으로 지속적으로 이동한다. 생각과 감정은 관련된 자만과 수치스러움에서 벗어나, 점차로 부과된 것을 떨쳐버리고 생각과 감정, '그 이상 그 이하도 아닌 것'으로 간주되기에 이른다.

유아는 부모가 사실 타인이며 자신을 자기라고 인식하는 때를 맞이한다. 이때 위니코트가 설명한 이행적 대상은 유아로 하여금 피할 수 없는 강렬한 욕구와 증오의 감정을 그럭저럭 잘 다루도록 도와준다. 반면, 명상의 이행적 공간은 이렇게 얻어진 자기가 겪는 다루기 힘든 정서를 다스리는 데 도움을 준다. 그 정서들은 긍지, 자존심, 자만, 분노 등의 감정으로 자신의 영역이 침범되었을 때 발생하는 것들이다. 이는 단순히 증오나 탐욕이 명상 중에 발생하지 않는다거나, 명상가들은 어떤 면에서 분노나 욕망 같은 원초적 충동을 다루지 않는다고 말하는 것이 아니다. 명상의 이행적 공간은 유아의 것과 다른 무엇을 제공한다는 것이다. 자기의 발달과 함께(이 자기가 느낄 분열되고 불안정하고 텅 빈 것 같은 느낌은 있지만) 알아차림의 공존적 요소와 결합할 때, 명상은 피난처를 제공하여 보호되고 방어되어야 할 분리된 자기에 대한 고정된 믿음을 잠시나마 불식시킨다. 목적하는 바는 안전한 쉼터를 마련하거나 존재론적인 안정감을 찾는 것뿐만 아니라 우리가 정서적 반응과 우리 자신을 본능적으로 동일시하는 방식에 의문을 제기하는 것이다.

여기에서 정신치료와는 명백한 모순이 존재한다. 이 점은 불교적 관점에 관심을 보인 적잖은 치료자들에게 혼란을 주었다. 물론 정신분석적 견해를 따르면, 부인해 온 것들과 의식하지 못한 것들을 자기가 만든 것으로 보는 법을 배워야 한다. 프로이트는 비자발적인 생각과 감정은 자발적인 것으로 바뀌어야 한다고 주장했다. 즉, 이드가 있는 곳에 자아가 있도록 해야 한다는 것이다. 붓다의 관점에서 볼 때, 자신의 직접적인 경험을 되찾거나 그에 접촉하는 행위를 통해 그 경험이 가지는 비인격성을 이해할 수 있는 지평이 열린다고 한다. 붓다가 느끼기에는 경험을 그러한 수준으로 끌어올리는 것이 진정한 해탈이다. 붓다의 견해는 프로이트의 견해와 일치를 보이는데, 한 가지 다른 차원을 추가한다. 붓다는 생각과 정서는 소유될 수 있다는 데 동의한다. 하지만 이에 수반하여 '내적으로 존재하는' 소유자가 없다는 것을 이해하지 못하는 이상, 프로이트가 열망했던 승리는 그 옛날 피루스의 승리처럼 얻는 것보다는 잃는 것이 훨씬 많을 것이다.

알아차림의 힘

알아차림의 힘을 통해 동일시를 깨뜨리는 것은 명상적 접근이 크게 기여한 점이며 이것은 필연적으로 치료적인 성격을 가진다. 명상가들은 종종 놀라운 방식으로 치료 효과를 체험한다. 수년 동안 명상을 해 온 내 오래된 친구는 가족을 방문할 때마다 그 효과를 느꼈다. 명상을 하고 얼마 안 되어 가족 만찬을 위해 집으로 돌아왔을 때, 그녀는 탁자에 둘러앉은 부모님과 형제, 자매들 속에서 친숙하지만 크게 불편한 감정을 느꼈다. 가족들이 그녀가 없는 것처럼 행동하고 자신이 있는 그대로 존중받고 있지 않다는 인상을 받은 것이다. 그 다음으로 안 사실은 자신이 몰래 부엌에 가서는 강박적으로 마구 먹어대곤 했다는 것이다.

몇 해에 걸친 명상 수행 훈련을 하고 나서, 그 친구는 그때처럼 다시 집을 찾게 되었다. 저녁 식사에서 그녀는 저번과 비슷한 감정이 슬며시 생겨나는 것을 느꼈지만, 꾹 참고 그 감정과 함께 있으려고 노력했다. 그녀는 가족의 관심을 분개한 상태에서 기대하였고 가족이 '관심을 주지 않는 것'에 분노하였고, 가족의 관심을 받지 못할 만큼 '좋지' 못한 자신에게 실망하였고 또 그 상황을 바꿀 수 있는 적절한 묘안이 떠오르지 않아 몹시 불안해 하였다. 그러나 그녀가 이러한 감정들과 자신을 전적으로 동일시한 것은 아니었다. 그녀는 평정심을 가지고 감정들이 그냥 지나가게 내버려 두었으며, 그녀의 알아차림이 정서적인 혼란을 견딜 수 있을 만큼 강하다는 것을 알고 있었다. 강박적으로 먹을 필요가 없었고 자신이 절대 오지 않을 관심을 끝없이 기다리고 있지 않다는 것을 알았다. 그녀는 어느 순간 음식에 관해 농담을 던지고 깔깔거리는 자신을 보며 스스로도 놀랐다.

명상은 두 가지 면에서 내 친구에게 도움이 되었다. 첫째로, 그녀는 자신을 혼란에 빠뜨린 그 기대, 당연한 분노, 실망, 불충분감, 화 등을 인식하고 견딤으로써 더 이상 폭식하지 않아도 되는 상태에 이르렀다. 예전 같았으면 강박적으로 먹게 만들었을 것이다. 둘째로, 그녀는 감정을 사라지게 하는 것이 아니라 자기 자신이 그 감정의

집합(set)과는 별개라는 것을 알아차려서 이러한 부족감의 손아귀에서 벗어날 수 있었다. 이러한 성과를 불교적으로 더 정확히 표현하자면, 그 친구는 그 감정들이야말로 자기 자신이라는 것을 알았지만, 그것의 고유한 실재성에 영향받지 않고 그것이 가지는 '공'의 속성을 경험할 수 있었다고 말할 수 있다. 그녀는 훨씬 더 자기 자신을 제어할 수 있다고 느꼈고 가족의 각본에 갇힌 죄수가 아니라는 것을 깨닫게 되었다.

지혜롭게 보는 것

순수한 주의집중은 우리의 마음과 정서를 다루는 것과 관련한 불교적 접근방식을 가장 잘 대변하는 기법이다. 그것은 치우치지 않았고, 열려 있으며, 비판단적이고, 항상 관심을 기울이며, 참을성 있고, 두려움 없을 뿐만 아니라 비인격적이다. 위니코트가 고안한 소아기의 이행적 공간과 유사하지만 똑같지는 않은 정신적 공간을 창출할 때, 순수한 주의집중은 정신적 혼란을 명상의 대상으로 바꾸는 능력을 촉진한다. 또한 잘 알려진 위협을 도전으로 전환하면서 엄청난 정신치료적 효과를 거둔다. 모든 정서적 경험, 정신적 사건, 자기 자신의 부인이나 소외 등은 순수한 주의집중의 전략을 통해 해결될 수 있다.

명상의 진전 과정을 묘사하는 전통적인 설명에서 수행의 첫 걸음은 항상 원치 않고 탐구되지 않은 우리 존재에 대한 혼란스러운 면과의 화해와 관련된다. 고대 불교 심리학 텍스트에 따르면, 우리가 아무리 많은 치료 방법을 동원한다 하더라도 그 치료를 성공으로 이끄는 단 한 가지 방법은 바로 '지혜롭게 보는 것'이다. 샌프란시스코 선 센터의 초대 선사인 스즈키 큰스님(Suzuki Rosi)은(역주: 『Zen mind, Beginner's mind』를 쓴 스즈키 순류를 말한다) '마음의 잡초'라고 이름 붙인 대담에서 다음과 같이 말했다.

> 우리는 말한다. "잡초를 뽑음으로써 우리는 화초에 영양을 공급하는 셈이다." 우리는 영양 공급을 위해 잡초를 뽑아 그 옆에 묻어 둔다. 그러므로 수행하는 중에 어려움을 겪더라도, 앉아 있는 동안 마음에 흔들림이 있더라도, 그 흔들림이 결국 당신을 도와줄 것이다. 따라서 당신은 마음 때문에 괴로워질 일이 없다. 오히려 마침내는 잡초가 당신의 수행에 기여할 것이므로 잡초에게 감사해야 것이다. 잡초가 마음속에서 정신적 자양분이 되는 것을 체험한다면, 수행은 괄목할 만한 진전을 이룰 것이다. 당신은 그 진전을 느낄 수 있을 것이다. 그것이 어떻게 자기 자양분으로 바뀌는지 느낄 수 있을 것이다. …… 이것이 우리가 선을 수행하는 방식이다.[11]

이것이 순수한 주의집중이 약속하는 것이고 붓다가 위대하게 발견한 것이다. 정신치료 전문가들이 인증하듯 분석은 해방(relief)을 동반하지 않은 이해를 제공하기 쉽기 때문에, 이러한 발견이 정신치료자들에게 가지는 적절성은 아무리 강조해도 지나친 것이 아니다. 명상은 정신적 고통을 재활용하는 방법을 제공하여 그렇게 하지 않으면 놓칠 수 있는 해방을 가져다준다. 이것이 명상이 정신분석에 정통한 사람들에게 특별히 매력적인 이유다. 명상은 뛰어난 정신치료에 들어 있지만 거의 명료하게 드러나지 않는 정서적 자료를 다루는 방법을 제시한다. 붓다는 이 방법을 명료하게 제시하는 데 명수였다.

명상의 정신역동

명상과 정신치료는 어떤 면에서는 비슷하지만 같다고는 볼 수 없다. 어떤 한 사람이 명상과 정신치료 모두에 참여하고 있다면 양자로부터 얻는 경험은 판이하다고 해도 과언이 아니다. 정신분석적 정신치료는 과거의 보다 형성적인 정서적 관계들을 재현하여 개인사가 실제적으로 재구성될 수 있도록 해 준다. 불교 명상은 자아의 특정한 기능을 강화함으로써 자기에 대한 느낌을 순간적으로 확대하는 동시에 해체한다. 정신치료가 대개 개인사를 설명하는 이야기(narrative)의 창조와 관련되는 한편, 명상은 우리가 자신을 이해하기위해 사용하는 가장 기본적인 메타포(은유)에 의문을 제기하는 과정이다. 치료를 통해 얻을 수 있는 최고의 감동적 경험으로 전이(trans-ference, 역주: 정신분석용어로 어렸을 때 부모, 형제와 같은 중요한 사람과의 관계에서 가졌던 감정이나 태도를 치료장면에서 치료자에게 느끼는 것을 말한다)를 들 수 있다. 전이를 통해 환자의 어렸을 때의 관계들이 어떻게 현재의 상호작용을 형성하고 정의 내리는지가 드러나는데, 전이는 환자와 치료자와의 실제 관계에서 나타난다. 명상을 통해 얻을 수 있는 최고의 감동적 경험은 명상가가 자기에 대한 여러 가지 소중한 이미지를 직접 대면하여 그러한 이미지들이 결국 없다는 사실을 알게 되는 것이다.

명상을 통해서 통합, 겸손, 안정감, 자각 등 일반적으로 정신치료의 목적이 되는 대상을 함양할 수 있다는 점에서 치료적이다. 그러나 불교 명상의 영역에는 정신치료를 넘어서는 무언가가 존재하는데, 보통의 정신치료만으로는 도달할 수 없는 자기 이해의 머나먼 지평을 향한 것이다. 정신분석이 치료 관계 속에서 치료자의 분석적 태도가 가지는 힘을 통해서 그것을 계발하는 반면, 명상은 마음의 실제적 성질들을 취하여 내적으로 배양함으로써 인간의 관찰력을 증진시킨다. 이렇게 고양된 사색의 힘을 통해 비로소 명상가는 자기를 경험하는 것의 토대가 되는 것, 즉 자기라는 느낌을 발생시키는 기본적인 갈망을 살펴보고 잡을 수 있게 된다. 그렇게 함으로써 한 개인에게 깊이 뿌리박힌 자기라는 느낌은 심오하게, 그리고 되돌릴 수 없게 바뀌게 된다.

이 두 방식의 차이점은 다음의 예를 통해 가장 잘 설명될 수 있을 것 같다. 진은 성공한 여성이자 꽤 숙련된 명상가이지만 끔찍한 어린 시절을 보냈다. 그녀는 스스로 '관계 문제'라고 부르는 것에 대해 치료를 받고자 나를 찾아왔다. 한 해 정도 치료를 하고 나니, 진은 영적이고 정신적인 문제들에 관해 폭넓은 시각으로 지적인 대화를 할 수 있게 되었다. 그런데 갈수록 진이 어떤 면에서 나를 피하고 있다는 인상을 지울 수 없었다. 동시에 그녀는 치료에 대한 실망감을 표출하기 시작했는데, 치료를 통해 원하는 것은 얻지 못하고 정작 원하는 것이 무엇인지도 불확실해지기 때문이라고 했다. 그 후 오래지 않아 우리는 엄청난 경험을 하게 되었다. 진이 나를 피하고 있고 치료를 불신하고 있다는 인상을 받았을 즈음에, 갑자기 진은 자신이 능동적으로 나를 중요치 않은 사람으로 밀어내고 있다는 느낌을 받았다고 고백했다. "내가 당신에게 관심을 가지면, 당신은 날 떠날 거예요." 그녀는 과거에 자신을 떠난 적이 있는 소중한 사람들과 나를 일일이 연관시키며 그런 말을 내뱉었다. 이 사실을 깨닫고 나서야 우리는 진이 대체 무슨 이유로 누군가에 대해 관심 갖는 것을 회피하려고 하는지 살펴보기로 했다. 그리하여 세부 사항들을 상세히 검토하는 실험실로서 전이의 배반적인(treacherous) 자료들을 이용하였다. 이는 정신치료가 가장 탁월한 능력을 발휘하는 영역이었다. 스스로 자각하지 못하는 자신에 대한 억제를 드러내기 위해 치료자와의 관계를 이용하는 것이다. 이를 통해 진으로 하여금 어떻게 자신이 무의식적으로 과거에는 적응적이었지만 지금은 단순히 반복할 뿐인 행동을 재현하고 있는지 보도록 해 준다.

한편 명상은, 특히나 높은 단계에 이르러서는 그 초점이 특수한 것에만 국한되지 않는다. 명상을 처음 시작할 때는 언제나 심리적 문제가 주가 된다. 그러나 집중(concentration), 마음챙김, 분석적 통찰의 실천이 계속됨에 따라 정신역동은 변화하고, 스스로를 경험하는 방법을 검토하는 데로 초점이 옮겨 가면서 유년기와 관련한 정서적 문제는 종종 자취를 감춘다. 명상가들이 특수한 문제를 다루기 위해서는 때때로 심리학의 영역으로 돌아와야 할 필요가 있다. 진은 폭넓은 명상 수련을 했다. 예컨대, 그녀는 자신의 슬픔, 고통, 상실의 많은 부분을 드러냈고 지복과 위안적인 상태를 경험함으로써 자기 존재의 활력을 재확인할 수 있었다. 그러나 그녀는 명상 수행을 통해 남에게 관심을 주지 않으려는 자신의 감정과 직접 대면하지는 않았다. 깊은 명상은 정신치료보다 훨씬 더 포괄적이다. 그것은 개인사의 소소한 문제에 대한 것이기 보다는 존재가 처한 근원적인 곤경에 관한 것이다. 되풀이되고 있는 것 자체에 초점이 맞추어지지 않고 이제는 누가 되풀이할 필요가 있는가 하는 문제로 주안점이 바뀐다.

공포와 기쁨

깊은 명상으로 얻는 실제 심리적 경험을 가장 잘 묘사하는 것 중의 하나로 『청정도론(visuddhimagga)』을 들 수 있다. 『청정도론』은 붓다고사(Buddhaghosa)라는 인도 불교도가 4세기경 스리랑카 섬에서 만든 명상서(meditation manual)를 말한다. 『청정도론』에서 붓다고사는 명상 수행을 통해 계발되는 주요한 심적 요소를 함양함으로써 심리학적으로 무엇을 얻을 수 있는가에 관한 초기 불교의 입장을 제시했다. 명상적 마음에 관한 대표적인 저서로서 이 책은 타의 추종을 불허한다. 집중(알아차림의 단일한 대상에 마음을 놓는 능력)과 마음챙김(알아차림의 연속적 대상에 주의를 옮기는 능력), 양자의 끊임없는 계발을 통해 명상가는 결국 공포나 기쁨으로 다양하게 묘사될 수 있는 상태로 접어든다. 이 상태는 정신분석에서는 찾아볼 수 없는 경지다. 정신분석에서 공포와 기쁨의 상태는 어렴풋이 보이거나 기억될 수 있을지는 모르지만 명상 수행에서처럼 분명히 오는 것은 아니다. 이 상태는 일상의 통상적 작용 범위를 넘어선 특정한 자아 기능의 계발을 통해서만 나타난다.

여기서 이런 상태를 설명하는 가장 전형적인 진술을 귀담아 들을 필요가 있다. 예컨대, 기쁨의 경험은 여러 단계의 환희(rapture)와 행복(happiness)으로 나뉜다. 그 단계는 다음의 5단계를 일컫는다.

> 작은 환희는 몸의 털에 전율을 일으킬 수 있다. 순간적 환희는 매 순간 보이는 번갯불 같은 것이다. 환희의 물결은 해안의 파도처럼 계속하여 몸 위에서 부서진다. 몸을 공중에 뜨게 하는 환희는 몸을 들어 올려 허공으로 솟아오르게 한다. …… 그러나 완전한 환희는 몸 전체를 부풀어 오른 부레처럼, 범람으로 잠식당한 암굴처럼 완전히 채워 준다.[1]

반면에 공포의 경험들은 자기라는 느낌이 사실상 얼마나 불완전하고, 또 나르시시즘적 욕망의 토양 역시 얼마나 부실한가를 쉬이 보여준다. 그것들은 우리를 지지하던 축대를 없애고 스스로를 바라보는 시각의 바탕을 뿌리째 흔드는 결과를 가져온다. 공포의 경험은 위와 동일한 텍스트에 있는 아래 묘사에서 보이듯이 기쁨의 경험과는 완전히 다른 성격을 가진다.

> 그가 이런 식으로 소멸의 명상(contemplation of dissolution)을
> 반복하고 발전, 계발함에 따라 …… 평화롭게 살기를 바라는 겁쟁이에
> 게 사자, 호랑이, 표범, 곰, 하이에나, 혼령, 귀신, 성난 황소, 사나운
> 개, 발정기의 야생 코끼리, 소름 끼칠 듯한 독사, 번개, 납골당, 전장,
> 불타는 탄갱 등이 나타날 때 큰 공포를 일으키듯이, 형성(formations,
> 역주: 빨리어 sankhara를 말하는데 행(行)으로 번역된다)들이 그 사
> 람에게 크나큰 공포로 나타난다. 그 사람이 과거의 형성, 현재의 형성,
> 그리고 미래에 나타날 형성들이 어떻게 멎는가(역주: 소멸을 말한다)
> 를 알아차릴 때 똑같은 방식으로 공포로 나타나는 지혜(Knowledge
> of Appearance as Terror, 역주: 위빠사나 수행 중 나타나는 16단계
> 지혜 중 6번째 단계의 지혜)라고 부르는 것이 그 단계에서 그에게 일어
> 난다.[2]

서양인들은 이런 경험들이 정신분석적 의미에서 자아를 필요로
한다는 점을 잘 이해하지 못한다. 자아는 보통 격렬하게 불안정하게
만드는 대상을 붙잡아 매어 통합할 수 있다. 인간은 두려움 없는 공
포와 집착 없는 기쁨을 경험하는 시험에 부딪힌다. 어떤 의미에서
명상은 인간이 그런 경험을 할 수 있도록 할 수 있는 유연하고 분명
하며 균형 잡힌 자아를 계발하는 일이기도 하다.
  또 다른 관점에서 명상은, 그러한 자아에 도달할 수 없게 만드는
집착과 직면하는 것이다. 언제나 이런 집착들은 나르시시즘적인 성

격을 띤다. 명상이 전개됨에 따라 정서적 동요나 마음속의 잡념의 형태를 띠는 자기의 거친 부분이 조용해지지만, 더 미묘한 집착이나 자기동일시가 그를 대신해 똬리를 튼다. 이런 의미에서 명상은 미궁과 같다. 자기에 대한 새로운 통로가 열리고 자기를 인식하는 매 순간마다 집착과 해방의 새로운 가능성이 또 다시 열리기 때문이다. 명상가가 계속 직면해야 하는 것은 그 자신의 자만심, 확실성에 대한 본능적인 갈망, 나르시시즘적인 목적을 위하여 명상적 과정을 취하는 능력이다. 명상은 끊임없이 이런 나르시시즘을 드러내고, 자기 경험의 모든 순열을 조명함으로써 나르시시즘적 이용의 여지를 철저히 봉쇄하는 것이다.

명상가는 매 단계에서 그들의 경험과 통찰을 자신이 특별하다는 생각을 강화하는 방편으로 이용하는 경향이 있다. 명상의 길은 명상가들로 하여금 항상 어디에 가장 자신이 동일시되어 있는지를 살피게 함으로써 계속해서 그런 충동들을 드러내고 해소해 준다. 생애 처음 환희의 물결을 경험했을 때 나는 황홀경에 빠졌다. 엄청난 감동의 순간이 나를 찾아온 것 같았다.

하지만 그 경험을 통해 내가 스스로를 특별하다고 믿고 있다는 사실을 알게 되었다는 점이 가장 큰 수확이라 하겠다. 그 경험 역시 덧없는 것이었다. 이런 과정이 계속 반복됨에 따라, 우리가 우리 자신에 대해 생각하고 느끼는 만성적인 방식에 변화가 오게 되었다. 우리가 우리 자신을 이해하기 위해 무의식적으로 사용하는 메타포 (metaphor, 역주: 비유해서 표현하는 것을 말한다)들이 의문시되기 시작한 것이다.

명상의 첫 단계: 자아의 분리

예비적 명상 수행은 명상적 길을 따르는 다른 수행보다 많은 면에서 정신치료에 밀접하게 연관되어 있기 때문에, 종종 예비적 명상은 초심자가 성공적으로 행하기에 가장 힘든 과정이라 하겠다. 명상과 정신치료의 유사성은 강력한 유혹으로 작용하여, 많은 '심리학적 마인드를 가진' 명상가들은 겉으로는 명상하고 있는 것처럼 보이지만, 실제로는 치료하려는 시도를 집중적으로 해 왔다. 명상과 정신치료 양자 모두가 자아를 치료적으로 분리할 것을 요구하기 때문에, 실제로 둘 중 어디에 참여해야 할지 혼란에 빠지는 것이다. 순수한 주의집중이나 자유 연상에 참여하는 관찰적 자아는 결국 명상 수행을 통해 강화된다.

내가 아는 한 정신분석가는 5년 동안의 정신분석을 경험한 후 처음으로 참여한 명상 수행에 관한 이야기를 내게 들려주었다. 그 수행에서 그는 처음으로 자유 연상이 무엇을 뜻하는지 알았다고 한다. 그는 순수한 주의집중을 거듭 적용하는 과정은 관찰적 자아를 자유 연상이 실제로 가능한 지점으로까지 강화시킨다는 것을 깨달았다. 이러한 발견은 너무나 가치 있는 것이어서 명상적 길의 관점에서 볼 때 순수한 주의집중은 대개 자유 연상점 너머로까지는 계발되지 않는다. 그러나 그런 연상들이 아무리 흥미롭고 놀라울 뿐만 아니라 성공적인 정신치료에 중요한 것이라 할지라도, 명상은 결국에는 정신적이고 정서적인 연상의 연쇄와는 다른 무엇을 요구한다.

심리학자 다니엘 브라운(Daniel Brown)과 잭 엥글러(Jack Engler)가 숙련된 명상가들을 대상으로 연구를 진행하면서, 그들은 놀랍게도 명상가들이 다른 사람들과 똑같이 불안을 느낀다는 사실을 발견했다. 명상가들에게서 내적 갈등의 어떠한 감소도 확인할 수 없었고, 그들에게는 '단지 그런 갈등을 경험하는 데 대한 현저한 비방어성'[3]이 있을 뿐이었다. 브라운과 엥글러가 명상 그 자체는 사람들의 감정적 문제들을 해결하는 데 특별히 효과적이지 않다는 것을 알아냈기 때문에 이런 발견이 시사하는 바는 실로 크다 하겠다. 말하자면 명상은 인간을 더 수용적이고 덜 방어적인 존재로 만들어 근본적인 토대를 제공할 수는 있지만 치료자의 개입 없이는 마비를 불러일으킬 수 있다는, 매우 실제적인 위험을 잉태하고 있다. 여기에서 우리는 첫 번째 난제에 봉착한다. 명상은 자아에게 성공적인 정신치료에 필수적인 힘을 부여할 수는 있지만, 명상만으로는 정신치료를 할 수 없다. 3부에서 논의된 것처럼, 명상은 프로이트가 '훈습'이라고 부르는 수단을 제공함으로써 정신분석을 구제할 수 있지만, 이는 치료가 확립된 이후에나 가능한 것이다.

고통 속에 머물기

초기의 명상 경험은―이는 첫 번째 집중적인 명상(intensive practice, 역주: intensive practice는 수행처에서 일정기간 집중적으로 하는 수행을 말하며 집중적인 명상으로 번역하였고, concentration practice는 하나의 대상에 집중하는 사마타(samatha) 수행을 말하며, 집중하는 수행으로 번역하였다의 탐구를 의미한다—일차적 갈망이라 묘사될 수 있는 것을 초래하는 경우가 많다. 개인사에 따라 개별적인 내용들은 다르다고 해도, 근본적으로 일차적 열망은 완전함에 대한 열망이다. 예컨대, 이 장의 시작에서 언급한 내 환자 진은 이러한 열망을 일차적으로 만족스러운 관계에 대한 열망이라고 느꼈다. 이러한 열망은 자주 치료적 주의(attention)를 요한다. 왜냐하면 명상 수행자가 환상, 카타르시스, 깊은 사고(rumination)를 통해 문제를 해결하려고 하더라도 단지 앞에서 언급했던 마비 상태만을 지속시킬 뿐이기 때문이다. 진은 치료적 도움을 구할 만한 용기가 생기기 전까지 이러한 열망을 수개월간 직면하며 시간을 보냈다. 치료에 도움을 청할 때까지 훨씬 더 많은 시간이 걸리는 사람도 많이 있다.

불교적 관점에서, 이러한 열망은 수행자가 얼마나 이러한 상태와 동일시될 수 있는가의 문제이기 때문에 중요한 의미를 가진다. "열망하는 자기는 누구인가?" 불교의 스승들은 거듭 질문을 던질 것이다. 많은 서구 수행자들에게 문제가 되는 것은 이러한 접근 방식이 처음에는 지나치게 비개인적이라는 점이다. 이러한 단계에서 드러나고, 강렬한 열망으로 구현된 정신적 고통은 종종 너무도 핵심적이고 개인적이어서 수행자들은 명상 자체가 그 고통을 마술처럼 치료해 주었으면 하는 바람을 결코 버릴 수 없다. 명상 수행을 통해 그들의 고통을 은밀히 헤쳐 나가려고 하는 것이다. 그러나 실제로는 단지 갈망 속에 머물러 있으면서 스스로가 만든 상상의 지옥 속에서 지쳐 허덕이기보다는, 이런 지경에까지 이르렀다면 정신치료의 도움을 구하는 편이 훨씬 낫다.

붓다는 고행을 통한 행복 추구에 반대하며 설한 중도의 가르침에서, 이러한 경향에 대해 완곡하게 말했다. 그는 그러한 고행들은 비생산적인 것이라고 경고하였다. 많은 서구의 명상 수행자들은 수행을 하는 도중에 그들 자신이 치료의 도움을 필요로 한다는 것을 부정하고, 스스로 명상을 통해 치료할 수 있다고 믿는다. 이는 붓다가 경고했던 것의 현대판 속에 그들 자신을 가두는 것이다. 그들은 정신치료를 피하면서 명상을 정신치료적 목적을 위해 은밀히 이용하는 데 빠져 있다. 붓다가 그 당시의 고행자들에게 말한 바와 같이, 그런 사람들의 모습은 장님이 장님을 인도하는 격이나 다름없다.

진의 경우에 명상은 그녀로 하여금 정신치료의 필요성을 자각하게 했다. 그녀는 그 필요성을 찾아내었고, 자신이 어째서 사랑하고 관심을 가지는 감정들을 멀리해 왔는지 알게 되었으며, 명상 속에서 자신은 무가치하다는 느낌과 싸우느라 더 이상 기진맥진해지지 않았다. 많은 사람들은 이러한 변화를 진처럼 매끄럽게 이루어 내지는 못한다. 그들은 초기 명상이 부여하는 자기 관찰에 매혹되고, 자기 관찰의 능력을 개인적 책임을 회피하는 데 이용한다. 자신의 고통을 관찰하기는 하지만, 자신이 그 고통을 만드는 데 일조하고 있다는 사실은 지나쳐 버리는 것이다.

공간적 은유 드러내기

우리가 처음 명상 수행에 임할 때, 우리 자신의 본성에 대해 내재하여 작용하는 전제들은 언제나 공간적 은유와 관련을 갖는다. 이는 또한 대부분의 초기 정신치료에서도 마찬가지다. 프로이트와 같이 우리는 모두 자기에 대해 공간적 용어들 속에서 생각하는 경향이 있다. 즉, 양파나 빌딩, 혹은 고고학적 유적과도 같이 경계, 층, 그리고 핵심이 있는 실체를 상정한다. 정신분석가 미첼(Stephen A. Mitchell)은 이 견해에 대해 다음과 같이 말했다. "마음은 일이 일어나는 장소다. 자기는 이 장소에 있는 어떤 것으로서, 부분들이나 구조들로 이루어져 있다."[4] 이러한 방식의 경험은 결과적으로 우리 존재의 '중앙에' 있는 '핵심적'이거나 진정한 자기를 탐색하려는 경향에 부채질을 한다. 또 다른 결과는 초기 정신치료나 초기 명상 모두에서 너무도 흔한, '완전함'에 대한 갈망에서 볼 수 있다. 자기가 공간적 용어들 속에서 생각될 때만이 이런 완전함에 대한 갈망은 매우 매력적으로 보일 수 있다.

초기 명상 수행에서는 공간적 은유들이 주를 이룬다. 자아는 분열되어 마음과 몸이라는 '대상'에 대한 알아차림의 역할을 수행하는 관찰적 자기를 가진다. 마음은 종종 자기의 다양한 부분들이 번성하는 광활한 공간이나 통과해야만 하는 동굴, 뿌리까지 더듬어 내려가야 할 식물과도 같은 것으로 경험된다. 종종 초보 명상가들은 완전함이나 전체성에 대한 갈망과 그에 동반된 공허감을 직면한다. 이것을 정신역동적 용어로 표현하자면, 치료적 노력을 통해 통합되어야 할 자신의 소외되거나 부인된 측면의 징후라 하겠다. 여기에서도 역시 일차적으로 작용하는 메타포는 공간적인 것으로 자기의 '실재성'에 대한 미세한 믿음, 즉 자신의 진정한 자기동일성이나 핵심, 뿌리, 중심을 발견할 수 있다는 가능성에 대한 믿음을 갖는다. 명상은 이러한 공간적 은유를 출발점으로 삼고, 그것을 가지고 놀기 시작한다. 처음엔 실타래를 가지고 노는 고양이처럼 부드럽게 만지작거리다가 마침내는 그것을 심리학자이자 작가인 다니엘 골만(Daniel Goleman)이 "명상적 마음"[5]이라고 일컬었던 것의 집중된 강렬함으로 파괴시킨다. 사실, 불교 명상이 다른 것과 구별되는 특성은 자기가 실체라는 개념을 완전하게 지워 버릴 것을 추구한다는 점이다. 여러 중요한 방식으로, 세 가지 주요한 명상적 전략—집중, 마음챙김, 통찰—은 모두 이러한 목적에 기여한다.

바른집중: 공간적 은유의 탐색

붓다의 팔정도에서 붓다는 두 가지 특정한 주의, 즉 집중과 마음챙김을 배양하는 것과 관련해 특별히 언급을 하였다. 이 둘은 같지 않다. 전통적으로 집중이 먼저 설해진다. 반복적으로 주의를 알아차림(awareness)의 중심 대상—단어, 소리, 감각, 시각적 심상 혹은 생각—으로 돌림으로써 고요함이 몸과 마음에 생겨난다. 시끄럽고 산만한 마음은 고요해지고, 기쁨의 경험이 나타나기 시작한다. 그러나 전통적 불교 심리학에서는 이러한 경험들은 근본적으로 집중하는 수행의 부작용으로 다루어진다. 그러한 경험이 가지는 유혹적인 힘 때문에 거듭 경고되었지만 그럼에도 불구하고 집중의 계발은 장려되고 추구된다. 왜일까?

해답은 자기라는 느낌의 공간적 은유를 바꾸는 집중하는 수행의 힘 안에 놓여 있다. 프로이트가 대양적 감정이라 일컬었던 자아 경계의 무너짐, 우주와의 합일, 합병, 결합의 느낌만큼 한 곳에 집중된 상태를 잘 묘사하는 것은 없을 것이다. 이들은 정신역동적으로 분명 어떤 이상적 경험을 나타낸다. 그러나 이는 불교학자들이 예상한 기능은 단연코 아니다. 오히려 집중하는 수행은 우리 모두가 가지고 있는, 실체로서의 자기 개념을 부수기 시작한다.

나의 스승인 잭 콘필드가 금욕적 승려가 된 지 얼마 안 지났을 때를 예로 들면, 그의 경험은 거의 모두가 이러한 공간적 은유로 정의되었다. 성적 공상에 짓눌린 잭은 그 공상에 순수한 주의집중을 적용하는 방법을 배웠고, 그가 단순히 욕망으로 가득 차 있던 것뿐만이 아니라 성적 공상들이 일어날 때마다 '외로움의 깊은 샘'이 나타난다는 것을 발견하였다. 그가 더욱더 그 외로움에 머묾에 따라, 그는 외로움을 자신이 충분히 경험하기를 두려워했던 갈망과 배고픔, 부족의 '중심 구멍(central hole)'으로서 경험하게 되었다. 그러한 감정들을 없애려고 하기보다 거기에 머물면서, 그는 이 중심 구멍이 확대되기도 하고 수축되기도 한다는 것을 알았다. 마침내 그 구멍은 수치심과 불안정에 제약을 받지 않는 실체의 은유가 되는, 선명한 빛의 드넓은 공간으로 가는 문을 열어주었다.[6]

공간적 비유는 잭의 설명 전체에 걸쳐 계속 등장하는 주제다. 처음에 그는 부정하길 바랐던 강박적 생각들에 시달렸고, 그 후 외로움의 '깊은 샘'과 그 강박적 생각들이 연결되어 있음을 발견했다. 이것은 공허함이나 갈망에 대한 잭 나름대로의 설명이었다. 이러한 공허함과 갈망은 초기 명상 경험을 묘사하는 것이고, 완전하게 될 필요가 있는 사물로서의 자기라는 뿌리 깊은 관념을 강화한다. 그 '중심'을 잘 들여다보면서, 잭은 그 '중심적 구멍'을 발견하기 위해 '층'을 벗겨 내었다. 그러고 나서 그 구멍은 '열린 공간'으로 확장되었다. 그리하여 잭은 자신에 대한 '수축된' 견해에 집착하는 것으로부터 벗어날 수 있었다.

이것은 결코 독특한 견해가 아니다. 이것은 실제로 집중하는 수행을 통해 무엇이 가능한가에 대한 답변이다. 그 수행은 자기를 비고, 공허하며 불완전하고 닫혀진 존재로 여기는 공간적인 관점을 무한대로 확장시켜, 명상가로 하여금 명확하고 열린 공간에서 쉴 수 있게 한다. 발전된 집중하는 수행에서는 몸은 사실상 사라진다. 거기에는 어떠한 신체적인 감각도 없고, 기쁨과 지복, 열린 공간에 대한 미세한 감각만이 남아 있을 뿐이다. 더 높은 단계에서는 기쁨과 지복에 대한 미세한 느낌도 사라지고 공간에 대한 감각만 남아 있다. 그러나 이는 결코 불교 명상이 궁극적으로 지향하는 바는 아니다. 그러한 수행은 분명 자기에 대한 공간적 개념을 이완해 준다. 또한 자신의 공간적 은유를 강화하는 (잭이 스스로를 가치 없는 존재로 느끼는 것과 같은) 두려움의 영역은 이완되고 확장될 수 있다. 하지만 여전히 자기가 거대한 공간이라는 매혹적인 느낌은 남아 있고, 모든 존재에 스며 있는 보편적이고 내재적인 마음과 연결이 되어 있다. 공간적 은유들은 고스란히 보존되어, 명상가는 붓다가 두 번째 성스러운 진리에서 경고한 일종의 과장감에 빠지기 쉽다. 올바른 집중을 계발하는 명상가가 해야 할 일은 이처럼 확장된 자기에 대한 견해도 한계가 있다는 사실을 깨닫는 것이다. 형언할 수 없을 만큼 광활한 우주 안에 숨으려는 유혹을 인식하고, 그러한 상태에 대한 집착으로 인해 오는 고통으로부터 자유로워져야 한다.

불교 수행의 관점에서, 집중을 계발하는 이유는 정신을 충분히 고요하게 하여 자기의 본성을 탐구할 수 있도록 하기 위해서다. 그 방법을 따라 발견된 자기 상태들은 그러한 이상화된 경험들이 우리에게 가지는 지배력을 검토할 기회를 제공한다. 그러나 성행위를 추구하는 사람이 성행위가 영구한 행복을 줄 수 없다는 것을 발견하듯이, 전체성을 갈망하던 수행자는 전체성에 도달해도 해탈을 얻을 수 없다는 사실을 알게 된다.

바른 마음챙김: 시간적 은유의 탐구

붓다의 가르침 중 다른 것과 구별되는 점은 마음챙김(mindfulness)의 중요성을 거듭 강조했다는 것이다. 그는 집중과 심일경성(one-pointedness), 그리고 집중하는 수행으로부터 비롯되는 기쁨의 경험에 정통하고 나서, 이러한 수행이 그의 목표를 위해 충분치 않다는 것을 분명히 했다. 그는 고요한 마음의 집중된 몰두(Concentrated absorption)로 도피하지 말고, "사념처"라 불렀던 것들에 대하여 숙고해야 한다고 가르쳤다. 몸과 느낌, 마음, 그리고 그가 '정신적 대상들' 혹은 '정신적 요소들'이라 일컬었던 생각과 정서들에 대한 사념처를 말하는 것이다. 순수한 주의집중과 같이, 마음챙김은 몸과 마음에서 일어나는 것을 일어날 때 정확하게 알아차리는 것을 의미한다. 이것은 우리가 늘 얼마나 많은 변화의 흐름 속에 있는가를 드러낸다.

시 간

마음챙김 수행을 통해서 자기에 대한 공간적 경험에서 시간적 경험으로의 변화가 이루어진다. 집중을 통해 어느 정도의 내적 안정성을 이루면서, 수행자는 이제 마음과 자기의 순간적 본성에 대해 더욱 면밀하게 관찰할 수 있다. 마음챙김은 생각, 느낌, 심상, 감각들이 어떻게 마음과 몸에서 끊임없이 변하는지를 알아차리는 것과 관련된다. 자기에 대한 견해를 어떤 실체나 경계가 있는 공간으로서 증장시키는 대신, 마음챙김 수행은 자기에 대한 경험의 또 다른 차원을 드러나게 하는 경향이 있다. 그것은 일시적이고 항상 변화하는 세상에서 패턴들이 어떻게 형성되는지와 관련된 것이다.

자기에 대한 공간적 은유로부터 더욱 시간적인 은유로의 진전은 불교 문헌에서 피할 수 없는 것으로 묘사된다. 일단 마음챙김이 계발되면 자기는 전과 같은 공간적 방식 속에서 생각될 수 없다. 마음챙김은 중추적 요소, 즉 자기가 경험되는 방식에 일대 전환을 가하는 촉매제로 여겨진다. 붓다의 상수제자 중 한 명인 아누룻다는 이

점을 붓다 당시에 있었던 한 법회에서 법문하면서 표현하고 있다.

형제들이여, 여기 이 강 갠지스는 동쪽으로 흐르고, 동쪽으로 굽어 있으며, 동쪽을 향해 있소. 지금 많은 수의 사람들이 다가와서, 호미와 바구니들을 옮기면서 말하기를, "우리는 이 갠지스 강을 서쪽으로 흐르게 하고, 서쪽으로 굽게 할 것이며, 서쪽을 향하게 할 것이다."라고 했소. 형제들이여 어떻게 생각하시오. 이 많은 사람들이 정말 갠지스 강을 서쪽으로 흐르게 하고, 서쪽으로 굽게 하며, 서쪽을 향하게 할 수 있을 것 같소?

–참으로 그렇게 할 수 없나이다. 형제시여.

–그렇다면 왜 그렇게 할 수 없소?

–형제시여, 갠지스 강은 확실히 동쪽으로 흐르고, 동쪽으로 굽어 있으며, 동쪽을 향해 있습니다. 그것을 서쪽으로 흐르게 하고, 서쪽으로 굽게 하며, 서쪽을 향하게 한다는 것은 아무리 이 많은 사람들이 수고와 노력을 기울여도 불가능한 일입니다.

–이와 같이 형제시여, 사념처를 자주 수행하고 계발해 온 비구가 왕과 대신들, 친구들과 친지들, 친척들, 그리고 보물들에 둘러싸여 있고, 그들이 그에게 다음과 같이 간청할 때 "귀한 그대여 이리 오시오! 그 노란색 가사를 입고 무얼 바라오? 왜 머리를 깎고 돌아다니시오? 이리 오시오. 당신은 보물을 즐길 수 있는 세속의 삶으로 돌아와서 좋은 일들을 하시오." 그러나 형제들이시여, 사념처를 자주 닦고 계발해 온 비구가 수행을 포기하고, 낮은 상태로 돌아가야 한다면, 이는 가능치 않은 일이오. 왜 그렇게 할 수 없는가 하니 오

랫동안 초연함을 향해 있던 정신이 더 낮은 상태로 되돌아가야 할 가능성은 없기 때문이오.[7]

자기에 대한 공간적 감각으로부터 시간적인 것으로의 변화가 일어남에 따라 우리 모두가 미첼이 우리의 일상 경험의 "급격한 유동성(rushing fluidity)"[8]이라 일컬었던 것으로부터 얼마나 벗어났는가 하는 문제를 무시하는 것은 불가능해진다.

마음챙김 이전의 상태에서 우리의 마음은 왕왕 우리 몸과는 독립적으로 작용한다. 즉, 우리 몸이 하고 있는 행동들과는 독립적으로 작용한다. 예를 들어, 나는 아이들에게 잠자리에서 동화를 읽어 주면서, 동시에 다음 글쓰기 작업에 대한 상세한 부분을 구상할 수 있다. 아이들 중 하나가 내게 질문을 해서 그것을 중단시킬 때, 나는 내가 읽고 있는 것에 대해 모르고 있다는 것을 알게 된다. 마음챙김을 하는 대신 나는 마음을 쏟지 않은 채 읽고 있었고, 내가 다른 생각하길 더 좋아하는 동안 아이들은 나를 활기 없는 존재로 느끼게 된다. 이와 유사하게, 상점으로 걸어가며, 또 설거지를 하며, 양치를 하며, 혹은 심지어 성교를 하는 동안에도, 우리는 종종 우리의 신체적 경험과는 분리되어 있다. 우리는 정말 실제로 현존하는 것이 아니다. 우리의 몸과 마음은 하나로 기능하고 있지 않다.

몸

붓다는 그가 했던 마음챙김 수행을 강조하면서, 자기에 대한 공간적 은유가 부추기는 분열을 치유하는 것이 중요하다고 지적하였다. 우리가 몸을 우리와 분리된 '사물'로, 마음을 생각하는 '장소'로 생각할 때, 우리는 우리 자신의 소외감이나 동떨어진 느낌을 증폭시킨다. 알아차림 수행은 이러한 이유에서 호흡과 몸에 대한 알아차림으로부터 시작한다. 자기에 대한 시간적 차원의 인식은 자신의 신체적 경험들이 일어남에 따라 거기에 주의를 기울이는 능력으로부터 생겨난다. 이는 말 그대로 자신의 감각으로 가는 것이다.

　　예술과 문화의 탐구로 유명한 영국 심리학자 밀너(Marion Milner)는 알아차림의 힘에 대한 그녀 자신의 발견을, 저서『건강한 사람의 억압된 광기(The Suppressed Madness of Sane Men)』에서 매우 생생히 묘사하였다. 1950년 예술 기숙학교 정원에 앉아서 그림의 주제를 찾느라 고심하면서, 그녀는 그 상황이 주는 절망감에 대처하기 위해 주의를 자신의 호흡에 맞추기 시작했다. 갑자기 그녀는 자신을 둘러싼 세계에 대한 경험이 전환되고 그 세계가 '대단히 그릴 만한 것'임을 발견하였다. 그녀가 설명하기를, "그땐 자신의 엄지발가락에 대한 알아차림이 아니라 호흡의 내부적 감각들을 알아차림으로써 자신의 주의를 내부로 돌린다는 것이 세상의 모습과 의미에 그토록 중대한 효과를 미친다는 것이 이상하게 여겨졌다. 그러나 나는 이것을 신비주의적 관점에서 생각하지는 않았다."[9] 그리고 밀너는 그녀가 했던 호흡에 주의를 기울이는 것이, 자기에 대해 관습적으로 규정하려 했던 지각의 습관적 양식을 버리게 해 주었음을 그 뒤에 깨달았다.

　　밀너는 정원에서의 그 일 이후로, 신체적 경험과 창조성과의 관계에 사로잡히게 되었다. 그리고 그녀는 신체적 경험, 즉 원기와 활기의 경험과 시간에 따라 조건이 지워지는 자기에 대한 견해(공간과 반대되는) 사이의 연관을 기술하기 시작했다. 불교적 관점이 확증하듯이, 경험의 무상성을 받아들이는 것이 역설적이게도 우리에게 더 큰 실재감을 준다.

호 흡

숨쉬는 것과 신체감각을 알아차리는 것은 가장 기본적인 불교 명상 수행이다. 느낌, 생각, 정서 또는 마음에 대한 마음챙김이 성공적으로 이루어지기 전에, 먼저 호흡과 몸의 알아차림에 견고히 기반을 두어야 한다. 정신역동적 관점에서 봤을 때 이는 의심할 여지가 없다. 왜냐하면 숨쉬고 있는 것을 알아차린다는 것은 시간을 자기 경험으로 통합하는 독특한 기회이기 때문이다. 자기를 경험할 때 일반적으로 정신역동적 기반은 호흡이 아니라 배고픔이다. 이러한 경우에 신체는 불안한 어머니가 갓난아이를 대하듯, 계속 만족을 원하는 이질적 실체(alien entity)로 경험된다. 알아차림이 식욕에서 호흡으로 이동할 때 충분하지 않은 것에 대한 불안은 자동적으로 약화된다. 젖먹이는 엄마가 아기가 필요할 때 자신의 몸이 아기에게 젖을 줄 수 있을 것이라고 믿는 것처럼, 호흡에 바탕을 둔 기반으로 이동한 명상가는 자신의 호흡의 들숨과 날숨에 순응하게 된다. 이럴 때 자신의 몸이 편안하거나 이완되는 것이 필요하다. 정신분석가 마이클 아이겐(Michael Eigen)은 다음과 같이 적고 있다.

숨을 쉰다는 정상적인 경험에 기반을 둔 자기라는 느낌은 쉽게 동요되지 않는 압박받지 않는 자기라는 느낌이다. 식욕으로 구성된 자기라는 느낌에서 시간은 괴로운 것이다. 그러나 호흡의 알아차림으로 구성된 자기는, 숨쉬는 것이 그런 것처럼 순간으로부터 순간으로 흘러가는 시간을 가져갈 수 있다. 그것은 시간을 뒤쫓지도 앞지르지도 않는다. 다만 시간과 함께 단순히 움직이는 것이다.[10]

불교 명상에서 공간에서 시간으로, 식욕에서 호흡으로 진행하는 과정은 불가피한 일이다. 붓다는 어떻게 신체적 경험으로부터 분리되는지를 단순히 설명하는 데 그치지 않고, 마음과 몸, 주체와 객체, 알아차림과 그 대상 사이의 지각된 분열을 해소하는 수단으로서 집중적인 마음챙김 수행을 가르쳤다. 마음을 고요히 하고, 관찰적 자아를 발달시키며, 전체 혹은 열린 공간적 느낌에 접근한 후에 경험의 흐름에 순응하는 것이 가능하긴 해도 얼마나 어려운지 인식하는 것으로 강조점이 이동한다.

느낌, 생각, 정서, 마음을 포함하는 마음챙김의 영역을 점차로 확대할 때, 성공적인 수행자는 어떻게든 흐름을 멈추고, 호흡에 기반을 둔 흐름의 경험을 식욕에 바탕을 둔 충족경험으로 바꾸고자 하는 자신의 욕구에 계속적으로 부딪친다.

붓다의 제자가 설명하듯이 강의 흐름을 바꾸는 것은 불가능하다. 일단 마음챙김이 계발되면, 우리 경험의 기저에 있는 냉혹함과 분주함을 더 이상 피하지 않아도 된다. 알아차림을 집중적으로 계발할 때 다음과 같은 시기가 찾아온다. 즉, 힘들이지 않고 부담 없이 마음챙김이 진행되고 알아차림은 있으나 자의식은 없이 계속해서 경험이 전개된다. 이러한 흐름이 알아차림의 중심으로 이동할 때, 식욕에 기반을 둔 만족과 좌절은 감소한다. 부모의 참견이나 소홀을 다루기 위해 생긴 긴장된 자기가 이완이 되고, 순간에 순응(Surrender)할 수 있는 단순한 호흡에 기반을 둔 자기가 나타난다.

순 응

불교가 가장 명확히 정신치료를 보완하는 것은 마음챙김 수행을 통해서다. 식욕에 바탕을 두고 결핍감에 집착하면서 공간적으로 자기를 지각하는 것으로부터, 호흡에 기반을 두고 시간적으로 자기를 지각하면서 자발적이고 활력 있는 자기 지각으로 이동하는 것은 정신치료에서도 상상할 수 있게 되었다. 이는 최근 정신분석 이론에서 확립된 가장 중요한 패러다임 전환이다. 그리고 붓다의 메시지가 지금 정신치료계에서 매우 호소력을 가지는 이유들 중 하나이기도 하다. 구식의 모델이 사실이 아니라고 밝혀짐에 따라 붓다의 말은 이해하기 쉬워졌다. 현대의 심리학자들이 자기의 본성을 강 또는 시냇물의 본성에 비교할 때부터 불교의 냄새를 많이 풍긴 것이 사실이다.

마음챙김 수행은 자기의 시간적 본성을 파악할 수 있는 직접적인 경로를 제공한다. 바로 붓다가 깨닫고 가르치려고 한 것이지만 오늘날의 정신치료자들의 대부분은 이에 특별히 접근하지 않는다. 그러나 밀너, 아이겐, 미첼이 제시한 바와 같이 이는 자기에 대한 자각으로 가는 가장 특수한 방법이다. 정신치료와 명상이 함께하기 시작함에 따라 중요하게 부각될 점은 바로 이러한 마음챙김의 기능이다. 왜냐하면 마음챙김은 여태껏 가까이 할 수 없었던 우리의 직접적인 경험에 지속적으로 순응할 수 있도록 해 주기 때문이다.

내가 말하고자 하는 바를 개인적인 예를 통해 설명해 보겠다. 첫째 아이가 태어났을 때, 나는 딸을 돌볼 수 있는 내 능력이 자랑스러웠다. 내 인생의 다른 부분에서처럼 효율성은 내가 가장 우선시해야 하는 덕목이었다. 나는 유능하고 책임감 있는 사람이 되도록 자라났고, 어려운 업무를 쉽게 만드는 일을 좋아하게 되었다. 물론 전혀 다른 종류의 도전이었긴 하지만, 아이를 키우는 일은 세상에 접근하는 나의 방법이 통하지 않았다. 딸이 태어나고 두 달 후에 우리는 교외에 있는 불교 수행처로 여행을 갔다. 그곳은 친구들이 아침에는 명상을 하고 오후에는 숲 속에서 산책을 하기 위해 모인다. 아침 명상에서 빠져나와 내 딸에게로 갔을 때 나는 잠시 동안 내 능력을 증명해 보여야 한다는 강박관념과 의무, 책임의 깊이 배인 습관에서 자유로워짐을 느꼈다. 그러나 나와 아내는 딸의 기저귀를 갈아 주기 위해 딸을 화장실로 데려갔다. 야단법석을 떨고 난 후 아이는 우리 둘을 올려다보면서 미소를 지었다. 딸아이가 우리에게 사랑스러운 눈빛을 주었을 때 순간 눈물이 쏟아졌다. 딸의 사랑이 나에게 돌아오는 것을 처음으로 느꼈던 것이다. 그 얼굴을 알아차리지 못했다면 계속해서 오랫동안 유능함을 추구했겠지만 나 자신의 감각적 경험과 더 직접적으로 같이 할 수 있는 순간적인 능력이 있었기 때문에 나는 내 딸의 다정한 사랑을 받을 수 있었다.

내가 효율성에 대한 집착을 버릴 수 있었던 것은 마음챙김 수행을 통해 가장 잘 배양되는 능력의 일례다. 마음챙김 수행이 발전된 단계에서 가장 특수하게 발달되는 것이 이러한 자아의 순응 기능이다. 붓다가 두 번째 성스러운 진리에서 가르치고 있듯이 고통의 원인은 갈애다. 마음챙김이 진행됨에 따라서 명상가는 일관되게, 욕구나 혐오의 형태로 갈애가 얼마나 강하게 의식의 흐름을 방해하는지를 확인하게 된다. 예를 들어, 입 안 가득 맛있는 음식을 먹고 있을 때 나는 맛이 점점 사라져 가면 씹고 삼키기도 전에 다른 음식을 입 안으로 가져가는 욕망을 확인할 수 있다. 나는 내 입맛에 맞는 호화스러운 음식이 빛 바랜 한낱 덩어리가 되어 맛이 사라지는 것을 원하지 않는다. 이것은 명상 수행에서도 마찬가지다. 마음챙김이 진행되면 될수록 기쁜 순간과 기쁘지 않은 순간 사이에서의 동요는 더 선명해진다. 배고픔에 근거한 공간적으로 지각된 자기는 호흡에 기반을 둔 시간적으로 지각된 또 다른 자기와 계속해서 충돌한다. 집중적인 수행 동안 불교 스승들은 항상 개인적인 의지를 계속 진행되는 흐름에 순응하도록, '놓아 버리라'고 조언한다. 불교 스승인 조셉 골드스타인은 이를 '쥐지 않는 것'[11]이라고 표현했다. 명상가가 직접적인 경험에 더 열려 있을수록 집착은 계속해서 버려진다.

이는 명상에서 특히 강력한 힘을 가지는 순간이다. 왜냐하면 우리 대부분은 인격을 속박하는 것을 포기하고자 하는 강렬한 갈망을 가지고 있기 때문이다.[12] 마음챙김의 수행을 통해서 거짓 자기를 버릴 수 있다. 젖먹이 딸에게 효율적으로 대응하려는 욕구를 포기하고 그녀의 사랑스러운 모습을 보았을 때, 위니코트가 거짓 자아라고 부른 것을 그 순간 포기할 수 있었다. 내가 나 스스로에게 입 안 가득 든 음식의 맛이 사라질 때까지 느끼도록 허용할 때, 지속적인 쾌락에 대한 욕구를 포기하고 나 자신이 질릴 때까지 추구했던 끊임없는 만족에 대한 환상을 버리고, 실제 상황을 있는 그대로 인식하도록 마음을 연다.

식욕에 근거를 둔 자기가 힘을 잃으면서, 살아 있음과 활력에 대한 내적 느낌은 확대된다. 비록 갈애로부터 멀어지기는 하지만 그 결과가 결코 매력적이지 않은 것은 아니다. 프시케(Psyche)에 관한 고대의 신화에서 이와 유사한 것을 확인할 수 있다. 정신분석가 제시카 벤자민(Jessica Benjamin)에 따르면,[13] 프시케의 아름다움은 널리 감탄의 대상이었지만 살아 있는 것 같은 생기가 느껴지지 않았다고 한다. 프시케는 바람을 타고 움직이고, 움직이는 꽃 침대에 누워 달콤한 외로움의 상태로 깨어 있다. 그녀는 이상화와 객관화로부터 자유로워져서 마침내 연인인 에로스를 기다릴 수 있다. 프시케처럼 마음챙김을 수행하는 명상가는 이상화와 객관화에 바탕을 둔 동일시와 공허함을 주는 나르시시즘적 거짓 자기를 포기하면서, 자신을 이끄는 바람에 정신을 내맡겨야 한다. 외로움을 거쳐야만 살아 있음과 활력, 즉 에로스의 힘이 나타날 수 있다. 에로스의 신화에서 인격화된 삶의 힘은 벤자민이 말한 깊어 가는 "주관성"을 나타내는데, 이는 정신치료의 목적이자 명상을 통해 발현되는 것이다. 사실상 마음챙김 수행을 이해하는 또 다른 방법은 오늘날의 정신분석적 표현을 빌리자면, '장애가 있는 주관성을 치유하는 것'[14]으로서, 이것은 항상 개인의 지각에 영향을 끼치는 집착과 혐오로 인한 왜곡 없이 단순하고 직접적이며 즉각적으로 경험하는 방법을 제공한다.

사실, 명상 진전에 대한 전통적 불교의 설명에서, 마음챙김 수행은 그 매력 때문에 유사열반(pseudonirvana)이라고 불리는 에로스의 경험에서 최고조에 달한다. 이 상태에서 높은 수준의 알아차림, 최고의 행복, 힘들이지 않는 에너지, 밝은 빛의 시야, 환희에 차 있는 헌신적인 느낌, 깊은 고요함, 마음의 평화는 모두 함께 발생한다. 이는 마음챙김을 거듭 적용한 뒤에 오는 당연한 결과다. 명상가가 즉각적으로 이를 깨달음의 상태라고 믿기 때문에 유사열반이라고 불린다. 그러나 이는 그렇게 간단하지 않다. 주관성의 깊어짐, 실제이고 진정한 관계에 대한 역량, 생명력의 깨어남이나 재활성화, 그리고 공간적인 은유로부터 시간적인 은유로의 자기 경험의 변화, 이 모두는 불교적 관점으로 볼 때 공을 실제적이고 직관적으로 이해하기 위한 징검다리에 불과하다. 마음챙김의 꾸준한 적용으로부터 나타나는 갈등 없는 주관적 알아차림과 감정의 쇄도(rush of feeling)는 치료적으로 매우 바람직하지만, 또한 나르시시즘적인 집착의 매개체가 될 수 있다.

높은 단계의 명상을 경험한다는 것은 결국 자기로 하여금 점점 더 근본적인 동일시를 드러내게 하고, '아, 이것이 진정한 나구나.' 하는 느낌을 유발하는 유쾌한 상태를 말한다. 발전된 집중 상태에 이르면 몸도 사라지고, 기쁨과 같은 거칠고 혼란을 주는 정서조차도 사라진다. 그러나 여전히 자만심과 성취감은 사라지지 않고 남아 있다. 마음챙김 수행에서, 자기는 일종의 흐름, 과정, 그리고 시간에 따라 변화하는 빠르고 분주한 양상으로 경험된다. 생각이 없는 고요한 마음, 순간에 계속하여 순응하는 것, 거짓 자기가 주는 구속을 완화하는 것 등은 신경증적인 집착에서 해방되었다는 착각을 불러일으킨다. 하지만 이런 경험들도 역시 자만심과 집착의 밑바탕이 될 수 있다. 붓다가 두 번째 성스러운 진리에서 언급한 세 가지 갈망의 대상, 즉 감각적 쾌락, 존재, 비존재는 명상이 진행되면서 백일하에 다시 드러나는데, 이때 갈망 대상에 대한 집착 역시 확인될 수 있다. 붓다는 이러한 집착이야말로 충분히 뿌리 뽑을 수 있는 고통의 근원이라고 생각했다. 그리고 명상은 이러한 집착이 어떤 형태로 나타나든 그것을 확인할 수 있도록 고안된 것이다.

통찰: 자기 은유의 탐구

이러한 복잡함(sophistication)에도 불구하고(아마도 이 복잡함 때문에), '자기'는 서양의 정신분석적 심리학에서 골치 아픈 문제로 남아있다. 그러나 자기는 불교에서 비판적 분석 명상 또는 통찰(위빠사나) 명상을 통해 직접적으로 다루어지는데, 이는 집중과 마음챙김 수행과는 구별된다. '나는 누구인가? 자기의 진정한 본질은 무엇인가? 우리는 태어나기 전에는 무엇이었는가?' 등과 같은 질문들을 다루는 이러한 형태의 명상은, 성공적인 자기 탐구의 토대로써 집중과 마음챙김을 미리 행하라고 요구한다. 수세대에 걸쳐 정신분석 이론가들은 자기의 본질과 관련된 이 질문들과 싸움을 해 왔는데, 종종 이 질문들은 정신치료나 명상에 입문하는 사람들의 동기가 되기도 한다. 그러나 정신치료는 자기와 관련된 문제에 만족스러운 대답을 제공해 주지는 못한다. 흔히 정신분석가는 처음 명상 수행을 하는 사람들이 그런 것처럼 이론을 공식화하는 과정에서 초보적인 사고 습관에 빠지기 쉽다. 대인관계 정신과 의사 설리반(Harry Stack Sullivan)이 1938년에 발표한 것처럼, 독특한 개인적 개별성에 대한 믿음은 정신치료자와 환자 사이에 퍼져 있는 유행병 같은 것으로, '착각의 모태'[15]가 된다.

불교의 '통찰'은 이러한 혼란을 불식시키자는 제안을 했다. 비록 여기서의 통찰이 정신분석적 통찰과 같지는 않지만, 정신분석계에서 이 점을 기대하지 않은 것은 아니다. 라캉(Jacque Lacan)은 유아가 자라면서 거울로부터 자신의 이미지를 형성하는 방식에 주목했는데, 그 방식에 따라 그 이미지가 "나라는 정신적 영속성"[16]을 상징화하도록 한다. 이 이미지는 어떤 이상적인 것으로 확립되어 필연적으로 실제의 경험과 비교가 되지만, 이 이미지는 무의식 속에서 실재한다고 착각을 일으키는 환영일 뿐이다. 거울 속에 비친 모습을 보면서, 우리는 그렇게 되어야만 한다는 생각에 빠진다.

다른 치료자들은 정신분석 이론에 스며든 추상적인 관념의 실체화를 제거하는 시도를 해 왔다. 그렇게 함으로써 실체화하는 사고방식을 버리고, 자기의 개념을 탐구하는 불교적 접근에 대해 제대로 된 평가를 할 수 있는 터전을 마련하였다.[17] 그러나 이 이론가들에게 결여되어 있는 것은, 단순한 이론적인 접근에서 벗어나 개인적인 체험을 가능하게 하는 붓다의 팔정도인 정신 훈련이다.

불교적 관점에서, 지금까지 이 장에서 설명한 심리학적인 전환은 예비적인 것에 지나지 않는다. 분석적 명상은 그러한 성취 없이는 불가능하지만, 그것과는 분명 다른 것이다. 티베트의 위대한 철학자

총 카파(Tsong Khapa)가 가르쳤듯이 삼매만으로는 자기의 문제에 성공적으로 대처할 수 없다. 이런 취지에서 그는 '삼매왕경'의 다음 구절을 인용했다.

> 삼매를 얻은 세간 사람들도 자기라는 관념을 없애지 못한다.
> 그들 역시 심신의 괴로움이 찾아오면 심한 동요를 일으킨다.
> 그러나 그들이 사물은 본디 자기가 없다는 사실을 명확히 알고
> 그러한 인식을 기반으로 명상에 임한다면
> 마침내 열반에 이를 수 있을 것이다.
> 그것 외에는 그 어떤 것도 평화를 가져다주지 않는다.[18]

자기가 통찰의 과정에서 관찰될 때, 기쁨은 공포의 경험으로 탈바꿈한다. 집중과 마음챙김의 힘이 '나'를 실제로 경험하는 데로 향해 있을 때, 기묘한 일이 벌어지기 시작한다. 즉, 한때 매우 안정적이었던 것이 별안간 불안정해진다. 수행의 이 단계에서 자기라는 느낌이라고 하는 가장 기본적인 것이 일차적인 관심 대상이 되고, 자기라는 느낌을 자세히 보면 볼수록 점점 부조리한 것이 된다. 그리고 갑자기 이러한 자기라는 느낌은 한낱 이미지에 불과하다는 사실을 알게 된다. 정신세계 속에서 독립적인 존재로 여겨졌던 이 이미지가 그 실체를 드러내는 것이다. 그렇다. 그것은 은유요 신기루일 뿐이다. 이 점은 이해하기가 매우 힘들 수도 있는데, 윤회에서 벗어나는 것이 다른 세계로 가는 게 아니라, 원래 항상 존재했던 것에 대한 재인식이라는 불교의 초기 가르침과 유사하다. 불교 이론에서 더 높은 자기에 도

달한다는 개념 따위는 존재하지 않는다. 다만 항상 진실이었지만 인정되지 않았던 바를 드러낸다. 바로 자기는 허구라는 것을 말이다.

불교 심리학에 따르면, 이러한 이해는 특수하고 확인할 수 있는 방식으로 우리를 해방시킨다. 화, 공포, 이기적 욕망과 같이 다루기 힘든 감정들은 자기에 대한 잘못된 이해 때문에 발생한다. 자기의 표상적인 특성이 충분히 인식될 때 위의 감정은 열망의 원천을 상실한다. 이것이 모든 불교 명상이 공통적으로 추구하는 바다. 다시 말해서, 자기의 은유적인 성질을 드러내어 윤회의 중심축을 없애 버리는 것이다.

무엇인가가 되기를 바라는 사람들의 갈망을 없애는 데서, 통찰 수행은 명상가가 '나'라는 거짓 느낌을 보호하려는 욕구로 방해받지 않고 일상생활을 할 수 있도록 해 준다. 집중, 마음챙김, 통찰을 통해 자기의 개인적인 것이 모두 파헤쳐지면, 절멸(무)도 영원한 독존도 찾아볼 수 없다. 대신에 명상가는 자신의 지각이 얼마나 왜곡되었는지를 이해하게 될 때 자유로워진다.

이것이 자기 탐구를 오래 했을 때 도달할 수 있는 정점이다. 집중하는 수행을 통해 명상가는 자기의 공간적 관점을 늘렸다 줄였다 함으로써 불완전한 느낌에 집중하면서 동시에 그 느낌을 무한한 공간을 향해 연다. 마음챙김의 수행은 순간 속에 자신을 순응하게 하는 능력을 길러 주고 자기가 가진 유동성을 강조함으로써 자기라는 느낌에 대한 신축성을 배양해 준다. 통찰 수행은 객관적인 성찰로 분쇄되는 자기에 초점을 맞춤으로써 자족이라는 마지막 착각마저 타파한다.

자기는 우리가 이해하지 못하는 과정에 대한 은유이며 아는 주체에 대한 은유라는 것이 밝혀졌다. 통찰 수행은 이러한 은유는 아무 필요가 없고 오히려 혼란만 가중시킨다는 것을 드러내었다. 통찰 수행을 통해 계속되는 앎의 과정 이면에 자기를 상정하지 않고도, 계속되는 앎의 과정에 동참할 수 있다는 것을 알게 되었다. 이러한 가능성이 나타났을 때 명상의 성취나 심리적 성장에 집착하는 문제는 깨끗이 해소된다. 9세기 중국의 선사이며 시인인 황벽(Huang Po)이 즐겨 지적했듯이 말이다.

어째서 얻음과 얻음이 없는 것에 대해 이야기하는가? 문제는 무언가 있다는 생각이 실체를 만들고 아무것도 없다는 생각 또한 실체를 만든다. 이 잘못된 생각을 완전히 버려라. 그러면 아무것도 바라지 않아도 될 것이다.[19]

이러한 경지에 도달하기 위해서는 자아의 소멸이 아니라 '정상적'인 기능을 위해 충분하다고 여겨지는 정도를 넘어선 정신적 능력의 발달이 필요하다. 명상은 그러한 발달로 가는 길 중 하나다. 프로이트는 그의 논문 '종결할 수 있는 분석과 종결할 수 없는 분석'에서 정신분석만으로는 그의 치료적 목표를 달성하기에 충분하고 강력하고 다재한 자아를 만들 수 없다는 사실에 개탄했다.[20] 자기에 대한 은유적인 경험을 직접 다룸으로써, 명상은 자아 발달에서 보완적인 역할을 할 것이다. 프로이트가 그토록 노력했지만 채울 수 없었던 그 틈을 채울 수 있다.

PART 3

치 료

그 당시에는 정신분석이 그렇게 형식을 갖추지는 않았다. 나는 프로이트 여사 (역주: 안나 프로이트)에게 한 달에 7달러를 주었고 우리는 거의 매일 만났다. 분석은 나에게 나에 대한 자각을 가져다주었지만 내 자신이 되는 것을 두렵게 하지는 않았다. 그 당시에 우리는 방어기제 등과 같은 거짓 과학적인 (pseudoscientific) 용어들을 쓰지 않았다. 그래서 자각의 과정은 때로는 고통스러웠지만 자유로운 분위기 속에서 일어났다.

– 에릭 에릭슨(Eric H. Erikson)

사람이 잘못되는 것은 지각을 통해서가 아니라 집착을 통해서다: 마음이 집착하고 있다는 것을 앎으로써 마음의 집착으로부디 벗어닌다.

– 파드마 삼바바(Padma Sambhava),
'가린 것 없이 봄으로써 얻는 자연스러운 자유
(The Natural Liberation through Naked Vision)'

기억, 반복 그리고 훈습

해를 거듭할수록 느끼는 것이지만, 명상과 정신치료는 서로 중요한 영향을 미치고, 현대인들은 양자를 절실히 필요로 하고 있는 것 같다. 처음에는 직선적 발달 모델이 합리적이라고 생각했다. 즉 처음에는 치료를 받고 다음에는 명상을 하는 것, 다시 말해 처음에 자기를 굳건히 한 후 자기를 놓아 버리기, 처음에는 자아이고 그 다음이 무아라고 생각했다. 그러나 이런 생각은 너무도 순진했고, 다만 잘못된 이분법의 결과라는 것이 밝혀졌다. 명상과 정신치료 중 어느 한 쪽에서 성과가 있으면, 나머지 한 쪽을 이용하는 능력이 발달한다고 여겨졌다. 이를 거부하는 것은 양쪽 모두의 발전에 방해가 된다는 것이었다. 그런데 정신치료와 명상이 손을 맞잡고 함께 가는 것이 가능한지 의문이 들기 시작했다. 양자는 공통된 목적을 가지고 있지만 그 목적으로 가는 방법은 다르지 않은가?

정신치료는 자기 소외의 고통이나 갈망 같은 서양인들이 겪는 특정한 고통을 다룰 만반의 준비를 갖춘 것 같다. 이러한 관점에 대한 이해가 없다면, 많은 서양 명상가들은 수행을 방어적으로 이용하고 치료자 없이 자신의 정서적 문제를 풀어 보려고 하다가 헛수고로 끝날 위험이 있다. 반면, 명상은 실제적 해방(relief), 즉 붓다의 세 번째 성스러운 진리가 열어 주는 지평을 약속했다. 수년 동안 이 치료 저 치료를 찾아다니면서 자신의 이야기 속에 빠져서는 결코 그 이야기를 뚫고 나오지 못하는 사람들이 너무도 많다. 수피교의 현자와 어리석은 나스루딘의 이야기는 정신치료만으로 고통의 소멸에 도달하려는 자들을 생각할 때 항상 떠오르는 이야기다.

어느 날 밤 뭔가를 찾으며 가로등 밑을 기어다니고 있는 나스루딘에게 친구들이 다가갔다. 친구들이 나스루딘에게 무엇을 찾고 있는지 물었더니 그는 집 열쇠를 잃어버렸다고 말했다. 모두들 몸을 구부려 열쇠를 찾았으나 도무지 찾을 수가 없었다. 마침내 한 친구가 나스루딘에게 열쇠를 정확히 어디서 잃어버렸는지 물어보았다. 나스루딘은 "집에서."라고 대답했다. "그런데 왜 가로등 밑에서 찾고 있느냐." 친구들이 물었다. 이에 나스루딘이 대답했다. "여기가 더 밝으니까."[1]

프로이트가 무의식의 심리학에 엄청난 빛을 가져다준 것은 의심의 여지가 없지만, 정신치료의 방법만으로 고통의 소멸을 바라는 것은 나스루딘이 엉뚱한 곳에서 잃어버린 열쇠를 찾는 것과 진배없는 일이다. 마음에서 신경증을 몰아내려고 평생을 파헤치기만 할 수 있다. 설사 이것이 가능하다고 하더라도 위니코트가 용기 있게 선언한 다음의 말을 인정해야만 할 것이다. "정신신경증이 없다는 것은 건강하다는 지표일 수는 있지만, 그것은 인생이 아니다."[2] 명상은 갈등의 해결이나 정서적인 회복과는 다른 어떤 것을 목표로 삼는다. 명상을 통해 우리는 인생을 직접 부딪쳐 나가는 데 필요한 열쇠를 얻을 수 있을 뿐만 아니라 정신적인 능력을 계발함으로써 프로이트 가 제시했던 '훈습'을 실제로 실천할 수 있다.

정신치료자로서의 일을 계속해 나가면서 나는 정신치료를 실제 로 행하는 것에 관해 다룬 프로이트의 고전적인 논문인 '기억, 반복 그리고 훈습'을 여러 번 찾아봤다. 왜냐하면 프로이트는 이 논문을 통해 성공적인 치료에 꼭 필요한 요소를 제시했기 때문이다. 이 과 정에서 불교는 어떠한 차이점을 가지고 있을까? 문득 궁금해졌다. 프로이트를 괴롭혔던 끝없이 계속되는 정신치료를 방지하기 위해 명상은 이 세 가지 영역의 각각에 대해 무엇을 제공할 수 있을까? 여 하튼 프로이트가 인생의 후반부에 이르러 '종결할 수 있는 분석과 종결할 수 없는 분석(analysis terminable and interminable)'을 통해 했 던 고찰은 열망이 있는 정신치료자라면 누구나 한 번쯤 멈춰 생각해 보게 한다.

> 잘 알려진 대로 분석적인 상황은 치료를 받고 있는 사람의 통제되지 않은 이드 부분을 완화하기 위해 그 사람의 자아와 우리 자신이 동맹을 맺는 데 있다. …… 그러한 동맹을 맺을 수 있다면 그 사람의 자아는 정 상임에 틀림이 없다. 그러나 이러한 종류의 정상적인 자아는 일반적으 로 정상이라고 하는 것이 그러하듯 이상적인 픽션일 뿐이다. 불행히도, 현실에는 우리의 목적에 도움이 되지 않는 비정상적인 자아만이 존재 한다.[3]

여기서 불교는 정신치료에 상당한 도움을 줄 수 있다. 불교 수행에서 고유하게 존재하는 정신 계발의 방법들이, 프로이트가 "비정상적인 자아"라고 지칭한 것에 직접적인 영향을 미치기 때문이다. 그 방법이 사용되면 '자아'는 어떤 변형을 겪게 되고 치료도 훨씬 수월해진다.

불교 수행을 수용한 서양의 몇몇 선세대가 보여 준 것처럼 동양에서 발달하고 실천된 명상이 서구 정신의 심리적 혼란을 모두 다루기란 쉬운 일이 아니다. 그러나 정신치료는 학파를 불문하고 항상 그 학파의 한계에 부딪친다. 잘 알려진 프로이트의 말로 표현하자면 아무리 최고의 치료라 할지라도 '일반적인 불행'[4]의 상태로 되돌릴 뿐이라는 것이다. 두 세계가 충돌할 때 어떤 일이 일어날까? 통합이 가능하긴 한 것일까? 앞으로 이야기할 것은 환자, 명상가, 치료자로서의 나 자신의 경험이다. 마음에 대한 불교 심리학이 나의 정신치료에 어떤 영향을 주었고, 명상이 정신치료의 주된 과정인 기억, 반복, 훈습에 어떤 식으로 영향을 미치는지에 관한 것이다.

8

기억하기

프로이트에 따르면, 성공적인 치료를 위한 첫 번째 요소는 잊어버린 소아기의 경험을 기억해 내는 것이다. 이 기억을 끌어내기 위해 정신치료자들은 자유 연상이나 꿈의 해석 등 여러 가지 기법을 동원해 왔다. 그리고 이 방법 중의 하나로 추가된 것이 명상이다. 서양인들은 명상을 시작하면서 어린 시절에 시작되어 줄곧 자신들의 삶에 무의식적으로 영향을 미친 갈망을 기억해 낸다. 불교와 정신치료를 통합하려는 일차적인 목적 중의 하나는 사람들이 잊혀진 기억을 효과적으로 발견할 수 있노록 도움을 주는 데 있다.

과거를 기억하는 것

프로이트는 정신치료에서 가능한 세 가지 유형의 기억하는 것 (remembering)에 관해 기술하였는데, 이는 과거로부터 완성되어야 할 필요가 있는 것과 환자를 접촉하게 하는 방법이다. 첫 번째 방법 은 치료의 정화적(cathartic) 측면으로서 프로이트가 일찍이 관심을 둔 최면에 직접적인 바탕을 두고 있다. 이 방법은 억압되고 아마도 잊혀져서 오직 증상이라는 위장된 형태로 살아 있는 것을 최면 상태 의 힘을 빌려 떠올림으로써 환자로 하여금 과거의 외상적 사건(trau- matic event)을 기억하게 한다. 이 관점은 억압된 기억과 직접적인 소 통을 상정하는데, 이를 통해서 환자는 자신에게 실제로 일어난 외상 적 사건을 복원할 수 있기 때문이다. 예를 들어, 내가 5학년 때 같은 반 친구가 자기 오빠와 수상스키를 타다가 그녀가 타고 있던 모터보 트가 뒤집히면서 그것에 자기 오빠의 목이 잘린 적이 있다. 그녀는 그 사건 이후로 눈이 멀게 되었는데(오늘날 히스테리성 실명이라고 불 리는 것), 그 사건의 실제적인 기억을 되살리고 나서야 비로소 시력 을 되찾을 수 있었다.

과거에 육체적, 성적 외상이 있을 때는 이런 기억의 방법이 유효 할 것이다. 그러나 과거에 그런 원인될 만한 사건이 없는 경우는 이 방법은 핵심적인 기억을 복원하는 데 아무런 도움이 되지 않는다. 프로이트는 최면 기법을 폐기한 뒤 바로 이 방법을 쓰지 않았지만, 이는 여전히 정신치료를 받으러 오는 많은 사람들에게 하나의 모델로 자리 잡고 있다. 그들은 이 방법을 통해 자신의 잃어버린 기억을 되찾아 억압된 정서를 해방시키고, 온전히 기능을 다 할 수 있는 상태로 돌아가고자 한다.

기억에 대한 프로이트의 두 번째 기법은 환자가 온 힘을 다 했지만 의식적으로는 기억하지 못하는 것을 발견하기 위하여 환자의 자유 연상을 뒤따르는 것이다. 자유 연상 기법은 꿈을 꾸는 상태에서 하는 것처럼 환자를 의식적인 의도로부터 자유롭게 하여 아무런 일상적인 억제 없이 자료가 나오도록 한다. 이 기법은 과거의 외상적 기억을 찾기 위해 과거에 직접 도달하는 것이 아니라, 환자에게 자유 연상에 대한 비판을 극복하여 자유 연상이 이끄는 논리적인 결론에 이를 수 있도록 요구한다.

여기서의 핵심은 억압된 기억을 단 한 번의 대단한 정화적 시도 속에서 복원하는 것이 아니라, 기억의 틈은 저항을 극복하는 과정을 통해 채워질 수 있다는 것이다. 자유 연상은 이러한 적응을 가능하게 했는데 자아의 방어적인 기능—혼란스러운 기억들을 의식 밖으로 몰아내 버리는 기능—을 속여서 그 지배력을 완화시킬 수 있기 때문이다. 이렇게 기법을 수정했지만, 프로이트는 여전히 복원만 된다면 모든 일을 제자리로 돌릴 수 있는 분명한 기억을 추구했다.

세 번째 방법은 잊혀진 과거를 추구하는 데서 벗어나 즉각적인 현재에 초점을 맞추는 훈련이다. 치료적인 만남에서 실제적으로 일어난 것에만 집중함으로써 환자의 자기 이해를 방해한 그 저항을 환기하여 환자에게 설명해 줄 수 있다는 것을 프로이트는 알아차렸다. 이 과정에서 환자들은 종종 필요한 기억을 회복했는데 이는 거의 치료적 결과의 부산물이었다. 프로이트가 표현한 것처럼 분석가는 "그 당시 환자의 마음에 나타난 것은 무엇이든지 연구하는 데 만족하고, 해석의 기술을 동원하여 그때 드러난 저항을 인식한 후 환자로 하여금 그 저항을 의식하게 한다."[1]

프로이트가 그의 초창기 이론의 많은 부분을 세울 수 있게 한 기억들과는 다른 유형의 기억들이 물론 있다. 이 기억들은 그렇게 끔찍한 일에 대한 기억은 아니지만 위니코트 표현으로는 "무언가 유익하긴 하지만 결국 아무것도 일어나지 않았던 일"[2]에 대한 기억이다. 이러한 사건들은 언어적 기억보다는 체세포와 몸 속에 저장된다. 그리고 이 기억들은 그 후에 사건들을 경험하고 이해할 때만 비로소 통합될 수 있다. '기억, 반복 그리고 훈습'이라는 논문에서 프로이트는 그러한 '특별한 류의 경험'을 언급하고 있는데, 이 경험은 발생하는 순간에는 이해되지 않지만 '그 후에' 비로소 이해되고 해석될 수 있다.[3] 낮은 자존감과 공허감, 그리고 소외의 문제들이 정신치료자가 다루는 중심 문제로 대두함에 따라 정신치료자들의 생각을 점점 지배하게 된 것이 바로 이러한 부류의 기억이다.

현재를 기억하는 것

불교에서도 역시 기억하는 것—현재를 기억하는 것—을 정신적 안정에 중추적인 것으로 보고 있다. 잊혀진 과거를 기억하는 것도 어렵지만 실제적인 현재 시제의 경험을 항상 알아차린다는 것은 더 더욱 어려운 일이다. 붓다는 우리가 너무도 자주 우리 자신과 일치되지 않은 채 과거나 미래의 생각에 사로잡혀 현재의 경험과 함께 있을 수 없다는 사실을 깨달았다. 현재 자신이 하고 있는 경험에 거듭 주의를 돌려 이러한 경향을 바꾸는 것이 가장 심오한 정신적 변화를 촉진시킨다.

불교의 중심이 된 명상 기법은 마음챙김으로, 이를 통해 지금 여기로 인식을 계속 돌리게 된다. 이 기법은 중요한 독립적 수행으로 자리잡았다. 사실, 고전적 의미의 마음챙김은 기억하는 능력을 중시하는데, 이는 성공적으로 마음챙김을 적용하기 위한 필수적 요소라고 하겠다.

> 사람들이 그것을 통해 기억하거나 그것 스스로 기억하거나, 아니면 그것 자체가 기억이다. 고로 그것은 마음챙김이다. 마음챙김은 동요하지 않는 특징이 있다. 그것의 역할은 잊지 않는 것이다. 그것은 지킴으로 나타나거나 대상을 직면하는 상태로 나타난다. 그것의 직접적 원인은 강한 지각이나 몸 등에 대한 마음챙김의 확립이다. 그러나 그것은 굳건하게 자리잡고 있기 때문에 기둥과도 같고, 눈의 문 등을 지키기 때문에 문지기이기도 하다.[4]

신기하게도, 프로이트가 최면 기법을 버리고 자유 연상에 대한 자신의 믿음에 수정을 가한 뒤 도달한 기억의 방식은 소위 '환자의 마음에 나타난 것은 무엇이든지 연구하는 것'[5]이었는데, 이는 붓다가 마음챙김에 의지할 것을 강조할 때 함께 들던 기억하기와 똑같은 것이다. 프로이트는 이러한 방식의 기억하기는 정신분석 시간에만 할 수 있는 것이라고 생각했다. 붓다는 그러한 기억이 훨씬 더 광범위할 수 있다는 점을 가르쳤다. 즉, 하루 종일 꾸준하고 일관되게 이루어질 수 있다는 것이다. 프로이트가 봤던 것처럼, 이러한 방식을 그대로 추구하다 보면 때때로 개인사를 이해하는 데 매우 중요한 기억을 얻는다. 불교의 스승들은 표면에 떠오른 개인적이고 역사적인 기억들을 덜 중요시하는 경향이 있는데, 그것보다는 마음챙김을 꾸준히 하는 것을 더 가치로운 것으로 평가했다. 다시 말해서, 일관되게 기억하는 것이 과거에 대한 어떤 하나의 사실이 드러나는 것보다 훨씬 중요하다고 생각했다. 그러나 집중적인 명상을 해본 사람이라면 누구나 입증할 수 있듯이, 마음챙김 명상의 꾸준한 실천은 프로이트가 밝힌 3가지 유형의 기억 모두를 얻을 수 있게 해준다.

이러한 정신치료적인 자료에 주의를 기울이고 바람직한 정신치료와 모순되지 않는 식으로 기억을 통합하는 것은 충분한 의의를 가진다. 두 분야 사이의 상호작용이 더욱 많아짐에 따라, 이는 둘 사이를 연결하는 중요한 교두보 역할을 할 것이다. 명상은 두말할 것도 없이 치료적 관심을 요하는 분야를 만들어 낼 수 있다. 불교의 스승들이 정신치료에, 정신치료자들이 명상에 좀 더 익숙해진다면, 이러한 '기억들'의 회복에 각각 기여할 수 있는 것이 더 분명해질 것이다. 내가 경험한 몇 가지 예를 들도록 하겠다.

외상

명상 수행은 프로이트의 최면 기법을 상기시킬 때가 종종 있다. 즉, 명상이 억압되어 있는 기억을 직접적으로 방출시키는 때가 있다는 뜻이다. 이는 정신적 또는 신체적 외상의 문제와 관련하여 가장 빈번하게 발생하는데, 초보 명상 수행의 주가 되는 호흡이나 신체 감각에 집중할 때 종종 그러한 기억이 터져 나온다. 명상가의 자아 강도와 치료적 지지의 여부에 따라 이 방출된 기억들은 안정을 저해할 수도 있고 엄청나게 치유적인 것일 수도 있다. 이 기억들은 대개 격렬한 혼란을 가져다주고 통합을 위해서는 상당한 노력이 필요하다.

예를 들면, 얼마 전에 어떤 남자가 첫 10일 집중적인 명상 수행을 끝내자마자 나에게 전화를 했다. 정신치료를 6년이나 받은 숙련자이자 12단계의 치료 그룹들도 잘 이용했던 이 남자는 조라는 이름의 과학 선생이다. 그는 부인과 네 자녀(조가 장남이다)를 공포에 떨게 했던 폭력적이고 다혈질인 아버지의 그릇된 양육 방식과 화해했다. 조는 직업과 친구와 동료를 계속하여 얻었고, 최근에는 부모의 문제 있는 인간관계와는 닮은 데가 전혀 없는 친밀한 인간관계를 맺었다. 그는 성숙하고 자신에 찬, 능력 있는 사람이었다. 그런데 명상 수행 노중에, 이유는 알 수 없지만 조는 자신이 숨 쉬는 것을 바라보는 데 상당한 두려움을 느낀다는 사실을 발견했다. 명상 선생은 호흡을 관찰하는 것은 중립적인 행위라고 했지만 조는 전혀 그렇게 느끼지 못했다. 조에게는 그것이 위험하고 불안한 것으로 느껴졌다. 그래서 그는 호흡에 집중하는 것은 하지 않고, 다시 호흡에 집중할 수 있을 정도로 충분히 차분해질 때까지 첫 3일간은 대신 주위의 소리에 단순히 귀를 기울이는 데 집중했다. 집중의 정도가 높아지면서 고요하고 평화로워졌고 조는 지극히 행복하게 앉아 있을 수 있었다(그에 따르면 동화 속 요정의 집에 간 것 같은 기분이었다고 한다). 그 후 별안간 쇠로 된 밴드가 배를 조이는 것 같은 느낌과 함께 아픔이 찾아왔고 숨이 조이는 것 같은 느낌이 들었다.

이 느낌들이 너무 강렬하고 기분 나쁜 것이어서 조는 명상으로는 그 기분에서 벗어날 수 없는 것 같은 생각이 들었다. 자세를 계속 바꾸면서 걷거나 눕거나 스트레칭을 하는 것이 필요하다고 느꼈지만 그는 순수한 주의집중을 통해 고통을 지켜보려고 노력했다. 아무리 주의를 기울이고, 자세를 바꾸고, 연관된 생각과 감정을 떠올리고, 선생들의 조언을 떠올려도 그 고통은 변화시킬 수 없는 것처럼 느껴졌다. 그리고 그 고통은 거의 하루 종일 계속되었다. 결국 조는 한 자세로 누워 있으면 자신이 슬픔에 잠겨 있다는 사실을 깨달았다. 그는 몇 시간 동안 흐느끼며 몸을 떨더니 어렸을 때의 새로운 기억을 떠올렸다. 기억 속에서 조는 화가 잔뜩 난 아버지를 피해 옷장에 숨어서, 아버지가 자기의 우는 소리를 듣고 더 화를 낼까 두려워 천 조각을 입 안 가득 물고 있었다. 호흡에 주의를 기울이는 행위가 과거에 옷장 속에서 숨을 죽이고 있던 기억을 불러온 것이었다. 옷장 속에서 조는 숨을 쉬는 데 집중하지 않았고 아버지의 분노를 피하기 위해 숨을 참고 있었다.

조는 몇 년간의 치료를 통해 자신이 네 형제의 맏이로서 형제들에게 본을 보여야 했고, 아버지를 화나게 하지 않기 위해서 스스로를 억눌러야 했다는 것을 알았다. 그는 자신의 화가 아주 위협적으로 느껴졌을 수 있었다는 사실을 깨달았다. 그러나 조가 "나에게 무슨 일이 일어났는지 알지만 내가 내 자신에게 무슨 일을 했는지는 몰라요."라고 말한 것처럼, 조는 옷장 속에서 숨을 참는 법을 알아가면서 그 자신의 두려움과 분노, 절망을 배 안에 봉인하는 법을 함께 배웠다. 그에게 그가 호흡에 주의를 기울인 것은 갇혀 있는 정서적 경험을 나오게 하는 열쇠가 되었다. 횡경막을 죄는 쇠 밴드는 흐느끼며 숨을 참은 결과 발생한 느낌이며, 그 당시 횡경막은 쥐가 날 정도로 요동쳤다. 이와 같이 조가 어떻게 스스로를 걸어 잠궜는지에 대한 이러한 가장 근본적인 치료적 깨달음은 치료에서가 아니라 명상 상태를 통해 생겼다. 수년간의 치료가 그러한 외상을 가진 많은 다른 사람들과는 다르게 자신의 경험을 보게끔 도와준 것은 분명하다.

극단적인 경우이긴 하지만, 조의 이야기는 명상이 공포가 장악한 몸의 특정 부분에 집중할 수 있게 해 주는 힘을 가졌다는 것을 나타내 준다. 명상 중의 마음집중 상태를 통해 이러한 수축된 상태가 특히 잘 드러날 수 있는 것 같다. 이 상태는 만성적인 방어 반응이 내재화된 잔재물로서, 몸 안에 화석처럼 되어서 우리의 일상적인 인식의 범위 밖에 놓여 있다. 외상이 지나간 지 오래되었는데 현재 우리가 어떻게 스스로 이런 신체적 감각을 만들어 내는지를 밝힘으로써, 우리가 스스로와 동일시하거나 우리를 움츠러들게 하는 구체적 대상(조의 쇠 밴드처럼)으로서의 이 신체적 감각들을 없앨 수 있다. 어떤 특수한 외상이 있었을 때 그와 관련하여 몸 중에 경험해 보아야 할 특수한 부분이 있는 경우가 종종 있다. 그러한 단일한 외상이 없을 때는 경험해야 할 신체적 부위는 몸 전체에 훨씬 더 퍼져 있다.

소 외

나의 경우 집중적인 명상 수행 동안 가장 반복적으로 일어난 감정 중의 하나는, 진정한 사랑이라고 개념화할 수밖에 없는 어떤 것에 대한 깊은 샘과 같은 갈망이었다. 이 집중적인 수행은 생각, 느낌, 신체의 움직임, 감각, 기억, 계획 등에 대해 조용하고 꾸준히 마음챙김을 하는 몇 주간의 시간이기 때문에, 생각하는 마음의 피상적인 재잘거림이 평온해지도록 하고, 명상 상태와 전통적으로 연관된 고요하고 명료한 몇 가지 특성을 계발하기에 충분했다. 그러나 그처럼 비교적 넓은 마음을 가질 수 있는 상태 중에서도, 나는 종종 더 깊은 열망이 느껴지는 것 같았다. 내가 처한 상황은 프로이트가 자유 연상과 관련한 논의에서 설명했던 바와 유사했다. 나는 자유 연상의 흐름을 따라 이런 명상에서 어느 정도 사람들이 그러하듯 이 감정과 계속 대면했다. 정신분석학자들은 이 감정을 초기의, 언어이전의 기억으로 해석할 것이다.

나의 초기 명상 수련회 때 있었던 일이다. 수행을 시작하고 1주일이 지난 후 어느 순간 넓어진 마음으로부터 어렸을 적 밤에 혼자서 거듭 느꼈던 신체적 감각이 갑자기 튀어나왔다. 그 후 20분 정도 나는 방석 위에서 통제 불능의 상태로 떨기 시작했으나 그 상태는 결국 궁극의 평화, 빛, 사랑으로밖에 설명되지 않는 상태로 바뀌었다. 명상 선생들은 내 경험에 대해 난처해했지만, 나는 그것을 이 특정한 명상이 나에게 얼마나 중요한지를 알려 주는 신호로 여겼다. 그러나 갈망감은 일시적으로는 줄어들었지만 결코 사라지지는 않았다. 솔직히 나는 그 후 있었던 명상 수련회에서 그 체험을 다시 하기 위해 많은 시간을 쏟아부었다. 명상에서 이것은 무모한 노력으로 알려져 있다. 그러나 이는 공허감이나 소외감을 지닌 채 수행에 임한 서양의 명상 수행자들 사이에서는 아주 흔히 발생하는 일이다.

몇 년 뒤 나는 사랑하는 여자와 결혼할 수 있는 행운을 얻었다. 그런데 그토록 갈망하고 얻을 수 없을 것 같았던 실제적이고 명백한 사랑조차도 내 깊은 갈망을 없애지 못한다는 것을 깨달았다. 사실 사랑은 내 갈망을 더 깊게 하는 것 같았다. 잠자는 데도 문제가 생기기 시작했다. 결혼한 지 얼마되지 않은 아내에게 끝없는 관심을 원했고 잠시 떨어져 있는 순간마저도 견딜 수가 없었다. 잠을 이룬다 해도 치아가 서로서로 부딪히는 악몽에 시달렸다. 나는 아귀들의 괴로움을 몸소 느끼게 되었다. 아귀들이 음식을 먹고는 싶지만 아파서 삼킬 수 없는 것처럼 나는 충족되지 않는 깊은 갈망 때문에 내가 갈망했던 사랑을 받지 못하고 있었다. 말할 필요도 없이 (더 많은) 정신 치료를 받아야 할 때였다. 물론 나는 압박감을 느낄 때면 명상을 통해 내 자신을 다스릴 수 있다. 하지만 그 당시 내가 느끼는 확고한 고립감은 너무도 강해서 정신치료자의 더 특수한 관심을 필요로 했다. 명상은 내 자신의 힘든 상황을 잘 인식하도록 해 주었고 그 힘든 상황을 둘러싼 어린 시절의 감정들을 회복하는 데 도움을 주었지만,

여전히 과거의 경험에서 완전히 자유로워진 방식으로 행동할 수는 없었다.

물론 내 회복의 열쇠는 치아가 서로 부딪치는 꿈을 반복해서 꾸는 데 놓여 있었다. 나중에야 안 것이지만 그것은 '구강기 분노'의 강력한 표현, 즉 어릴 적 부모의 부재에 대한 분노였다. 이 꿈 이후로 새로운 꿈을 꾸게 되었는데 꿈속에서 나는 사랑하는 사람과 전화를 할 수 없었다. 전화번호도 잊어버리고 전화기도 말을 듣지 않았다. 손잡이나 다이얼이 따로 놀고 아무도 전화를 받지 않았다. 이 꿈은 궁극적으로 부모님이 내가 다섯 살 때 어린 동생들을 내게 맡기고 친구들을 만나러 옆집에 갔던 기억을 구체화한 것이다. 그때 부모님은 문제가 생길 때를 대비해서 인터폰으로 연락하라고 했다. 어린 시절 너무 일찍 부모에게 의지하는 것으로부터 떨어져 나와 나는 '책임감 있는' 아이로 길러졌다. 해결되지 않는 나의 화는 부모와의 관계를 회복하지 못하는 데 따라오는 좌절로 인한 공격성이었다. 확신하건대 나의 잠자는 문제와 좌절로 인한 공격성은, 그 시대의 관습에 따라 피곤하든 피곤하지 않든 저녁 여섯 시만 되면 나는 종종 잠자리에 들곤 했는데 그러면 피곤한 부모님이 조금이라도 그들만의 시간을 가질 수 있었다는 사실에 의해 완화되지 않았다. 이런 추가적인 통찰에 이르고 나서, 나는 다루기 힘든 감정들을 기품과 유머로 좀 더 잘 다스릴 수 있었다. 결혼 생활에서 내가 찾고자 한 진짜 사랑은 내 어린 시절의 상실감을 건드려 나를 슬픔에 빠뜨린 것이다.

근본적인 결함

사실 나의 이러한 경험은 형태는 다소간 다를지 몰라도 서양인들이 비교적 전형적으로 겪는 고충이다. 명상과 정신치료 모두 어떤 특수한 외상적 사건에 관한 기억보다는 어떤 형태의 부재로 인한 정신적 잔재물들의 기억을 종종 드러낸다. 핵가족 안에서 기껏해야 두 명인 지나치게 헌신적인 부모의 관심에 의존하고, 독립을 지향하면서, 우리 문화는 시초의 어떠한 부재이든 모두 내재화하는 경향을 조장한다. 따라서 부모 일방이나 쌍방과의 관계에 문제가 있거나, 아이는 준비되지도 않았는데 철들 것을 강요받는 경우에 그 사람의 괴로운 공허함이 단순히 어릴 적의 경험으로 남기기보다는 자기 자신 속에 자리 잡는다. 이를 '근본적인 결함'이라고 부르는데 명상 도중에 신체적 형태를 통해 종종 기억된다.

내가 근본적 결함이라고 하는 것은, 영국의 정신분석가 마이클 밸린트(Michael Balint)가 어린 시절 불충분한 관심으로 인한 정신적 잔재물에 관해 이야기할 때 의미하는 바로 그것이다. 이는 서구 문화에서 만성적인 정신적 공복감을 낳게 한 아주 널리 퍼져 있는 외상이라고 할 수 있다.

> 환자는 자기 안에 바로 되어야만 하는 결함이 있는 것을 느낀다고 말한다. 그리고 그것은 결함으로 느껴지고 콤플렉스나 갈등 또는 어떠한 상황 자체로 여겨지지는 않는다. …… 이 결함은 누군가가 환자의 기대

를 저버렸거나 환자에게 할 일을 이행하지 않았기 때문에 발생했다고 느낀다. 그리고 이제는 분석가가 환자를 저버리지 말아야 하고, 실제로 그렇게 해서는 안 된다는 필사적인 욕구로 표현되는 강렬한 불안이 늘 이 영역 내에 존재한다.[6]

여기에 관계된 외상은 대개 학대로 인한 것이 아니라 소홀히 한 데서 온 것이다. 그것은 불교에서 말하는 공과는 전혀 다른 내적인 공허함으로 경험된다. 그러나 종종 명상 중에 처음으로 드러나는 것은 바로 이 공허함이며, 이것은 특수한 정신치료적 관심을 필요로 한다. 이때 특수한 정신치료적 관심은 전체 명상 경험을 훼손하지 않아야 한다. 불교적 관점에서 가장 비슷한 것을 아귀계의 설명에서 찾을 수 있다. 많은 서양인이 정신치료와 명상을 결합한 접근을 필요로 하는 이유가 바로 그들의 정신세계 안에 아귀계가 아주 강하게 나타나기 때문이다. 이것은 불교의 역사가 기록된 이후 새로이 등장한 현상이다. 이전에는 이렇게 많은 아귀가 불교수행을 한 적이 없었다. 아귀들이 많이 등장함에 따라, 정신분석에서 전통적으로 가장 적합했던 기법에 대해 어느 정도 수정할 필요가 있다.

어머니

티베트 불교의 전통에서 가장 잘 드러나듯이, 동양적 수행에서 유년 시절의 기억을 떠올리는 것은 근본적으로 명상을 지지하고 고양시킨다. 서양에서는 이런 기억들이 명상에 혼란을 주는 경향을 보인다. 이 점은 내가 불교 심리학을 탐구했던 초기에 이미 내게 납득된 것이었다. 의대 졸업반 시절 나는 세 달을 인도에서 보내게 되었는데, 주로 북인도에 흩어져 있는 여러 티베트 난민 공동체에서 생활했다. 처음 6주간은 히말라야 구릉지대에 둥지를 튼, 달라이 라마의 망명 성도인 다람살라의 작은 마을에 있었다. 큰 연구 프로젝트의 일원으로 참여한 것이었으며 내 동료 중의 한 명인 제프리 홉킨스(Jeffrey Hopkins)는 티베트 학자이자 번역가이면서 버지니아 대학의 티베트학 교수로 재직 중이었다. 그때 나는 사실상 처음으로 티베트 불교의 지적 전통이 가지는 웅장함에 노출된 셈이었다. 이전에 나는 상좌부불교, 또는 동남아시아 불교 전통에 초점을 맞춰 연구를 했다. 가장 인상 깊었던 것은, 티베트 불교는 지도받는 명상(guided meditation)과 시각화를 통해 자비와 마음의 고요함을 배양하는 데 그동안 내가 경험해 본 어떤 것보다 더 큰 노력을 기울이고 있다는 점이었다. 그러한 가장 일반적인 수행은 모든 존재를 어머니라고 생각하는 것과 관련이 있었다.

윤회적인 존재는 시작이 없기 때문에, 모든 존재는 적어도 한 번쯤은 서로 관계를 가진다는 이론이나 철학이 있다. 따라서 모든 존재들은 모두 적과 친구였으며, 호의적인 관계가 변질되는 것은 오직 탐, 진, 치의 영향 때문이다. 그 특정한 수행은 모든 존재를 어머니라고 생각할 것을 포함한다. 어머니의 자애를 느끼며, 그 자애에 보답하고자 하는 마음을 기르고, 자애를 베풀 수 있다는 가능성을 염두에 두고 모든 존재에 대한 사랑을 느끼며, 어머니가 고통과 고통의 원인으로부터 벗어나길 진심으로 기원한다. 이 수행의 정신적 근원은 티베트인들이 그들의 어머니를 위해 불러일으킬 수 있는 순수한 사랑이다.

이러한 명상은 항상 나의 호기심을 돋우었다. 예를 들어 보자. 나는 이런 훈련을 받은 적이 없는 다수의 서양 정신치료 환자들을 경험했다. 그들이 실제로 모든 존재를 어머니로 여기는 훈련을 했을 때, 결과적으로 그 훈련은 그들의 개인적인 삶에서만큼은 재앙 그 자체였다. 서양인들은 이 훈련을 하는 데 상당한 어려움을 겪는다. 어머니와의 관계가 너무 많은 갈등으로 차 있기 때문이다. 우리의 육아 과정, 핵가족 구조, 그리고 자율과 개별화에 대한 욕구는 부모-자식 관계에 큰 긴장을 가져왔다. 아이의 기질이 부모와는 정반대이거나, 아이에 대해 부모가 바라는 것이 그 아이가 진정 누구인가를 불분명하게 만들 때, 가족이라는 단위는 아이가 가장 필요로 하는 존재로부터 자신을 숨겨야 하는 소외적이고 폐쇄공포증적인 환경으로 쉽게 되어 버린다. 내 정신치료 선생인 이사도르 프롬(Isadore From)은 "가족은 실제로 존재하지 않는 신이 내린 최악의 발명품이다."[7]라고 말하면서 낄낄 웃었다.

나는 최근에 『삶과 죽음에 관한 티베트 책(The Tibetan Book of Living and Dying)』의 저자이자 유럽, 미주에 걸쳐 수백 명에 달하는 서구인들의 스승인 티베트 고승, 소걀 린포체(Sogyal Rinpoche)에게 모든 존재를 어머니로 대하는 수행에 대해 질문할 기회가 있었다. 그때 그는 웃으며 말했다. "아이고, 서양인들은 그렇게 하면 안 됩니다. 나는 항상 서양인들에게 말할 때 할머니나 할아버지처럼 말합니다."

동양은 동양이다

심리학적으로 두 문화의 출발점은 꽤 달라 보이는데, 정확히 어떤 점이 다른지는 명확히 알려져 있지 않다. 서양과 동양 사이의 만은 이어질 수 없다고 맨 처음 공표한 사람은 루디아드 키플링(Rudyard Kipling)이다. 그는 동양은 동양일 뿐 우리가 그 깊이를 알려고 노력할 필요는 없다고 주장했다. 정신치료자 중에는 칼 융(Carl Jung) 역시 개인적 관심에도 불구하고 이에 동의한 바 있다. 그가 느끼기에 동양의 수행법은 너무도 이질적인 것이고 서구인들은 그들 고유의 철학적이고 정신적인 전통에 따라 영감을 받아야 한다고 생각했다.[8]

이런 이질성을 낳은 한 이유로는 동양의 자기를 들 수 있다. 동양의 자기는 가족, 계층, 계급 또는 다른 사회 조직의 기대가 형성하는 그물에 엮여 있기 때문에, 이로부터 유일한 탈출구는 대개 정신적인 수행이라고 할 수 있다. 실제로, 동양에서의 정신적 추구는 다른 방법으로는 사생활을 찾을 수 없는 개인적 자기를 위한 문화적으로 허용된 안전판과 같은 것이다. 동양의 명상 수행자는 서양의 명상가와 같이 '자신을 찾기'와 같은 필요로 동기를 가지지만, 출발점은 정반대다. 한 고대 불교경전은 "이 세대는 얽힘 속에서 뒤얽혀 있다."[9]라는 성구로 시작된다. 여러 세대를 공통적으로 꿰는 실이라고 할 수 있는 이러한 얽힘은, 동양인들에게 전통적 명상의 토대가 되는 어떤 힘을 부여한다. 동양에서는 공감적 인식의 능력, 외부 자아 경계의 완화, 정서적 조율과 수용성, 소속감을 이미 주어진 것으로 받아들인다. 동양 문화권에서 가르쳐지는 대로, 명상은 이러한 능력을 기민하게 사용하여 영적인 활동을 위한 수용적 내부 환경을 확립한다.

서양의 출발점이 얽힘 속에 있는 자기인 경우는 매우 드물며 대개가 소외된 자기다. 개별성과 자율의 강조, 대가족과 심지어는 핵가족의 해체, '좋은' 부모 역할의 결핍, 사회 내의 애정보다는 성취를 위한 끝없는 욕구들은 사람들로 하여금 단절, 고립, 소외, 공허의 감정을 불러일으킨다. 또 도달할 수는 없지만 동시에 막연히 위협적으로 보이는 친밀감을 갈망하도록 만든다. 동양의 스님들과 서양의 치료자들이 처음으로 가진 횡문화적 모임에서, 달라이 라마는 그 모임에서 계속 듣게 되는 '낮은 자존감'이라는 개념에 대해 미심쩍어했다. 그는 방을 돌며 그 곳의 서양인들 한 사람 한 사람에게 "당신도 자존감이 낮은가요? 당신도 그런가요?"라고 물었다. 그들 모두가 그렇노라고 고개를 끄덕였을 때, 달라이 라마는 믿을 수 없다는 듯 고개를 저었다. 소갈 린포체에 따르면 티베트에서 긍정적인 자기감은 당연한 것이라고 한다. 그것은 가족망으로 이루어진 모든 상호 의존 관계를 통해 일찍이 주입되고 강화되는 것이다. 만약 어떤 사람이 자신에 대해 이러한 긍정적인 느낌을 유지할 수 없다면, 그 사람은 바보 취급을 당할 것이라고 했다.

서양에서는 출발점 자체가 다르다. 서양의 정신세계는 불교적 관점에서 아귀계로 특징지어지는 정서들인 소외, 갈망, 공허감, 무가치함과 같은 감정들에 점점 더 취약해지는 것 같다. 서양인들은 자신이 사랑받을 수 없다고 느끼고, 그 느낌을 모든 친밀한 관계들에 똑같이 대입하기도 한다. 하지만 동시에 친밀한 관계를 통해 그러한 느낌을 다소나마 지울 수 있었으면 하는 기대와 희망도 가진다. 어렸을 때 우리는 부모님이 우리와 교감할 수 없으며, 그들이 우리를 대상 혹은 자신이 투영된 것으로 여기는 경향을 감지하고, 부모와 자신 간의 유대가 결여된 것이 스스로의 잘못 때문이라고 생각하면서 부모의 무관심을 자기 나름대로 해석하고 받아들인다. 아이들은 항상 이런 식으로 문제의 원인을 자기에게서 찾는다. 잘못된 것이 있다면 스스로를 비난하면서 해명하려고 하는 것이다.

명상과 서구적 자기

내 생각에는 두 문화 간의 다른 출발점 때문에 동양인과 서양인은 다른 방식으로 명상을 체험한다. 내 경험에 비추어 볼 때, 칼 융이 생각한 대로 불교 수행이 너무 이질적인 것이어서 서구적 정신에 납득되기 어렵다고 하는 생각은 적절치 않은 것 같다. 단, 출발점이 소외된 자기냐 아니면 얽힘 속에 위치한 자기냐에 따라 다른 경험을 가져올 수 있다고 생각한다. 대부분의 서양인들이 그러하듯 소외 속에서 인생을 시작하는 사람들, 즉 대부분 서양인에게 명상은 필연적으로 근본적인 결함의 형태로 남아 있는 충족되지 않은 갈망의 기억을 낳는다. 얽힘 속에서 생을 시작하는 사람들은, 이들은 대개 현대 서구 문화 밖에 있는 사람들인데, 이들에게 명상은 해방을 갈구하는 원초적 갈망의 기억들을 더 많이 불러올 것이다. 이러한 갈망은 가족들의 기대를 저버리는 데 대한 죄책감과 수치심을 가져다준다. 서양인들은 지금 과도한 의존과 같은 문제 때문에 가족의 기대를 유보하고 있다. 전통적인 심리학에서 강조된 두려움은 최소한 이러한 얽힘의 망을 빠져나오거나 상실하는 데 대한 두려움이다. 즉, 비서구 국가의 사람들이 자기를 정의하는 기반인 가족에 대한 의무와 책임으로부터 등을 돌린다는 데 대한 두려움을 말한다. 붓다가 아버지의 궁전과 부인, 어린 아들, 그리고 그에게 의지하는 모든 계급의 사람들을 떠난 이야기는 얽힘 속의 자기가 궁극적인 분리의 두려움을 직면할 필요성에 대한 은유라고 할 수 있다.

서양에서 이러한 분리는 종종 아주 어렸을 때 이루어진다. 이러한 일반적인 출발점이 낳은 결과 중 하나는 명상 수행이 이러한 어렸을 때 감정들을 자극한다는 것이다. 최면, 자유 연상, 그리고 '환자의 마음에 존재하는 모든 것'에 세심한 주의를 기울이는 일이 그러한 어렸을 적 감정을 자극한다는 것을 프로이트도 알았다. 이는 오늘날의 명상가들에게 딜레마를 초래한다. 명상가들은 대부분 근본적인 결함의 잔재를 빨리 드러내기 위해 명상 수행에 임한다. 하지만 나의 갈망처럼 이러한 결함은 명상을 계속한다고 해서 꼭 사라지는 것은 아니다. 사람은 자신에게 무언가 결핍된 것이 있다고 느낄 때 낮은 자존감을 가지게 되고 이때 이러한 갈망을 가지게 되는데 이러한 상태는 정신치료적인 특별한 주의를 필요로 한다. 전통적인 명상 스승들은 정신치료적인 특별한 주의를 기울일 수 있도록 훈련되어 있지 않다. 프로이트가 발견했듯이, 이처럼 자신의 무가치함을 직접적으로 직면하기보다는 이를 반복적으로 행동화하려는 강박관념에 사로잡힌 경우가 많이 있다. 치료자나 스승의 도움이 없다면, 괴로움으로 가득 찬 그러한 사람은 마술적인 방법으로 자신의 무가치함에서 벗어나려는 시도를 계속 할 것이다. 명상 역시 이런 방식으로 오용될 수 있다는 취약점을 가지고 있다. 근본적인 결함이 노출되지 않고 또 받아들여지지도 않는다면, 그것을 고치려는 갈망은 명상적 경험을 무너뜨릴 것이다.

여기에서 나는 아귀들의 요구뿐만 아니라, 인간계의 요구에도 맞춰진 결합된 접근방식이 얼마나 필요한가에 대한 인식에 이르렀다. 명상은 종종 근본적인 결함을 드러내는 데 매우 효과적이지만, 해결에서는 길을 알려 주지 못한다. 이는 명상이 근본적 결함을 다룰 수 없다는 뜻이 아니라 그 특수한 목적을 위해 정신치료적 접근방식과 상호작용을 해야 한다는 것이다. 근본적인 결함을 극복하는 데 불교가 가지는 잠재적 가능성은 비단 명상이 근본적 결함의 정신적 잔재물을 끌어내는 데만 있는 것은 아니다. 명상이 적절히 적용만 된다면 프로이트가 '반복과 훈습'이라고 부른 치료적 접근의 다른 두 요소에도 결정적인 영향을 줄 수 있다. 사실 불교 명상은, 인식과 화해를 넘어 열반의 저 언덕으로 가는 데 부족한 점이 많은 정신치료의 한계를 해결하는 열쇠가 되는 것이다.

9

반 복

우리는 지금껏 명상이 어떻게 기억으로 연결되는 매개체가 될 수 있으며, 그것이 왜 정신치료적 잠재력이 드러나는 첫 번째 길인지를 살펴보았다. 그러나 프로이트는 기억이 그의 목적을 달성하는 데 충분하지 못하다는 것, 즉 환자들이 언제나 기억할 수 있는 것은 아니고 기억만으로는 증상을 치유할 수 없다는 것을 빨리 알아차렸다. 그리고 아무리 기법을 수정하더라도, 많은 사람들이 유년 시절의 어떤 중요한 일을 기억하지 못한다는 사실을 알게 되었다. 프로이트가 말한 이른바 "억압의 힘"은 종종 너무나 강하게 작용한 나머지 단순한 치료 과정은 통하지 않았다.

그러나 프로이트가 '반복'이라고 불렀던 현상이 치료 상황 중에 나타났다. 대부분의 환자들은 형성적인 경험을 회상하기보다는 단순히 반복하였는데, 그것은 어떤 중요하고 명확한 특성을 갖고 있었다. 다시 말해서, 그들은 자신들이 무엇을 하고 있는지 알아차리지 못했던 것이다. 아버지가 굉장히 비판적이었던 한 여자는 성인이 되어 대인관계에서 만족을 느낄 수 없었는데 그녀는 자신 역시 얼마나 비판적인 위인이 되었는지 알아차리지 못할 것이고, 또한 그러한 성향을 치료자와의 관계에서 그대로 드러낼 것이다. 비판적인 행동을 하기는 하지만 그녀 자신이 그 사실을 인식하고 있지 못하기 때문에, 인간관계에서 그녀가 얼마나 비판적인가를 알아차리게 함으로써, 치료자는 환자로 하여금 자신의 아버지에게서 나타난 원래의 비판적인 태도와 화해할 수 있도록 도울 수 있다.

반복에서 나타나는 흥미로운 현상은 반복되는 자료가 우리가 스스로에 관해 알고 싶지 않아 하는 것인 경우가 많다는 점이다. 우리가 항상 동일시해 왔지만 잘 몰랐던, 그래서 의식적으로 잘 기억할 수 없었던 것이다. "환자는 자신이 잊어버리고 억압한 것에 대해 전혀 기억하지 못하지만, 이를 행동으로 드러낸다."고 프로이트가 말했다. "환자는 기억이 아니라 행동으로 반복한다. 즉, 그는 반복하되 물론 자신이 반복하고 있다는 사실을 알지 못한다."[1]

프로이트는 치료 기법을 발전시키면서, 환자의 마음에 나타난 것은 무엇이든 연구하는 쪽에서 환자의 관계방식에서 나타난 것은 무엇이든 연구하는 쪽으로 나아갔다. 그는 환자가 행동화하는 것을 방해하지 않으면서 그 행동화를 치료자가 먼저 지각하고, 그것을 환자에게 해석해 줄 수 있는 방법을 완성해야 한다고 느꼈다. 이것이 이른바 분석적 태도 혹은 분석적 중립이라고 부르는 것의 시초다. 그것은 분석가의 존재 방식 또는 마음 상태로 전이가 드러나도록 장려한다. 전이란 치료자와 환자 간의 특별한 관계로, 이 속에는 환자가 알고 싶지 않아 하는 것의 씨앗이 들어 있다.

환자의 저항을 없애는 프로이트의 주된 방법은 그 저항을 분석하는 것이었다. 프로이트는 환자가 무의식적으로 되풀이하고 있는 것을 환자에게 해석해 줄 수 있다면, 내재적인 갈등이나 외상들이 표면으로 나타날 수 있어서 일시적인 해소를 얻을 수 있을 것이라고 기대했다. 그러나 프로이트와 불교의 전통을 살펴볼 때 고통의 경감이란 대개 언어적인 분석만을 통해서는 이루어질 수 없다는 사실을 알 수 있었다. 치료자 자신이 환자가 무엇을 반복하고 있는지 자각하는 것도 중요하지만, 더 중요한 것은 환자가 자신의 반복에 관해 철저히 아는 데 있다. 반복을 해석해 주는 것만으로는 부족하다. 환자로 하여금 자신이 반복하고는 있지만 자각하지 못하고 있는 바로 그것을 직접 경험하도록 도와주어야 한다는 것이다. 불교가 매 순간마다의 완전한 경험을 강조하고 프로이트가 집중하지 않으면 무시되어 버릴 수 있는 것들에 집중하기를 강조하는 것이 여기서 일맥상통한다.

정신치료적 환경은 독특한 영역이다. 즉, 그 환경을 통해서 환자는 치료가 아닌 관계에서는 무시되거나 통제될 것이 거의 확실한 행동들과 감정들이 드러나도록 허용된다. 이를테면, 정신치료는 붓다가 설했던 알아차림을 잘 이용할 수 있는 굉장한 기회를 제공한다. 치료자가 환자들의 방어를 언어적으로 해석해 주면서 동시에 환자로 하여금 그러한 방어를 자신의 것으로 경험할 수 있도록 돕는다면, 불교 명상이 가르치는 바는 비로소 정신치료적 성격을 띨 수 있을 것이다.

지금 여기

프로이트의 반복에 대한 논의는 명상과 정신치료의 관계에서 많은 흥미로운 문제들을 불러일으킨다. 프로이트는 자신의 기법을 통해 현재의 상호작용에까지 영향을 미칠 수 있는, 자각되지 않은 반복을 검토할 수 있는 방법을 완성했다. 붓다는 지속적으로 알아차림을 적용하는 것이 성공적인 수행의 초석이라고 여겼다. 프로이트가 환자들이 자각하지 못하는 것이 적게끔 하려고 애썼다면, 붓다는 제자들에게 어떻게 하면 더 알아차릴 수 있는지 가르쳤다. 불교에서는 프로이트를 매료시켰던 자각되지 않은 반복을 명백히 다루려고는 하지 않았으나, 마음챙김을 거듭 적용하라는 가르침은 프로이트가 가장 유용하다고 생각한 주의 전략과 일치를 이룬다. 나는 두 전통 모두를 이용한 접근방식을 개발하면서, 가장 효과적으로 기능하기 위해서는 서로 상대방으로부터 무언가를 필요로 한다는 것을 발견하였다.

한편, 치료자의 마음 상태―전이의 분석이 요구하는 것처럼 오직 현재만을 다루는 능력―는 정신치료자들에게 엄청난 장애물이 되는 것으로 밝혀졌다. 프로이트는 치료 중에 꼭 필요하다고 여겼지만, 대부분의 정신치료자들은 현재에 주의집중하는 것을 자유자재로 할 수 없다. 치료자에게 이 중요한 정신 상태를 가지는 방법을 가르치는 길은 없다. 따라서 결과적으로 대부분의 치료자들은 기껏해야 프로이트가 원래 제시한 것보다 못한 것을 제공할 뿐이다. 한편, 명상 수행자들과 통상적인 심리학적 훈련을 받지 않은 그들의 명상 스승들은, 흔히 프로이트가 지적하였듯이 현재의 행위와 관계에 주의 깊게 집중할 때 필연적으로 나타나는 전이의 자료를 활용할 능력이 없거나 아예 다루려고도 하지 않는다. 앞에서 언급하였듯이 명상할 때 많은 정서적인 자료들이 떠오를 수 있다. 하지만 그 자료들이 효과적으로 다루어지지 않는다면 오히려 명상 전체를 뒤덮어 버릴 수 있다. 하지만 이 두 전통이 함께 일할 수 있을 때는 상당히 조화로운 상태가 가능하다. 현재에 머물 수 있는 방법을 제시하면서 명상은 치료자와 환자 모두를 돕는다. 또한 사람들에게 자신의 과거를 확인하고 수용하는 방법을 가르쳐 줌으로써 치료는 명상을 정서적인 문제로부터 자유롭게 해 준다. 양자는 모두 삶을 있는 그대로 직면하는 능력을 키워 준다고 하겠다. 그래서인지 명상과 정신치료는 흔히 침묵에서 시작된다.

침 묵

내가 전이를 처음 경험한 것은 정신치료자의 진료실이 아니라 힌두교 신 크리슈나(Krishna)의 탄생지로 알려진 브린다완이라는 북부 인도의 조그마한 마을에 있는 한 동양 사원의 강당에서였다. 그때 나는 내 친구들의 스승으로 최근에 돌아가신 성인에게 헌납된 사원의 개원 축제에 참가하고 있었다. 그 스승의 수제자 중에 싯디마라는 여인이 있었다. 그녀는 아침부터 사원 중 한 방의 침대에 앉아 늘 그렇듯이 다르샨(darshan)을 베풀고 있었다.

다르샨이란, 신도들이 자신이 따르는 스승과 잠시 동안 함께 하기 위해 스승에게 다가가는 인도의 종교적인 문화현상이다. 다르샨 중에는 대화가 별로 이루어지지 않지만, 그 경험은 대개 가치롭게 평가되어 많은 이들이 이 의식에 참여한다. 스승은 다르샨을 베푼다고 하고, 신도의 입장에서는 다르샨을 받는다고 표현한다. 말이 별로 오고 가지 않는다고 해서, 스승의 침묵이 관심이 없거나 적다는 것을 의미하지는 않는다. 스승은 현재에 충만해 있어서, 고도의 집중을 통해 전해지는 그녀의 존재는 강한 반응을 불러일으킬 만큼 강렬한 정서적 힘을 갖고 있다. 나는 진료실에서 정신치료를 할 때 간혹 이 일을 떠올리곤 한다. 프로이트는 정신분석을 "대화치료"라고 말했다. 그러나 정작 그가 처음으로 계발한 것은 침묵의 치료적인 이용이었다. 명상을 통해 내가 배운 것 중 하나는 이러한 침묵을 두려워하지 않는 법이다. 정신과 의사로서 수련을 받을 때 한 번도 침묵에 대한 두려움을 극복하는 것이 강조되지는 않았지만, 그 방법을 습득한 것은 치료자로서의 내 일에서 하나의 초석이 되었다. 그렇다고 해서 내가 텅 빈 스크린이나 거울처럼 시종일관 침묵하고 반응을 보이지 않는 분석가가 되려고 애쓰는 것은 아니다. 나는 사실, 할 말이 있으면 말을 꽤 많이 하는 편이다. 다만 나는 침묵을 두려워하지 않고, 침묵한다고 해서 내가 없다고 느낄 필요가 없다는 것을 알고 있는 것이다.

인도에서의 이야기로 돌아가 보자. 나는 방으로 들어가도록 안내를 받았는데 그 안에는 약 15명이 앉아 있었다. 어떤 이들은 바닥에 앉아 있었고, 어떤 이들은 싯디마 옆에 있는 침대에 있었다. 나는 그녀의 응접실 뒤쪽을 향하여 꿇어앉았다. 나는 힌디어를 몰랐고, 그녀도 영어를 할 줄 몰랐다. 통역할 사람도 없었다. 그러나 그녀가 나를 힐끗 쳐다보았을 때 나는 대단히 감미롭고 슬픈 기분에 휩싸여 눈물이 마구 흐르기 시작했다. 그 순간 나는 어머니에 대한 어린 시절의 고통스러운 상실감을 느낀 것이다. 그것은 바로 내 몸 안에 보존되어 있던 언어 이전의 기억이지만 내가 여태껏 알아차리지 못하던 것이었다. 지금 생각해 보면 내가 결혼 초기에 반복해서 느꼈던 상실감의 원천이기도 했다.

싯디마의 응시로 나는 이러한 경험을 불러올 수 있었다. 그녀 덕택에 그것이 처음 일어났을 때는 너무 어려서 이해할 수 없었던 내 삶의 요소가 그 순간 내 것이 되었다. 그 순간은 슬픔에 휩싸여 있었지만, 나의 사랑할 수 있는 능력이 되돌릴 수 없을 만큼 손상된 것은 아니라는 사실을 깨달았다. 그렇게 앉은 채로 몇 분이 지나자, 싯디마는 나를 한 번 더 보더니 미소를 지었다. 그리고는 수행원들을 시켜 나에게 쁘라사드, 즉 축복을 담은 정신적 자양분을 상징하는 은박지로 싼 우유 사탕을 주었다. 그들은 웃으며 나에게 많이 먹도록 권하였다.

싯디마가 실제로 그 순간 내게 일어났던 변화를 알고 있었는지 혹은 나에게 일어난 일이 싯디마와 관련이 있는 것인지 나는 모른다.

그 마을에는 실제로 고대 힌두 사원이 있었는데, 무너진 사원 앞의 휘장 뒤로 검은 화산석에 대한 다르샨이 이루어지고 있었다. 화산석에는 특수한 천이 드리워져 있었고 브라만 사제들이 의식을 진행하였다. 희미하게 빛나는 사원의 원형 강당에는 의자는 없었지만 끊임없이 사람들로 북적거렸다. 군중들에게 검은 화산석을 보여 주기 위해 한 시간에 몇 차례씩 커튼이 잠시 젖혀져 열리곤 했다. 사람들은 그때마다 흥분에 휩싸였고, 바위가 모습을 드러낼 때 갖가지 정서적 경험을 하곤 하였다. 그들이 하고 있는 경험은 내가 싯디마에게서 느낀 것만큼이나 강렬해 보였다.

여기서 정신치료가 주목해야 할 점은, 치료자가 문제 해결의 기술을 통해 도움을 줄 수 있는 만큼이나 자신의 존재 자체를 통해서도 대단한 영향을 미칠 수 있다는 것이다. 특히 환자의 정서적 괴로움이 근본적인 결함이나 언어 이전의 기억되지 않은 경험, 혹은 부재나 공허함의 형태로 남아 있는 경험 때문일 경우, 치료자가 그 순간을 편안한 주의집중으로 채우는 능력은 매우 중요하다. 그것은 환자들이 관계를 형성하면서 조금의 거짓에도 특별히 민감한 반응을 보이는 경향이 있기 때문이기도 하지만, 그들 속에 있는 틈을 느끼도록 하기 위해서 그들이 치료자의 이러한 종류의 집중을 필요로 하기 때문이다. 그렇지 않으면 치료는 매우 위협적일 수 있다.

바로 이러한 감정이 지금 여기서 나타날 수 있게 하는 것은 치료자의 침묵, 즉 뭔가를 불러일으키는 치료자의 존재를 통해서다. 내가 말하는 침묵은 죽은 침묵도 아니고, 경직된 듯한 침묵도 아니며, 가능성과 질감으로 가득 찬 침묵이다. 동남아시아의 불교 전통에는 침묵에 대한 다른 21개의 단어가 있다. 생각 사이의 침묵, 집중된 마음의 침묵, 알아차림의 침묵 등등이다. 정신치료는 침묵을 필요로 한다. 이때 침묵은 침묵이 없으면 접근할 수 없던 것을 행동화하도록 허용하며 또한 예전에는 생각하도록 허용되지 않았던 것을 생각할 수 있게 한다. 우리 모두는 이러한 침묵에 굶주려 있다. 침묵은 우리가 소외되었던 이러한 자질들을 되찾을 수 있게 허용하기 때문이다. 명상 수행은 이러한 치유적 침묵을 위한 금광과도 같아서 정신치료를 수행할 때 미발굴의 훌륭한 천연 자원 구실을 할 것이다.

치료자가 그 날의 치료에서 다룰 사항도 없이, 환자에게 특정한 경험을 강요하지도 않고, 환자에게 어떤 일이 일어날 것인지 혹은 환자가 어떤 사람인지를 알고 있다는 사실도 잊은 채 환자와 함께 앉아 있을 수 있다면, 그 치료자는 명상의 교훈을 치료에 불어넣고 있는 것이라 하겠다. 환자는 치료자의 그러한 자세를 느낄 수 있는데. 이 점이 환자 스스로 침묵을 지키는 동안 가장 중요한 점이다. 왜냐하면 환자가 침묵에 빠져들 때 종종 환자는 어떤 새롭고 탐구되지 않은 영역으로 들어갈 준비를 하기 때문이다. 자발적이고 대본 없는 진정한 의사소통은 그러한 순간에 존재한다. 그런데 환자는 무엇보다도 그러한 의사소통이 안전한 것인지를 알기 위해 치료자의 정신 상태를 감지한다. 침묵의 시간 동안 환자는 치료자에 대해 매우 민감하나.

정신치료가 환자에게 흥미로운 것은 이러한 정신 상태 때문인데, 이는 수세기 전에 이미 다른 형태로 기술되었다. 즉 고대 티베트 스승은 "생각하지도 말고 계획하지도 말고 인식하지도 말라."라고 조언하였다.

> 주의를 기울이지도 탐색하지도 말라. 즉 마음을 마음자신의 영역에
> 다 두어라.
> 어디에서도, 어떠한 잘못도 보려고 하지 말라.
> 아무것도 마음에 담아두지 말라.
> 발전의 징표를 갈망하지 말라.
> 비록 이 말이 주의를 기울이지 말라는 뜻으로 들리더라도
> 게으름에 빠지지는 말라.
> 끊임없이 살피면서 집중하라.[2]

　환자가 이 특정한 마음의 상태를 '유지'하는 것은 엄청나게 힘든
일임과 동시에 크나큰 해방이다. 이것이 힘든 이유는 이러한 경험이
자칫 환자의 정신세계에서 불완전한 미해결의 자료들, 즉 치료를 하
는 진짜 이유(겉으로 말하는 이유와는 다른)를 강제로 떠오르게 하는
경향이 있기 때문이다. 이것이 크나큰 해방인 이유는 이런 종류의 집
중이나 그로부터 파생된 것이 바로 우리가 찾고 있는 것이기 때문이
다. 불교가 치료자로서의 나에게 어떠한 영향을 미쳤냐는 질문을 받
았을 때, 나는 종종 아무런 영향을 미치지 않았다고 말하고픈 충동
에 빠진다. 그러니까 내가 치료를 할 때는 그냥 치료를 하는 것일 뿐
이고 명상에 대한 관심은 그것과 아무런 관련이 없다고 말하고 싶다.
하지만 이러한 대답이 경솔하다는 것은 알고 있다. 명상을 통해 나
는 유능한 치료자가 될 수 있었다. 말하자면 가장 결정적인 치료의

순간에 환자를 방해하지 않는 법을 알게 된 것은 명상의 덕택이다.

비온(W. R. Bion)은 이러한 마음의 치료적인 힘을 인식한 정신분석학자였다. 또한 그는 종종 혼란스러워하고 때로는 적대적이기까지 한 치료자들에게 이것의 유용함을 가르치려고 시도했다. 비온은 인도에서 태어났지만, 고국이 자신에 대해 미친 영향을 인정하지 않았다. 자신의 저서 『집중과 해석(Attention and Interpretation)』에서 지적한 대로, 그는 자신의 마음 상태가 가지는 정신치료적 잠재력에 관해 자기 특유의 방식으로 설명했다.

> 분석가는 기억이나 욕망과 같은 정신 활동을 피하는 것은 매우 중요하다. 어떤 신체적 활동은 오히려 신체의 건강에 해로운 것처럼, 그와 같은 정신 활동 역시 정신 건강에 해롭다. …… 만약 정신분석가가 의도적으로라도 자신의 기억과 욕망을 없애지 않는다면, 환자는 그것을 '느낄' 수 있고, '욕망'이라는 용어로 표현되는 분석가의 마음 상태에 사로잡혀 갇혀 버린다는 인상을 받게 된다.[3]

비온은 프로이트가 일찍이 깨달은 점을 그대로 말하고 있었다. 치료자와 환자 사이의 침묵은 엄청나게 생산적일 수도 있고 반대로 엄청나게 부정적일 수도 있다. 침묵의 시간 동안에는 소리 없는 대화가 이루어진다. 즉, 환자는 치료자의 정신 상태를 감지하고, 치료자는 환자로부터 많은 것을 직관할 수 있다. 프로이트는 환자와 분석가 사이에는 무의식적으로 직접적인 대화가 오간다고 믿었다. 그리고 이러한 환경을 조성하는 것은 바로 치료자의 몫이다.

간섭하지 않음

프로이트는 이러한 집중의 태도를 적절하게 설명하면서, 환자의 무의식이 표류하는 것을 파악하는 데 치료자에게 유용한 것만을 강조하였다. 그가 설명을 빠뜨린 것은 비온이 암시를 주었다. 즉, 이러한 마음 상태가 환자에게 미치는 영향이다. 프로이트가 설명한 상태는 반드시 필요한데, 그 상태에서만 치료자의 마음이 환자에게 강요로 느껴지지 않기 때문이다. 치료자의 기대나 욕망은 아무리 미세한 것이라도 환자로 하여금 압박을 느끼게 하고 그 압박에 순응해야 할 것 같은 느낌을 갖게 한다. 간섭하거나 무시하는 부모와 유사한 이 경우는 아무리 강조해도 지나치지 않다.

실제로 프랑스의 정신분석가 자닌 사스게이 스미르겔(Janine Chasseguet-Smirgel)은 이러한 비언어적 의사소통 능력은 치료자가 어머니와 같은 기능을 하기 위해 필요하다고 분명히 말했다. 그녀는 이것의 유용성에 의문을 품는 사람은 자신의 여성적인 측면에 대한 숨겨진 두려움을 가지고 있음에 틀림없다고 주장했다.[4] 명상의 상태가 많은 정신치료자들에게 대단히 위협적이게 만드는 이유는 바로 여성성에 대한 두려움이다. 그러한 정신치료자들은 그러한 마음 상태를 제공하기를 거부하는데, 왜냐하면 그러한 마음 상태는 그것이 가지는 불간섭적인 특성 때문에 환자로 하여금 그들 자신의 집착점을 발견하도록 허용하기 때문이다. 순야타(sunyata), 즉 공이라는 불교 용어는 근원적이고 어원적인 의미로서 '충만한 텅 빔, 생명이 발생하는 빈 곳'이라는 의미를 갖는다. 치료자가 침묵을 통해 이와 같은 비옥한 조건을 만들 수 있을 때, 환자는 아직 끝내지 않은 것과 접촉하고 자각하지 못한 채 동일시하고 있는 것과 마주치지 않을 수 없다.

몇 년 전 폭력 강도가 들이닥친 후로 아버지와 있었던 성적 접촉을 기억하기 시작한 여자 환자와 근래에 면담을 한 적이 있다. 그때 위에서 언급한 점이 떠올랐다. 이러한 환자들이 그러하듯 그 여자는 자신이 기억하고 있는 것이 사실인지 의심하고 있었다. 하지만 점차 그것이 사실일 수도 있다고 생각하고 있었다. 그 전날 밤 꾼 꿈에서 그녀는 지갑과 가방을 모두 도둑맞는 바람에 신분증을 잃어버렸다고 했다. 그녀는 흥분을 가라앉히지 않고 면담이 시작될 즈음 이 꿈 이야기를 꺼냈는데, 이야기를 하는 도중에 나를 잘 쳐다보지 않았다. 이때 그 여자가 치료 중에 그런 행동을 하는 것은 별다른 일이 아니었다. 최근에 성격이 난폭한 남자와 사귀다가 헤어졌는데, 그녀는 종종 사냥꾼에게 갑자기 잡힌 동물처럼 정신이 혼란스러워 보였고 두려움에 떨곤 했다.

그 말을 한 후 긴 침묵이 있었다. 여전히 불편해 하면서 환자는 갑자기 또 몹시 혼란스러워진다고 말했다. 그녀가 명백하게 그 감정 때문에 불만스러워 하고 그 감정을 자기의 꿈을 이해하는 데 걸림돌 정도로 치부하는 것 같아서, 나는 그녀에게 그 혼란스러운 감정을 줄이려고만 하지 말고 그 감정과 함께 있어 보라고 권유했다. 그것은 텅 빈 침묵으로부터 나타난 혼란이었고 그녀는 여전히 그 혼란과 자신을 동일시하고 있었다. 즉, 혼란은 그 꿈 때문에 깨닫게 된 끝내지 않은 자료였다.

그녀의 다음 기억은 아버지와의 끔찍한 일이 있은 후 저녁을 먹으러 식탁에 왔을 때 아버지가 상석에 앉아 있는 것을 본 일이었다. '그러면 그녀는 누구였을까?' 하고 그녀는 모두 정상적으로 행동하고 있는 부모와 자매들을 보면서 자신에 관해서 생각했던 것을 기억했다. 이것이 혼란의 씨앗이었다. 자신과 아버지라는 두 그림을 조화시킬 수 없어서, 그녀는 그들 사이에 비밀스럽게 전개되었던 일의 진실성을 몇 년간 부인하였다. 그 꿈은 지갑의 분실로 상징되는 강간이라는 명백한 의미를 넘어서서 그 외상이 서서히 가져온 결과를 드러내었다. 그 결과는 혼란으로, 그녀는 괴로움을 느꼈고 믿을 수 없는 남자들과 계속하여 무의식적으로 관계를 맺게 되었다.

나는 환자에게 혼란을 허용하면서 명상적으로 반응하고 있었다. 나는 그녀가 그것에 집중하도록 종용했지만 그것이 무엇을 의미하는지는 몰랐다. 즉, 나는 그 혼란이 장애가 아니라 그 자체가 흥미로운 현상으로 취급될 수 있다는 정도만 알 뿐이었다. 내 자신이 매 순간 알아차림의 훈련을 해 왔기 때문에 이러한 접근이 가능했고, 주의집중적인 태도를 유지하는 나의 능력에 힘입어 환자는 더욱더 완전히 자신의 경험 속으로 들어갈 수 있었다.

기억과 욕망

프로이트가 고르게 걸쳐 있는 주의의 중요성에 대해 명백히 강조를 했지만, 치료자들은 그 이후로 프로이트의 조언을 받아들이는 데 큰 어려움을 겪었다. "너무 어렵습니다." 그들은 불평했다. "어떻게 해야 할 수 있는 겁니까?" 그들은 묻는다. 산도르 페렌치(Sandor Ferenczi)는 "인생의 다른 경우에는 이런 긴장은 거의 일어나지 않는다."고 하며 한숨짓기도 했다.[5] 치료자들은 지적인 활동, 비판적인 검토, 문제를 해결하는 사고 혹은 인지적 과정과 고르게 걸쳐 있는 주의가 어떤 관계를 가지냐는 질문을 던진다. 1938년에 발행되어 여전히 영향을 미치고 있는 『정신분석적 기법의 문제들(Problems of Psychoanalytic Technique)』이라는 작고 빨간 책의 저자 오토 페니켈(Otto Fenichel)은 혼자 힘으로 많은 정신분석적 기법을 체계화했다. 그는 이 책에서, 프로이트의 본래 권고를 이행하려고 노력한 사람들은 단지 그들의 무의식에서 표류하고 있을 뿐이고 "거의 아무 일도 하지 않는다."[6]고 비난하며 하찮게 보았다.

  이 모든 분석가들이 이해하지 못한 것—그들을 탓할 일은 아니다. 그들은 명상에 대한 경험이 없기 때문이다—은 단순한 마음 상태, 다시 말해서 균형 잡힌 순수한 주의집중이다. 즉, 고르게 걸쳐 있는 주의는 비언어적 사고와 이성적, 지적 사고의 양자 모두를 포괄할 수 있다는 뜻이다. 인지적 과정을 반드시 치료자가 시작할 필요는 없다. 스스로 일어난 것만으로도 충분하다. 말할 만한 의미 있는 것이 있을 때 이 사실은 더욱 명백해진다. 그러나 많은 경우 치료사의 지석 활농은 환자가 침묵을 경험하는 데 대한 방어, 다시 말해서 발견을 실제의 가능성으로 만드는, 공동으로(jointly) 생각하지 않고 그 상태를 경험하는 것(not-knowing)(역주: not-knowing의 의미가 어떤 편견이나 견해, 조건에서 벗어나 사물을 있는 그대로 경험하는 것으로 보고 '생각하지 않고 그 상태를 경험하는 것'으로 번역하였다)에 들어가는 것을 거부하는 것이다.

많은 사람들에게 궁극적으로 치료적인 것은 자신의 고통을 설명하기 위해 과거를 서술적으로 구성하는 것이 아니라, 치료자의 진료실에서 자신에게 고착된 정서와 정서적 사고 혹은 정서적 사고로 인한 신체적 잔재물을 직접 경험하는 것이다. 이러한 감정들은 방이 조용해지면 침묵 속에서 고개를 들고 그 존재를 서서히 드러낸다. 이들은 성난 욕구, 언짢은 상처, 희망 없는 분노의 형태로 드러나는데, 이는 곧 사람들로 하여금 이유도 모른 채 파괴적인 행위를 계속하게 만드는 근본적인 결함의 증거라고 할 수 있다. 미국인 선사 샬롯 조크 벡(Charlotte Joke Beck)은 선의 본질이란 "정서-사고의 얼어붙은 방해물"[7]을 녹이는 법을 배우는 데 있다고 말했다. 명상은 이와 관련해 두 가지 작용을 한다. 명상은 치료자에게는 치료적 소통에서 이러한 가장 개인적인 감정이 드러날 수 있게 하는 방법을 가르치고, 환자에게는 일단 감정이 드러나면 그 드러난 감정과 함께하는 법을 일러 준다. 오직 이를 통해서만 끝없는 정서의 되풀이에 마침표를 찍을 수 있는 가능성이 열린다.

치료에 순수한 주의집중을 적용하기

치료 관계가 충분히 확립되어 환자가 과거에 해결되지 않은 정서들을 반복하기 시작하면, 치료는 그 감정들과 함께하는 법으로 초점을 옮긴다. 여기서 또 한 번 명상이 요긴하게 사용된다. 치료자와 마찬가지로 환자 역시 어떻게 주의집중을 효과적으로 달성할 수 있는지 배운 적이 없다. 우리는 치료자로서 환자가 자유 연상을 수행해내기를 기대하지만, 환자에게 정작 어떻게 해야 하는지는 가르쳐 주지 않는다. 특히나 환자가 어려운 정서를 경험할 때, 순수한 주의집중의 방법은 실제적인 감정을 행동화하거나 회피하려고 하는 일반적인 경향에 대처하는 데 상당한 도움을 준다. 명상적인 관점을 지닌 치료자로서 내 과업의 대부분이 치료의 맥락 안에서 환자가 반복하고 있는 것에 주의를 기울이는 법을 명상적이고도 치료적인 방식으로 가르치는 것이다.

우리가 반복하는 정서들은 우리가 가장 잘 동일시하면서도 정작 알지 못하는 것들이다. 그것은 우리가 스스로에 관해 알고 싶어 하지 않는 정서들이며 따라서 순수한 주의집중이 가장 필요한 대상이기도 하다. 1988년에 필자도 참여한 "서양을 만난 붓다 : 동양 심리학과 서양 정신치료의 통합"[8]이라는 제목의 패널 토론회에서 저명한 행동주의자 라인한(Marsha M. Linehan)이 묘사했듯이, 아주 정서적이고 자살의 위험이 있는 '경계성' 환자들조차 자신의 정서에 대해 본질적으로 공포증을 가지고 있는 것으로 드러났다. 그들은 많은 정서들을 겉으로 드러내지만—프로이트적 언어로 말하자면, 반복한다—동시에 다른 모든 사람들에게는 아수 명백한 그들 자신의 바로 그 측면으로부터 소외되고 그것을 두려워하기까지 한다. 라인한이 발견했듯이, 순수한 주의집중의 원리는 그 정수(精粹)가 추출되어 환자들이 자신의 정서에 대한 민감성을 완화하는 과정에서 하나의 행동 양식으로 이용될 수 있다. 이와 비슷한 과정은 정신치료의 영역에서도 역시 필수적이다.

이 점은 에덴이라는 여자 환자와의 치료에서 확실히 드러났다. 에덴은 오랫동안 치료를 받았지만 치료 성과가 전혀 보이지 않았다. 예컨대, 42세 무렵 에덴은 어머니와 같은 방에 들어가서 20분을 채 참지 못하고 어머니가 잘못한 점을 일일이 꼬집었다. 에덴은 그런 식으로 행동하는 자신이 싫었지만 자신도 어쩔 수가 없었다. 그녀의 행동은 자신 안에 깊이 있는 고통이 겉으로 표출된 것이었다. 어린 시절 어머니가 자신에게 관심을 쏟지 않은 까닭에, 에덴은 분노로 가득 차서는 어머니가 자신에게 약간이라도 비난조로 말하거나 묻거나 강요조로 요구했을 때마다 폭언을 퍼붓곤 했다. 예를 들면, 어머니가 "네가 외출하면 아이들은 누구랑 있니?" "오늘 애들 저녁 식사 메뉴가 뭐였니?" "왜 작은 애가 오늘 기분이 안 좋니?" 따위의 질문을 했을 때, 에덴은 이런 질문들을 엄마로서 자신의 능력에 대한 비판적인 코멘트로 해석했다. 그리고 실제로 그랬을지도 모른다. 그러나 이런 질문에 대한 에덴의 반응은 사춘기적이었다. 에덴은 삶의 다른 영역에서는 성숙한 모습을 보였으나 유독 어머니와의 관계에서만은 그렇지 못했다. 언제나 좌절된 그녀의 요구에 대해 어머니는 다르게 반응했어야 했다. 에덴의 보상에 대한 욕구는 너무나 강해서, 하루는 어머니의 집에서 저녁 식사를 한 뒤 나가면서 어머니가 잘 가라고 포옹해 주지 않았다는 사실을 알려 주기 위해 어머니에게 전화를 건 적이 있다. 그런데 놀랍게도 어머니는 에덴이 나갈 때 분명히 포옹을 해 주었다. 에덴은 전혀 그 동작을 알아차리지 못했던 것이다.

물론 에덴이 자신만의 느낌을 공고히 한 데는 이유가 있었다. 그녀가 기억하는 모녀 관계란 것은 가깝기는 하지만 애정은 거의 없다시피 한 그런 관계였다. 어머니가 자신을 안아 주지 않았다고 착각하게 만든 그 분노는 적어도 어릴 적, 그리고 현재에도 계속되는 두 사람 사이의 기질적인 부조화를 뜻한다. 에덴의 커서 기억은 어머니가 에덴의 욕구를 감지하고 그에 반응하는 데 어려움을 가지고 있었다는 것을 나타내 준다. 예를 들어, 열두 살에서 열다섯 살까지 에덴의 몸은 사춘기가 되어 변하고 성숙해 가고 있었는데, 어머니는 이러한 변화를 무시한 채 에덴에게 어렸을 때의 옷을 입혀서 학교에 보냈다. 에덴은 자기 몸에 대해 부끄러웠지만 어머니에게 도움을 요청했다간 더 무시를 당할 것 같아서 그러지도 못했다. 동시에 어머니는 에덴의 다른 생활에 대해 지나치게 상관을 하며 몸무게와 식습관에 대해 사사건건 간섭을 했다. 그래서 에덴은 자신이 무엇을 먹는지 어머니에게 숨기게 되었다. 결국 주치의의 충고를 받아들인 어머니가 에덴에게 나이에 맞은 옷을 입히게 되어 그 점에서는 어느 정도 위안을 얻었지만, 여전히 자신의 존재가 없는 것 같고(unseen) 무시당하고 있다는 느낌을 지울 수 없었다. 또한 자신에게 무언가 엄청나게 잘못된 일이 일어나고 있는 것만 같았다. 한 번은 어머니에게 자신의 고통과, 자신이 보이지 않는 듯한(invisible) 느낌을 편지로 써 어머니의 베갯머리에 넣어두었다. 그러나 어머니는 아무 반응도 하지 않았다.

성인이 되어 에덴은 불교 철학에 매료되었다. 그러나 그녀는 형식적인 명상 수행에는 반대했다. 그녀는 독립이라는 기치하에 형식화된 명상에 저항했다. 즉, 인위적인 명상 체계를 받아들이지 않고 자신의 고유한 방식으로 명상을 할 수 있었다. 또한 그녀에게 이래라 저래라 하는 완벽하지 못한 여타 명상 스승들도 신뢰하지 않았다. 그러나 에덴은 치료를 하면서 사실은 자신이 스스로의 고통을 두려워하고 있다는 사실을 깨달았다. 어머니와의 문제 있는 관계 때문에 에덴은 자신이 무가치하다고 여기고 상처를 받았으며, 이로 인해 자신에 관한 그러한 깊은 감정들과 함께할 수가 없었다. 대신에 그녀는 어머니로부터 뭔가 다른 메지지를 받으려는 헛된 시도 속에서 자신을 원래의 문제로 계속 내던졌지만, 어머니 역시 똑같이 에덴으로부터 소외감을 느꼈음은 두말할 필요가 없다.

　에덴은 치료를 받으면서 어머니에게 했던 것과는 달리 자신의 화를 행동화하지 않았다. 오랜 시간 동안 그녀는 단순히 세세한 이야기만을 들려줄 뿐 정서를 드러내지는 않았다. 그러던 어느 날 그녀가 별안간 울음을 터뜨렸다. 한 몇 주간은 왜 그러는지도 모른 채 계속 울기만 했다. 진료실을 찾아와서 자리에 앉으면 얼마 되지 않아 울기 시작했다. 에덴은 울면서 항상 슬퍼 보이지는 않았지만 흐느끼고 있다는 데 심한 수치심을 느꼈다. 어머니와의 불만족스러운 관계로 입은 상처와 고통을 경험하고 있기도 했지만, 더 중요한 것은 에덴이 나의 존재 속에 자신을 용해시키고 있다는 사실이었다. 슬픔뿐만 아니라 사랑과 기쁨에서 발생하는 이러한 용해는 에덴이 이제껏 얻을 수 없었던 것이었다. 그녀의 어머니는 에덴의 정서가 자신에게 불편하다는 이유만으로 에덴의 정서들이 표현되도록 허용하지 않았다. 에덴의 편지에 대해 아무런 반응을 보이지 않았던 그 일에서 가장 극적으로 나타난다. 에덴이 자신의 정서적 표현에 대해 느낀 부끄러움은 어머니가 원하는 딸이 되지 못했기 때문에 느꼈던 부끄러움을 반영한다. 그녀는 어머니의 요구에 대처하기 위해 자신의 자아 경계를 미성숙한 채로 세울 수밖에 없었고, 항상 자신의 감정에 따르는 것은 위험하다고 생각했다. 성인이 되어 생긴 어머니를 향한 통제되지 않은 분노는 자신의 감정은 위험하고 통제 불능인 것이라는 인식을 강화할 뿐이었다.

에덴의 어머니는 에덴을 바깥 세계에 준비시키는 것에만 관심을 가졌지, 딸의 내부 세계에 도달해 보는 것에 대해서는 전혀 생각해 보지 않았다. 에덴은 치료를 통해 어머니로부터 특별한 무언가를 기대하지 않게 되었고, 자신의 상처와 고통을 받아들일 수 있었다. 또한 자신이 느끼는 무가치함은 어머니와의 불완전한 관계 때문에 자연히 발생하는 결과라는 것도 알아차렸다. 여기서 이루어진 치료는 어떤 면에서 모든 존재를 어머니로 여기라는 티베트의 수행과는 정반대다. 에덴은 자신의 어머니를 더 이상 어머니로 보지 말아야 했다. 어머니는 단지 타인일 뿐이며, 이런 생각을 통해 어릴 적 경험을 지나치게 상기시키는 소소한 모욕들을 참아 낼 수 있었다. 그러나 내 치료 중 그녀에게 가장 도움이 된 것은 에덴의 힘든 상황에 대한 분석이 아니라 과거에 금지되었던 감정을 경험할 수 있게 하는 안전한 환경을 내가 만든 것이었다.

보 상

　다루기 힘든 감정들(예컨대, 화, 욕망, 흥분, 수치심, 불안 등)이 모두 이러한 치료적 순수한 주의집중의 초점이 될 수 있는 반면, 이러한 특별히 일반적인 감정군(Constellation)은 에덴의 이야기가 그토록 환기한 보상(Reparation)을 위한 노력과 관련이 있다. 우리가 잘 기억하지는 못하지만 행동으로 반복해서 드러내는 것은 유년기 각본에서 나오는 것이다. 그 속에서 우리는 올리버 트위스트처럼 뒤늦게 더 많은 것을 요구한다. 이와 관련된 감정들은 너무 일찍 부모로부터 떨어지거나 단절되었거나에 관한 것이거나 실재하지 않고 잊혀졌다는 느낌에 대한 것이다. 최근에 내 환자가 진술한 대로 일반적으로 이것은 '모두가 날 미워한다.'는 느낌에 사로잡히거나 자신은 견딜 수 없을 정도로 혼자라는 느낌을 초래한다. 또 다른 일반적인 경우는 어떤 사람의 주의를 끌기 위해 시끄럽게 떠드는 것인데, 이때 그 사람은 관심을 줄 만한 사람이 아니라는 사실이 이미 여러 번 입증된 사람이다.

　프로이트가 다소 빨리 발견한 대로, 우리는 외상적인 유년의 사건을 명상이나 정신치료를 통해서는 거의 직접적으로 기억하거나 경험하지 못한다. 오히려 어떻게 보면 어렸을 적의 박탈감을 보상하거나 부정하는 시도라고도 볼 수 있는 행동들을 반복할 가능성이 더 크다. 에덴이 어머니와의 관계에서 보여 준 대로, 항상 존재해 왔던 불완전한 관계를 받아들이는 것보다는 화를 내며 완벽한 부모와의 조화를 요구하는 편이 훨씬 수월하다. 부모와의 관계를 개선할 수 있고, 말 없이 사랑하는 사람에게 자신을 내맡길 수 있으며(결코 이렇게 해본 적은 없음) 또는 우리를 실망시켜 왔던 사람과 더 이상 실망이 없는 조화로운 관계에 도달할 수 있기를 바라면서, 우리는 끊임없이 보상을 요구한다. 그러나 이러한 행위 속에 들어 있는 욕구는 언제나 다른 사람을 변화시키려고 할 뿐, 자기 자신을 변화시키려고는 하지 않는다.

정신치료자로서 내 작업은 우리 자신을 변화시키는 방법에 관한 것이다. 사람들은 분노를 반복하거나 실망을 주는 분리를 없애려고 지속적으로 시도하며, 주목받고 싶어 하는 음울한 갈망을 계속해서 느낄 수도 있다. 이러한 사람들을 변화시키고자 할 때 사람들은 먼저 그들이 무엇을 반복하고 있는지를 바라보는 법을 배워야 한다. 그리고 다음으로 보상을 요구하는 이면에 존재하는 내적인 공허감을 느끼는 법을 배워야 한다. 내적인 공허감은 근본적 결함으로 상처 입은 사람들이 너무도 동일시하는 감정이기 때문에 순수한 주의 집중을 기울여 놓치지 말고 관찰해야 한다. 종종 사랑하는 이에게 거부당한 사람은 자신이 느끼는 모든 분노로써 공허감과 싸운다. 치료자는 사람들이 분노로써 방어를 하지 않고 공포스러운 공허감을 직접 경험하도록 도와줌으로써 사람들 자신의 지각에 깊이 스며들어 있는 공포로부터 점차 벗어날 수 있게 한다. 이것은 정신치료가 오랫동안 품어 왔던 목표이며, 명상적 자각의 공헌을 통해 더 잘 접근될 수 있다.

틈

내가 초보 치료자였을 때, 페이지라는 젊은 여자가 대학을 중퇴하고 자살을 고려한 후 치료를 받으러 왔는데, 나는 그녀와의 치료에서 보상받고자 하는 충동에 관한 교훈을 배웠다. 그녀는 가족으로부터의 지도나 지지가 없어 공허감을 느꼈고, 관계를 갈망함과 동시에 두려워했는데, 또한 그러한 관계들에서 모욕당할까 봐 두려워했다. 처음에 그녀는 주기적으로 쫓기고, 위협받고, 모르는 사람이 다가와 말을 걸거나 쫓아오는 악몽에 시달렸다. 그녀는 치료 시간이 아닌 시간에도 자주 전화하기 시작하였고, 때로는 절망적으로 도움을 요청하였으며, 때로는 내가 그녀를 실망시키고 있는 방식에 대해 엄청나게 화를 내기도 하였으며, 내가 다시 전화를 걸어 추가적인 치료 약속을 하기를 요구하고, 그녀를 돌보기 위해 다른 모든 것은 내버려 두도록 요구하기도 하였다. 나는 그녀를 돕고 위로하며, 내 역할의 한계를 설명하려고 하는 등 최선을 다했지만, 결코 충분하게 할 수 없다는 것을 곧 느끼기 시작했다. 합리적이고자 했던 이 모든 시도는 페이지를 거의 돕지 못했다. 그녀가 사실상 나를 파괴하려고 한다는 것, 나와의 사이에 어떠한 경계도 원하지 않는 사실, 그리고 나에 대한 그녀의 요구에 분노가 섞여 있는 것, 자신의 강렬한 분노를 그녀 스스로 두려워하고 있으며 자신의 공포에 대해 도움을 필요로 한다는 것을 알 수 있었을 때에서야 비로소 나는 '좋은' 치료자가 되기 시작할 수 있었다.

나와의 관계에서 페이지는 어린아이였을 때, 부모의 부재에 대해 느꼈던 많은 분노를 반복했다. 그러나 그녀는 그 분노를 내게서 경험하고 있었고 그것을 자신의 어릴 적으로 추적하는 것에 대해서도 아무런 즉각적인 관심을 보이지 않았다. 내 첫 번째 과제는 페이지가 자신의 느낌을 단순히 행동화하지 않고 경험할 수 있는 방법을 찾도록 돕는 일이었다. 페이지는 분노한 그만큼 자기 자신을 완벽히 자각하지 못했다. 그녀는 나에 대해 요구할 권리가 있다는 정당한 분노에 사로잡혀 있었다. 그리고 실제로 자신의 분노보다는 자신의 정당성과 더 접촉해 있었다. 그래서 그녀의 꿈은 자신의 격노를 담고 있었지만 항상 방향이 바뀐 형태였다. 다시 말해, 사람들이 그녀를 쫓고 위협하였지, 그녀가 사람들에게 분노를 표현하는 방식은 결코 없었던 것이다. 페이지는 자신의 분노를 결코 잠글 수 없는 수도꼭지와 같은 것으로 보았기에, 이유 없이 화를 내는 것도 두려워하였고 인내하면서 자신의 감정과 함께하는 것도 두려워하였다. 내가 치료 시간이 아닐 때 전화하는 것을 금지하고, 내가 고수하는 명확한 경계를 그었을 때, 페이지는 묘한 경감과 동시에 나에 대해서는 좀 더 조심성 있는 분노를 느꼈다. 이는 그녀로 하여금 자신의 해리된 분노의 감정을 상징하는 꿈속의 기분 나쁜 추적자들에게 초점을 맞출 수 있도록 하였다. 페이지는 분노를 느낀다는 것이 무엇을 의미하는지 배움으로써 자신의 분노를 소유할 수 있게 되었고, 끔찍한 투사의 영역에 더 이상 머물지 않고 좀 더 인간적일 수 있게 되었다.

페이지가 자신의 분노와 함께 있는 법을 배우게 된 후, 그녀는 어린 시절의 돌이킬 수 없는 상실을 더 슬퍼할 수 있게 되었다. 소외되고 고립된 박탈감을 강화하곤 했던 조건들을 나에게 하듯이 현재 삶에서 영속시키는 대신에 페이지는 어릴 적 경험의 결과로서의 그러한 감정들을 받아들이는 방법을 배우기 시작했다. 그 박탈감에 명상적 자각을 반복해서 적용시키고 점차 그것들에 둔감해짐으로써, 페이지는 여태까지의 자신을 인정할 수 있었고, 그녀가 되고자 하는 방향으로 나아갈 수 있었다.

망령을 조상으로(ghosts into ancestors)

그 후의 치료 과정은 바로 이러한 슬퍼함(grieving)을 격려하는 것이다. 정신분석가 한스 로월드(Hans Loewald)는 치료자와의 관계 속에서 '인정의 피(blood of recognition)'라고 부른 것을 맛봄으로써 환자에게 붙어 다니는 망령을 조상으로 전환시켜야 한다고 했다. 그는 망령들은 무의식으로부터 이끌려 나와서, 치료 관계의 강력함을 통해 다시 깨어난 후, 묻혀져서 역사로 돌아가 환자로 하여금 현재의 관계들에서 더 유연하면서도 강해지도록 해야 한다고 주장했다.[9] 비슷한 분위기로, 영국의 정신분석가 마이클 밸린트(Michael Balint)는 근본적 결함에 관해 언급하면서, 환자로 하여금 '폭력적인 분노를 유감(regret)'[10]으로 바꾸도록 도와야 하고, 환자의 정신에 확립되어 온 상처와 환자가 화해할 수 있도록 도와야 한다고 하였다. 이렇게 널리 인용된 비유들에 함축된 것은 최초의 결핍감으로 인한 어려운 감정은 실제로 사라지지 않는다는 인식이다. 그것들은 아마 유교 가정의 조상처럼 대문 위 선반에 안치되어 소중히 간직될 수 있을 수 있으며, 큰 존중을 받아야만 한다.

일단 상처가 확인되고, 결함이 인식되며, 분노가 슬픔으로 전환되면, 그때 명상이 새로운 방식으로 사용될 기회가 생긴다. 상처의 흉터는 분명 사라지지 않기 때문에, 그 경우 개인은 자기가 실체로서 존재한다는 느낌의 대부분이 그것을 중심으로 해서 모여 있는 그 결점에 주의를 집중할 기회를 갖는다. 근본적 결함에 빠진 서양인들이 불교의 무아설을 탐구하기 시작할 때, 처음에는 반드시 그들이 얼마나 자신의 정서적 고통과 동일시되었는가를 보게 된다. 이것은 오직 치료나 오직 명상과 관련된 것만은 아니며 가능한 한 다양한 많은 도움을 필요로 하는 것이다. 한편, 일단 관찰하는 마음을 흐리게 하는 '폭력적인 분노'로부터 정화되면 훈습의 과정은 실질적으로 시작될 수 있다.

프로이트는 어떻게 하면 치료적 관계를, 반복되는 정서들을 훈습하는 수단으로 만들 수 있을까 구상하던 중, 흥미로운 내용을 언급하였다. 처음에는 그 정서들 자체가 '명확한 영역에서' 드러날 수 있는 권리가 주어져야 한다고 그는 주장했다. 이때 치료적 관계는 '숨겨진 모든 것'이 자신을 드러낼 수 있는 '운동장'과 같은 것이 되어야 한다. 치료에서 나타나는 것은 질병과 현실 사이의 '중간지역',[11] 영혼의 중간지대와도 같은 것이다.

많은 사람이 프로이트가 심사숙고한 것이 지나치게 이상적이라고 생각하지만 문제는 프로이트가 제자들에게 그가 상상했던 환경을 어떻게 만들 수 있는지를 가르치는 데 실패했다는 것이다. 명상은 치료자와 환자 모두에게 프로이트가 말한 '중간지역'을 유지하는 방법과 정서나 행위가 '명확한 영역에서 자신을 드러낼 수 있게' 하는 데 반드시 필요하다. 붓다의 순수한 주의집중이라는 방편은 프로이트가 말한 운동장을 구축할 수 있는 하나의 수단이 된다.

10

훈 습

몇 년 전 내 치료자의 진료실에 앉아서 나와 가까웠던 사람과 말다툼했던 논쟁에 대해 이야기했던 적이 있다. 세세한 부분까지 회상할 수 없지만, 내가 무언가로 그 친구를 화나게 했고, 그 친구는 매우 지나치게 화를 냈다. 그런데 내가 보기에 그 정도가 정당하지 않고 균형 감각을 잃을 정도였다. 나 또한 분명 화가 나 있었지만 그 사건을 내 치료자에게 말하면서 화가 나면서 좌절스러웠던 것이 기억난다.

나는 일어나려고 하는 화로부터 나의 마음이 자유로워지길 바라며, 수년간의 명상 경험과 내 깊은 감정들의 순수함을 이용하여 "내가 할 수 있는 전부는 그 당시에 그녀를 더 사랑하는 것이었습니다." 라고, 조금은 애처롭게 주장했다.

그때 치료자는 내 말을 가로막으면서 "그런 건 절대 먹히지 않아요."라고 하는 것이었다. 나는 마치 선사의 주장자로 한 대 얻어맞은 것 같았다. 치료자는 나의 바보스러움에 놀란 것처럼 조금 미심쩍다는 듯이 나를 쳐다보았다. 그는 "화가 난 게 뭐가 문제죠?"라고 종종 말하곤 했다.

이 상호작용은 한동안 내 머릿속에 머물러 있었는데, 이는 어떠한 면에서 우리가 불교적인 접근방식과 서양심리학적 접근방식을 통합하려고 할 때 직면하는 어려움들을 구체화하는 것이었기 때문이다. 화난 것이 무슨 문제가 있을까? 우리가 화를 없앨 수 있을까? 화를 훈습한다는 것은 무슨 뜻일까? 나는 화와 같은 감정들을 훈습한다는 것이 단지 그 감정을 제거하는 것과는 다른 무언가를 의미한다는 것을 알게 되었다. 치료 장면에서 이러한 질문들은 계속해서 검토해야 한다. 불교의 윤회가 시종일관 내보이고 있듯이, 주어진 경험을 고통을 영속시키는 것으로 만들지 아니면 깨달음으로 가는 수단으로 만들지를 결정하는 것은 고통을 겪는 자의 관점에 달려 있다. 무언가를 훈습한다는 것은 한 사람의 관점이 바뀌는 것을 의미한다. 그렇지 않고 우리가 관점이 아닌 정서를 변화시키려고 노력한다면, 단기간의 성취를 얻을 수는 있을 것이다. 하지만 그러한 정서에 집착하거나 또는 혐오하여 회피하려고 함에 따라, 우리는 우리가 자유로워지고자 노력하는 바로 그 감정에 매인 채로 남아 있을 수밖에 없다.

프로이트가 발견했듯이, 그는 치료적 관계에서 문제를 일으키는 정서나 행동들을 드러나게 할 수 있었지만, 그 감정과 행동들을 사라지게 할 수는 없었다. 단순히 환자들이 되풀이하는 것을 지적하는 것만으로는 그러한 반복들을 정지시키지 못했고, 유아기의 근원들을 해석하는 것도 마찬가지로 그러한 반복을 정지시키지 못했다. 무언가 다른 것이 필요했다. 순수한 주의집중이라는 붓다의 전략이 목표로 하는 것, 즉 자신의 존재로부터 일어나는 불만스러운 자료에 대해 점진적으로 알아 가는 작업이 필요했다. 프로이트는 "치료자는 환자의 저항을 무릅쓰고서라도 분석의 근본적인 규칙에 따라 작업을 계속해 나가야 한다. 그리하여 환자가 이제 익숙해진 이러한 저항에 더욱더 친숙해져 저항을 잘 다룰 수 있게끔 해서 환자 스스로 그것을 훈습하고 극복할 시간을 환자에게 허용해야만 한다."[1]고 하였다.

프로이트에게도 훈습은 우리로부터 소외되었던 것을 되찾는 작업이며, 부정했던 것을 수용하여 온전하게 하는 과정이었다. 그것은 또한 과거에 묻힐 뻔했던 것을 현재가 되게 하여, 자기 자신에게서 나온 것으로 경험될 수 있게 하는 과정이었다. "우리는 질병을, 과거의 사건으로서가 아니라 오늘날까지 미치고 있는 힘으로 여겨야 한다."[2]라고 프로이트는 주장했다.

뭔가를 훈습한다 함은 먼저 그것이 불가피하였다는 것을 받아들이는 것을 의미한다. 이것은 나의 치료자가 화가 난 것이 뭐가 문제냐고 물었을 때 나에게 주어진 첫 번째 메시지였다. 우리가 자신의 근본적 결함을 다룰 때 필연적으로 우리는 그것이 불가피했다는 결론에 도달하게 된다. 분노, 수치심 혹은 박탈된 외로움의 형태를 취하는 '정신적 구조내의 상처'[3]는 결국엔 그저 있는 그대로 수용되어야만 한다. 또한 그러한 상처를 보상받으려는 무모한 요구를 없애야만 하는데, 그렇지 않으면 그 상처에 대한 정확한 이해를 흐리게 하기 때문이다. 이것은 프로이트가 병을 "현재의 힘"으로 간주하라고 말했을 때 의미했던 것이다. 순수한 주의집중 수행에서 불교는 문제시되는 정서들에 대한 관점을 확장시키는 방법과 그 정서들을 현재의 힘으로 수용하는 방법을 제공한다. 자유 연상, 전이, 저항의 분석이 상처들을 드러낼 수 있을 것이라고 기대되는 것처럼 마음챙김은 그러한 상처들을 자신의 것으로 만들기 위한 방법을 제공한다. 이것이 프로이트가 '종결할 수 있는 분석과 종결할 수 없는 분석'에서 성취하기 매우 어려운 것으로 설명했던 치료적 노력이다. 훈습한다는 것은 억압된 자료를 기억하거나 반복할 뿐만 아니라 정신분석에서 말하는 자아의 성장을 허용하는 지각적 기술을 획득하는 것이다. 불교는 항상 명상을 정신 계발의 한 형태로 소개해 왔다. 정신치료 또한 단순한 통찰 이상의 무언가가 더 필요하다는 것을 인식하는 지점에 도달했다. 이제 어떻게 이것을 성취할 것인지에 대한 방법을 배우기 위하여 정신치료가 불교에 관심을 기울일 필요가 있는 것이다.

그 것

명상을 시작할 때와 마찬가지로, 치료를 시작할 때도 정서들은 종종 우리에게 위험한 것으로 보인다. 이것을 알 수 있는 실마리는, 상담 중에 정서를 독립적인 실체인 것처럼 묘사하는 것에 있다. 나는 나를 화나게 했던 친구에게 느꼈던 어려움을 묘사할 때 "이 놀라운 분노가 내 안에서 일어났어요."라고 말했을 수도 있다. 이것은 "나는 화가 났어요."라고 단순하게 말했던 것과는 매우 다른 방법으로 화를 경험함을 나타낸다. 불교의 영향을 받은 치료자로서, 나는 정서를 묘사할 때 이러한 종류의 부인하는 방식이 나타나는 것에 민감한데, 이는 그것이 아직 훈습되지 않았다는 지표이기 때문이다. 자신이 정서와 연결되어 있음을 언어로 인정하는 그러한 행동은, 치료 과정에서 종종 중요한 단계인 직면으로 나아가게 한다. 붓다가 화와 불안으로 고통받는 지옥 중생들에게 거울을 들어 보였던 것을 기억하라. 그러한 상황에서 치료자는 "환자가 혼란을 느끼지 않으면서 안전하고 쉽게 자신의 여러 부분들 속에 있을 수 있는 환경"을 만들어 내야 한다.[4]

정신분석가들이 계속해서 지적해 왔듯이, 정서적인 경험으로부터 소외되어 있는 것, 자신의 생각, 감정, 감각들을 '나'라기보다 '그것'이라고 보는 것, 자기 경험의 근본적인 측면들을 부정하는 것은 신경증적 성격이 지닌 경향이다. 불교적인 관점에서는 우리 자체는 이러한 경험들일 뿐이라는 것을 바르게 이해하고 있다. 그들의 주관적 실상을 부정하는 것은 그러한 경험들을 고정되고 강력하며 통제할 수 없는 것으로 여기게 하여 더 힘을 실어 주게 될 뿐이다. 무아를 깨닫기 전에 자아가 충분하게, 드러나는 그대로 경험되어야만 한다는 것이 불교 사상의 근본적인 교리다. 그러한 분리된 요소들을 알아차리게 하는 것, 그 분리된 요소들이 사실상 분리된 요소들이 아니라 우리들 자신의 본질적인 면이라는 것을 보도록 만드는 일은 명상과 마찬가지로 치료의 임무이기도 하다.

명상의 진전(progress of meditation)에서 실마리를 얻은 나는, 개인이 자신의 핵심적인 측면에 접근하지 않기 위해서 자기에 대한 공간적인 비유를 방어적으로 사용하고 있다는 것을 드러내는 것이 불교적 관점에서 훈습할 때 첫 번째 과제임을 알게 되었다. 화와 같은 정서들을 해리되고 부인하는 방식으로 묘사할 때, 그 정서들은 필연적으로 그 자체가 실체가 있는 것으로 경험되게 되므로 그 정서에 미칠 수 있는 개인의 권한은 거의 없어지게 되고 만다. 그렇게 되면 불행하게도 정신분석적 사고의 초기 경향과 유사한 상황을 만들게 되어 이드를 그 본성상 '바꿀 수 없으며', 성숙과 성장이 불가능한 유아적 '욕동(drive)'의 저장소로 여기게 된다.[5]

불교 수행이 공간적 은유를 찾아내기 위한 방법으로 집중을 권하고 있듯이, 집중은 화와 같은 소외되고 실체화된 감정들을 다루는 치료에서 중요한 요소로 드러났다. 문제시되는 정서와, 특히 그 정서를 신체적으로 경험할 때 주의를 기울이는 것이 훈련되면 그것은 점차적으로 정적이고 위협적인 실체로서 경험되지 않고, 대신에 시간과 공간에 따라서 결정지어진 과정이 된다. 집중 기법(technique of concontration)이 어려운 정서가 자신에게서 나온 것으로 경험될 수 있도록 하며, 이성적이지 않다고 해서 그러한 정서를 두려워하기보다 이해하고 받아들일 수 있게 한다. 내 자신의 예에서처럼, 내가 두려워하는 '것'을 '사랑'으로 받아넘기며 피하는 대신, 화를 낼 때의 신체의 느낌을 알아차림에 집중할 수 있었을 때 나는 내 반응이 불가피하다는 것을 인식할 수 있었다. 나는 기분이 상해서 화를 냈으나 모든 것은 없어지지 않았다. 내가 그것을 받아들였을 때 그제야 나는 편안해질 수 있었다.

분노가 종종 이러한 치료의 대상이 되는 반면, 놀랍게도 흥분감 또한 위협적일 수 있다. 나는 최근 나와 함께 일하는 젊은 여성 구웬이 예비 남자친구와 보냈던 로맨틱한 저녁이 실망스럽게도 그녀를 불편하게 했다고 얘기하기 시작할 때 이것이 생각났다. 그녀는 "나는 전체 광경을 볼 수 있었어요."라며 그 저녁을 보낸 다음날 이야기했다. "로맨틱한 음악이 있었고 그는 내 옆에 다가와서 앉았어요. 그런데 갑자기 불안이 치밀어 올랐어요. 그 불안이 너무 강렬해서 나는 거기에서 나왔어요."

"당신이 '불안이 치밀어 올랐다'고 말했어요."라며 나는 불안을 독립적인 실체로서 묘사한 것을 지적하였다. "당신이 '나는 불안해졌어요.'라고 말하면 어떻게 다를까요?"

구웬은 "그것은 너무 강렬했고, 감당할 수가 없었고……"라며, 그녀의 경험을 바꾸어 말하기를 원치 않거나 또는 바꿀 수 없는 듯 말꼬리를 흐렸다.

구웬은 불안 또는 흥분이 자신의 경험의 일부가 되게끔 허용하지 않았던 좋은 예다. 구웬은 그녀 자신의 반응을 두려워하였기 때문에, 불안해 하는 그녀 자신을 경험할 수 없었다. 또한 친밀한 만남이 주는 흥분이나 위협적인 자아 경계의 상실은 그녀에게 견디지 못할 정서를 불러일으키는 것이었으므로 그녀는 어떠한 친밀한 만남도 지속할 수 없었다. 앞에서 보았듯이, 구웬은 로맨틱한 상황에서 불안해 하는 것은 '잘못된 것'이라고 생각했으며, 그녀 자신이 '꽃처럼 열려 있었어야 했다.'라고 생각했다. 그녀의 실제적인 반응은, 그녀가 비판적이고 거부적이었던 어머니에 반응해서 발달시켰던 자신에 대한 견해와 일치하는 자신에 대한 견해, 즉 그녀에게 무언가 잘못된 것이 있다는 견해를 확증하는 것이었다. 그녀의 관점에서 불안은 결점이었으며, 이 불안은 일시적이고 상황적인 자신의 경험이 아니라, 그녀를 감당할 수 없게 하고 당황하게 만든 위험하고 위협적인 실체로서 경험되었다.

만약 구웬이 고전적인 정신분석에서 그녀 자신을 검토했다면 그녀는 그녀의 불안이나 흥분에서 소외된 채로, 그것들을 해리되고 위협적인 '외부의 것'으로 여기고 기껏해야 통제하거나 조절하는 법을 배우게 되었을 것이다. 그러나 구웬은 불안을 느낄 때의 신체적 경험에 주의를 기울이는 방법을 배우면서 그녀 자신에 대해 더욱 자연스럽고 생생하게 표현하기 시작하였으며, 불안뿐만 아니라 친밀감, 흥분과 공포까지도 함께 감싸 안을 수 있었다. 그녀가 두려워하는 불안이 시간이 지나면서 변한다는 사실을, 그리고 그녀가 불안하지만 동시에 친밀할 수도 있다는 것을 배우면서 더욱 다양한 종류의 경험을 스스로에게 허용하기 시작했다.

전통적인 명상의 과정에서 나타나듯이, 구웬은 그녀 자신에 대한 개념을 확장시켜 가기 시작했다. 이전에는 분리되고 상반되는 '부분들'에 대한 공간적 은유에만 의존하여 자기 개념을 형성하였던 것에서, 탄력성과 유연성을 지니고서 흘러가고 흘러오는 자기 개념으로 확장시켜 더욱 통합적이고 응집력 있는 인식을 갖게 되었다. 이것은 그녀의 자기에 대한 지각에서 중요한 변화로 새로운 인식 방법을 익힘으로써 가능했는데, 그 새로운 인식 방법을 통해 자신의 흥분감이 압도될까 봐 두려운 힘으로 인식하는 대신 자신의 흥분감과 함께할 수 있게 되었다. '꽃처럼 열려 있어야 한다'는 당위적인 느낌과 그녀의 실제적 불안이 충돌했던 갈등의 입장에서, 흥분되면서도 불안한 것을 견딜 수 있는 다의적인(ambiguity) 입장으로 옮길 수 있었던 것이다.

부당하게 상처받음

불교적인 관점에서의 훈습의 첫 단계는 명상에서와 마찬가지로 비판단적인 방식으로 위협적인 정서들과 함께하는 것을 배우는 것이다. 다음 단계는, 자신의 공간적 개념이 지배적이었을 때 부인되었던 행동과 정서 뒤에 숨겨진 '나'라는 느낌을 찾는 것이다. 그리하여 구웬은 불안해 하는 '나'를 찾고 받아들일 필요가 있었으며, 나는 화가 난 '나'를 찾고 받아들일 필요가 있었다. 이러한 방식으로 노력하면 갈등이 되는 정서는 불안정한 체계에 덜 위협적이 되고, 관심을 요하는 인간의 기본적 욕구의 반영이 되게 된다. 따라서 화는 좌절을 주는 장애물을 극복하기 위해 공격성을 사용할 수 없거나 사용하기를 원치 않는 것으로 보여질 수 있으며, 불안은 배고픔이나 욕구를 인정할 수 없거나 인정하기를 원치 않는 것으로 이해될 수 있다. 앞서 말한 감정을 본래의 충족되지 않은 욕구에서 찾고, 또 그 욕구를 인정할 수 없었던 '나'에서 찾음으로써 훈습의 과정은 시작된다. 많은 경우 욕구나 장애가 확인되고 그 사람이 자신이 관련되어 있음을 인정할 때, 치료 작업은 상당히 쉽게 진척된다.

이 과정은 어떤 시점에 도달할 때까지는 아주 잘 진행된다. 그러나 어린 시절의 외상에 다다를 때 한계점이 나타난다(그 외상에 대해, 아귀 지옥의 특징인 불가능한 보상을 요구하게 되는 것이다). 과거로부터의 욕구가 전혀 충족되지 않았고 절대 충족될 수 없으며, 과거의 장애물이 전혀 극복되지 않았고 극복될 수 없음을 실감할 때, 심각한 분노의 감정이 종종 일어난다. 앞의 여러 장에서 밝혔듯이, 이러한 경향은 소외의 문제를 가진 서양인들이 정신치료를 받을 때 나타나는 특징이다. 바로 이 분노가 소위 나르시시즘의 특징인 것이다. 즉, 자신의 공허감은 어떤 식으로든 없어져야 한다는 헛된 기대와 이기적인 주장을 하는 것이다. 그 분노에 조율만 하면 어느 정도 그것으로부터 벗어날 수 있다고 생각하는 것은 너무나도 단순한 생각이다. 이러한 경우 불만의 감정을 다루더라도 상황을 해결해 내지 못한다. 왜냐하면 이것에 대한 상상할 수 있는 유일한 해결책은 이미 끊어진 관계를 회복하는 것이기 때문이다.

명상 수행은 실제로 현대 서양 치료법으로 접근할 수 없는 이 공허감을 임시적으로 누그러뜨리는 방법을 제공한다. 자아 경계가 융해되고 기쁨의 감정이 지배적인 지속적인 집중 상태의 계발이 그것이다. 불교 우주관에서 가장 높고 가장 즐거운 욕구의 영역을 상징하는 그러한 상태는 낙관주의, 희망, 가능성의 느낌을 강화시키는 계발된 만족을 나타낸다. 그러나 불교적 접근의 또 다른 공헌은 어떤 사람이 그 자신의 분노의 밑바닥에 다다랐을 때 더욱 도움이 된다. 어떤 의미에서 그것은 불교의 비밀 무기로, 즉 사람이 얼마나 분노를 느끼는가의 관점에서 그것을 느끼는 자는 누구인가의 관점으로 이동할 수 있게 해 주는 방법이다. 그리하여 우리는 불교 심리학에서 나르시시즘적인 정서들과 관련된 것이라고 보았던 것들을 제대로 평가할 수 있게 된다.

불교학자 로버트 서먼에 따르면, 티베트의 전통에서 자기를 분명하게 관찰할 수 있는 최적의 시기는 우리가 부당하게 상처받았다(injured innocence)고 느끼는 때다. 우리가 모욕을 당하고, '어떻게 그녀가 나한테 그럴 수가 있지? 내가 그런 식으로 대접받아야 할 이유가 없어.'[6]라고 생각할 때라는 것이다. 그는 자기의 "단단한 껍데기"가 가장 잘 발견되는 것은 우리가 바로 이 상태에 있을 때며, 불교적 관점에서 자기가 나타나 분명하게 보이기 전까지 자기는 진정으로 이해될 수 없다고 말한다.

부당하게 상처받았다고 여기는 상태는 근본적 결함과 불교에서 같은 의미를 지니지만, 불교에서는 이것이 체념해야 하는 것이라기보다는 엄청난 가능성을 나타낸다. 불교적 관점에서 부당하게 상처받았다고 느끼는 상태에 도달하는 것, 다시 말해 명상적인 알아차림의 조화 속에서 분노를 수용하는 것은 통찰의 길로 가는 관문이 된다. 명상의 모든 초보 단계의 수행이 도달해야 할 것은 바로 이러한 순간이다. 다른 무엇보다도 상처받았다고 느끼는 '나'의 본질을 연구하는 것이 바로 통찰의 길이기 때문이다. 상처받았다는 것을 느끼기 전까지 그것은 명상적인 통찰의 대상이 될 수 없다. 그러므로 내가 하는 정신치료에서 나는 이 알기 어려운 '나'의 출현을 어쨌든 기뼈해야 하며, 내 환자들이 가장 통렬한 분노의 순간에 있을 때 그들에게 지금 열려 있는 가능성들을 전해야 한다. 선에서는 이것을 문 없는 관문(무문관), 즉 면밀히 살펴보면 실체가 없다는 것을 알게 되는 통찰의 길로 가는 문이라고 부를 것이다.

근본적 결함의 경험에 너무나도 영향을 미치는 반응적 정서는 다루기에 매우 힘들다는 특성을 가지고 있다. 이것을 다루는 이러한 접근방식이 가지는 힘은 아무리 높이 평가해도 지나치지 않다. 첫 번째 단계에서는 부인된 정서들을 통합하고 쫓겨난(displaced) '나'라는 느낌을 찾아서 수용하는 것이다. 불교적 관점에서 결정적인 단계에서는 그 반응적 정서들로부터 '나'라는 느낌 자체로 관점을 이동한다. 그렇게 함으로써 분노 속에 몰두하던 것은 점차적으로 줄어들며, '나'의 본질을 탐구하려는 관심으로 대체된다. 반응적 정서가 무상하다는 불교적 견해는 이러한 현상에 근거를 두고 있다. (비록 몇몇 불교학파들이 결국 정서들이 사라질 것이라며 주장하긴 하지만) 정서들은 반드시 사라지는 것이 아니라, 처음 생각했던 것보다 '나'라는 느낌이 훨씬 덜 실체적인 것이라는 것을 알게 되면서 정서들로부터 인생이 벗어나는 것이다. 부당하게 상처받았다는 관점에서 볼 때 그 정서들은 생사의 문제처럼 너무나 중요한 것으로 여겨지지만, 은유적 자기의 관점에서 보면 그러한 감정들은 어리석거나 최소한 상대적인 것으로 여겨지게 된다.

내용을 비움

정신치료와 정신분석 분야에서 소위 본능적인 정서라는 것이 실제로 변화 가능한 것인지 아닌지에 대한 격렬한 논쟁은 오래도록 있어 왔다. 전통적인 견해는 그 정서들이 변할 수 없다고 주장하는데, 억압이 제거되고 분노가 인정되고 난 후에도 그 정서들은 여전히 자아가 통제하거나 조정하여야만 한다는 것이다. 대안적인 견해는, 불만을 지닌 자료들이 의식의 작용을 통해 통합되고 나면 그러한 정서들이 경험되는 방식에는 실질적인 변화가 있다고 주장한다. 이 후자의 견해가 주장하기로는, 그러한 일이 일어날 때 이러한 기본적인 정서들은 '내용이 없는(empty of content)'[7] 것으로 느껴진다.

이러한 관점에서, 일단 본능적 정서들이 의식되고 나면 자아는 본능적 정서들을 비난할 필요가 없다. 그 정서들을 의식화시킴으로써 그 정서들의 유아적 내용이 없어지기 때문이다. 불교적 접근 방식은 이것을 초래하는 데 아주 중요한 중간 단계를 제시하고 있으며, 그러한 비우는 작업이 실제로 가능하다고 주장한다. 그러나 그것은 단지 정서들을 의식화하는 것에서 비롯된 것이 아니다. 이는 정서적 경험과 함께 일어나는 기저에 있는 동일시의 느낌을 신중하게 성찰하는 것으로부터 비롯된다. 그러한 동일시에 초점을 맞출 때, 불교적 접근방식은 훈습에의 새로운 길을 열어 주는 동시에 반응적 정서들을 유지시키고 있던 것을 중단한다. 이러한 접근방식은 명상 과정 중의 필연적인 진전에서 직접적으로 비롯된다. 명상 과정 중 순수한 주의집중, 집중, 마음챙김의 기법들은 자기 경험(self-experience)의 본질에 대한 분석적인 탐구에 길을 내어 준다. 정서에 주의를 기울이던 데에서 벗어나 정서와의 동일시에 주의를 기울이게 되면 정서는 새로운 방식으로 경험된다. 이것은 맨 눈으로 멀리 있는 별을 보려고 할 때의 경험과 유사하다. 별에서 눈길을 조금 돌림으로써 우리는 실제로 그것을 더 명확히 볼 수 있게 되는 것이다.

내 생각에 이것은 프로이트가 열망했을 법한 접근방식이다. '본능'에 대한 그의 글에서, 위에서 이야기한 것과 유사하게 그는 의식 속에서의 변화를 일으키기 위한 지속적이고 객관적인 정밀한 관찰에 대한 믿음을 발전시켜 왔던 것으로 보인다. 그렇게 함으로써 프로이트는 본능에 대한 결론을 내리게 되었다. 이는 자기에 대한 붓다의 결론과 매우 흡사한 것이다. 프로이트는 "본능에 대한 이론은 말하자면 우리의 신화라 할 수 있다."고 그의 『신정신분석입문(New Introductory Lecture)』[8]에서 말했다. "본능은 신화적인 실체이고, 굉장히 불명확한 것이다. 우리의 작업에서 우리는 잠시도 그 본능들을 경시할 수 없지만, 우리가 그것들을 명확히 보고 있다고는 결코 확신할 수 없다."

불교적 접근방식을 사용하는 정신치료자들은 이에 동의하는 한편, 관찰의 초점을 본능에서 자기로 옮겨야 한다고 주장할 것이다. 왜냐하면 자기라는 것이 얼마나 불명확한 것인지 깨닫게 될 때, 그 '본능'들은 훨씬 덜 중요해지기 때문이다. 이러한 전환은 상처받았다는 느낌에 대한 성찰을 통해서가 아니라 상처받았다고 느끼는 자기에 대한 성찰을 통해서 가능해진다. 보이는 자기(appearing self)라

는 것의 신화적 본질을 깨닫게 되면, 자기중심적인 정서들의 공허감
은 여실히 드러나게 된다.

이러한 접근방식은 반응적 정서들의 강도와 그 정서들이 놓여 있
는 불안정한 근거를 동시에 평가하도록 하기 때문에 정신치료적 맥
락에서 특히 유용하다. 훈습은 이 두 가지를 모두 받아들여 잘 처리
하는 것을 의미한다. 나의 환자인 칼에게 일어난 일을 생각해 보자.
그는 집중적인 명상 수행 경험이 있는 40세의 광고 간부로서, 이 논
의를 구체화시켜 준다.

칼은 어느 누구라도 돌볼 수 있을 사람이었다. 나와 함께 했던 그
의 치료에서 그는 노련한 이야기꾼이었다. 짧은 사건들을 매끄럽게
이어가면서 얘기하였으므로 나는 한 번도 지루하지 않았다. 칼이 그
의 인생에서 다른 중요한 관계에서 해 왔던 행동들을 별로 힘 안들
이고 내게도 반복하고 있었다는 사실을 내가 깨닫기까지는 꽤 오랜
시간이 걸렸다. 그의 이야기는 너무 즐겁고, 겉보기에는 치료와 관
련이 있어 보였기에 그가 치료에 깊이 참여하고 있다는 인상을 주었
다. 그러나 정작 그가 깊이 참여하고 있었던 것은 나를 돌보는 일이
었음이 밝혀졌다.

자신과 가까운 사람들을 돌보고자 하는 칼의 욕구와 의존에 대한
그의 내재된 두려움은 칼이 네 살 때 그의 형이 오토바이 사고로 죽
었던 비극적인 사건에서 가장 직접적으로 유래된 것이었다. 칼의 부
모가 깊은 슬픔으로 반응한 것은 이해할 만한 일이었다. 그러나 그
들의 슬픔은 결코 사라지지 않았고, 한 번도 얘기되지 않았다. 칼은
자기 자신의 슬픔에 관해서는 기억이 없었다. 그는 그의 첫 번째 오

랜 관계가 끝나기 전까지는 자신의 고립감을 성공적으로 묻어둔 채 외향적으로는 활발하고 성적이 우수한 학생이자 운동을 잘하는 사람으로 살아왔다. 칼의 치료상 진전을 여기서 자세히 소개할 필요는 없다. 그러나 그는 내가 근본적 결함에 대한 이해라고 생각한 지점에 도달할 수 있었다. 그는 더 이상 형의 갑작스런 죽음으로 인한 파괴적인 정서적 결과로부터 피하지 않게 되었다.

칼이 집중적으로 명상하기 시작했을 때 그는 혹독하고도 숨막힐 듯한 신체적 고통을 겪었다. 이것은 명상을 시작할 때 으레 나타나는 통증이 아니었다. 그러한 종류의 통증은 등이나 무릎, 목에서 강렬해졌다가 아팠던 부위의 근육이 긴장되었다 이완되고 나면 곧 사라지기 마련이었다. 그러나 이것은 다른 종류의 통증인 것처럼 보였고, 칼은 곧 자신이 신체적으로 문제가 있다고 확신하게 되었다. 통증은 칼의 주의를 너무도 사로잡아 버려서 그는 모든 종류의 절망적인 상상을 하고 공포에 빠지게 되었다. 그는 고통을 피하기 위해 생각해 낼 수 있는 모든 것을 시도했지만 그것은 오히려 더 나빠지게 할 뿐이었다. 그는 기계에 꽉 조여 있는 것처럼 느껴졌다.

칼이 명상에서의 그의 신체적 경험을 치료상에서 정서적 경험과 결부시킨 것은 '이 통증은 절대 사라지지 않을 것'이라는 생각을 하게 된 후였다. 이때 칼은 그 통증을 부모님의 사랑과 형을 동시에 잃었던 것에서 비롯된 것이라 여기면서, 그 통증을 실제로 결코 사라지지 않을 통증으로 다룰 수 있었다. 순수한 주의집중을 통해 칼은 두려워하지 않고 그의 통증과 함께 앉아 있을 수 있었다. 그러나 그가 초점을 통증에서 상처받고 있는 '나'로 옮길 수 있기 전까지는 진전의 기미가 거의 없었다. 이러한 전환은 칼이 마치 자신이 부모님의 슬픔과 정서적 부재에 책임이 있는 사람이기라도 한 듯, '미안해, 미안해.'라고 속으로 반복해 말하고 있음을 발견했을 때 일어났다.

이러한 감정을 수용하고 그것을 명상으로 알아차림으로써 칼은 그의 지속적인 신체적 고통을 그의 등에서 휘날리는 빛과 감각의 리본으로 경험하기 시작했다. 그의 경험은 만성적 통증을 지닌 환자가 효과적인 진통제를 맞았을 때의 경험과 유사했다. "내 통증은 똑같지만 더 이상 아프지는 않아요." 칼은 이 경험 후에 그의 통증과 분노와 죄책감을 여실히 알게 됐다. 그러나 그는 더 이상 그것들로 제한받는 기분을 느끼지 않았다. 그의 감정들이 사라지지는 않았지만 돌봐 주는 사람이 되어야 한다는 그의 강박적인 욕구는 사라지게 되었다. 그는 그 이후로 다른 유형의 친밀한 대인관계 경험을 할 수 있었다. 이것은 본능을 비우는 것을 의미한다. 칼의 감정들이 정말 변한 것은 아니었지만, 그는 더 이상 감정의 내용 때문에 좌우되지는 않게 된 것이었다.

공격성의 방향 바꾸기

자신이 부당하게 상처받았다고 여기는 결정적인 순간에, 주의와 공격성이 향하는 방향을 실망스러운 '대상'으로부터 잘못 지각된 주체로 능숙하게 바꾼다는 데 불교적 접근방식의 힘이 있다. 보상받아야 한다고 주장하는 것은 자신을 실망시키는 사랑하는 사람을 향한 공격성이 간신히 위장된 형태일 뿐이다. 이는 실제로는 자신의 증오나 욕구 때문에 관계를 상실하게 되지 않을까 두려워하는 마음이 감춰진 것이다. 불교적 방식에서는 관점을 '나'라고 느껴지는 느낌으로 되돌림으로써 이 정서들의 여러 가지 변화무쌍한 면들을 철저하게 탐색할 수 있다. 그러면서 철저한 탐색을 방해할 수 있는 이 정서들과의 맹목적인 동일시에 지속적으로 의문을 제기한다. 따라서 내가 분노와 함께 가졌던 자기라는 느낌에 관심을 가지기 시작했을 때, 나는 화가 표현되는 영역이 확장되는 느낌을 받았다. 나는 죄책감을 덜 느꼈고, 더 이상 화가 나지 않았다. 사실, 나는 화가 나는 것을 근본적으로 불안정한 관계에 대한 위협으로서가 아니라 실망을 느낀 데 대한 불가피하고 잠깐 지나가는 반응으로서 더욱 잘 다룰 수 있게 되었다.

화가 날 때 같이 일어나는 '나'라는 느낌에 초점을 맞추고, 그렇게 하는 것이 분노보다는 더 마음이 끌리게 될 때 분노와 같은 정서는 훈습된다고 말할 수 있다. 이러한 주의의 확장이나 주의의 방향 전환은 화를 경험하지 않기 위해서 방어적으로 개발되는 것은 아니다. 자기의 본질을 탐구하기 위한 모든 기회를 활용하기 위해 개발되는 것이다. 정서를 가지는 자(agency of emotion)에 도전함으로써 우리는 자기 관계적(self-referential) 관점으로부터 더 개방적인 태도로 전환할 수 있다. 그러한 느낌의 직접적인 실상을 거부하지 않으면서도 우리는 우리 자신과 우리의 습관적인 반응들을 보고 웃기 시작할 수 있게 되는 것이다.

내가 치료를 받으면서 발견한 것 중에서 중요한 것 하나는, 나는 친밀한 관계의 아주 사소한 중단에도 화가 난다는 것이었다. 그것이 내 어렸을 때의 보통보다 일찍 느낀 소외감으로부터 비롯되었다는 것을 이해하게 되었음에도, 이러한 앎은 내게 단순히 통찰만을 주었지 경감을 가져오지는 못하였다. 나는 내 친구나 사랑하는 사람이 나를 실망시킬 때마다 내 감정에 사로잡혀 있었다. 그런데 내가 그 실망을 내 자신의 근본적 동일시 느낌에 초점을 맞추는 데 이용할 수 있게 되었을 때, 무언가 변하기 시작했다. 나는 그렇게 반복적으로 분개하는 것이 정당하지 않은 일일 수 있다는 것을 알았다. 나는 내가 움켜쥔 것을 놓게 되었고, 움추러들었던 각각의 일화들에 대해 버려졌다고 해석해야 한다고 생각했던 나의 확신에 의문을 제기하게 되었다. 나의 공격성을 활용하여, 그것을 내 인식을 돌리는 데 사용함으로써 나는 내 자신이 스스로의 본능적 반응에 갇히지 않도록 하였다. 생각하는 사람과의 동일시로부터 생각하는 사람의 실체에 의문을 제기하는 것으로 이동시킨 능력이 치료적 발견들을 적절히 훈습할 수 있게 했던 것이다.

생각하는 자가 맹목적으로 인정되는 한, 치료에서 드러난 상처들에 대한 나르시시즘적인 집착은 언제나 지속될 것이다. 그렇게 하지 않고 자기라는 교묘한 느낌을 정확히 짚어 내는 데 그 상처가 쓰일 수 있게 되면, 그것은 어떤 작용을 시작하게 되고 그러면 더 큰 목적을 위해 사용될 수 있게 된다. 치료는 너무도 자주 사람들을 고통에 사로잡힌 상태로 남겨둘 뿐 고통을 이용할 수단을 가지고 있지 않는다. 치료는 나르시시즘의 씨앗인 '나'라는 잠재된 느낌을 드러낼 수

있다. 그러나 그 발견을 가치 있게 하는 방법은 알지 못한다. 치료에
도 불구하고, 희망이나 가능성 없이 계속해서 갇혀 있는 것처럼 느
끼게 된다. 프로이트가 분석을 종결할 수 없다고 절망을 느꼈던 경
우가 바로 그러한 경우들이다.

종 결

정신치료의 종결은 자신이 부당하게 상처받았다고 느끼는 것에
서 '나'를 검토하는 것으로 이동할 수 있게 하는 마지막 기회다. 종
결은 상처받은 느낌으로부터 공과 무아로 알아차림을 이동시키는
방법을 가르칠 때 치료적 관계를 이용할 수 있는 최종적 기회인 것
이다. 이때 공과 무아는 붓다가 정신적 고통의 해독제로써 가르쳤던
것으로, 추상적으로는 고상하게 들릴 수도 있지만, 이는 종종 힘든
감정들이 되살아날 때 사람들이 잘 처리할 수 있도록 돕는 데 쓰일
수 있는 가장 실질적인 방법이 될 수도 있다. 왜냐하면 종결은 훈습
되지 않은 잔여 정서들을 늘 불러일으키기 때문이다.

한 예로, 내 첫 번째 장기 환자들 중에 제리라는 남자가 있었는데,
그는 나와의 관계를 끝내는 것에 대하여 자주 두려움을 표현하곤 했
다. 수년 동안 함께 작업한 후에 마침내 우리는 그의 치료 횟수를 줄
여 가기 시작하였다. 그가 내 치료실 밖에서 다른 환자와의 면담을
시샘하여 시간을 재면서 기다렸던 일화들 때문에 중단되었던 소란
스러웠던 치료가 끝나고 나서 제리는 자신이 치료의 종결 과정을 시

작할 준비가 되었음을 알았다. 그러나 첫 번째로 빠지게 될 시간이 가까워 오자 제리는 내가 그를 내쫓는 것 같은 기분을 느꼈다. 그는 화가 나고 상처받았으며, 거부되거나 버려지고 부족한 것처럼 느꼈고, 몹시 격분했다. 이러한 반응들은 우리가 치료 시간에 철저히 살펴보았던 것들이었다. 제리는 희미하게나마 그렇게 생각하는 것이 진실이 아니라는 것을 인식하고는 있었지만, 이런 식으로 반응할 수밖에 없었다. 그러한 인식은 그의 감정들을 내가 기술한 방식으로 다루는 데 힘을 실어 주었다. 상처받았다는 느낌과 신체적으로 동일시하고 있다는 것에까지 그의 알아차림을 확장시킴으로써, 그 느낌들이 그에게 불합리한 것으로 여겨지기 시작했다. 그가 '나'라는 주관적인 느낌에 초점을 맞출수록, 더욱더 그가 경험하지 않은 감정을 직면할 수 있게 되었다. 그것은 나를 떠나는 데 대한 슬픔이었다. 결과적으로, 제리는 내게 화가 났다는 것만이 아니라 그가 빠졌던 한 주 동안 나를 그리워했다는 것도 경험하게 되었다. 우리가 함께 작업했던 결과로 그는 이러한 대부분의 과정을 그 자신의 힘으로 성취할 수 있었다. 내가 한 일은 그가 치료의 종결이 어떤 것인지 경험하기 위해 멈추지도 않은 채, 종결을 향해 얼마나 서두르고 있는 것처럼 보였는지를 지적해 준 것뿐이었다.

향하여 나아감

제리가 나를 그리워할 수 있게 됨에 따라, 그는 자신을 행복하게 할 새로운 경험들을 훨씬 더 잘 찾을 수 있게 되었다. 분노는 물론 슬픔에도 머무르지 않고, 인생을 흥미롭게 할 새로운 길을 찾는 것은 자신의 책임이라는 것을 받아들였다. 그는 자신의 힘든 감정들을 훈습하는 데 초점을 맞추었던 것에서 벗어나, 커다란 만족을 '향하여 나아감'⁹에 초점을 맞추는 것으로 이동할 수 있었다. 이 점에서 그는 부당하게 상처받았던 결정적인 순간에 주의를 되돌리는 불교적 기법의 도움을 받았다. 그는 분노에 대한 면역성이 전혀 없는 채로 치료를 시작했기 때문에 여전히 작은 일에도 과장하는 경향이 있었지만, 그러한 불행한 사건들을 발전을 위한 기회들로 바꿀 수 있었다. 붓다의 약속을 믿을 수 있다면, (붓다가 자신의 가르침을 사람들이 믿지 않을 것이라 생각하여 그것을 공포하기를 꺼렸던 것을 기억하라) 이러한 방식으로 정신적 고통을 다루고자 하는 사람들은 더 큰 만족을 얻을 수 있게 될 것이다.

나르시시즘적인 상처의 해결될 수 없는 감정뿐만 아니라 '상처받은 사람들의' 주체적 느낌(subjective sense)을 드러냄으로써, 정신치료는 불교와 서로를 강화시키는 방식으로 연계될 수 있다. 민감하고도 지지적인 환경에서 '나'라는 주체적 느낌을 불러일으킴으로써, 정신치료는 명상 수행만으로는 종종 성취할 수 없는 것을 해낼 수 있다. 다시 말해, 소원하고 소외된 자기-느낌(self-feeling)을 찾고 수용하는 데 서구적 정신에서 장애가 되는 것을 극복할 수 있다. 종종 성공적인 치료적 관계를 통해서도 부당하게 상처받았다는 느낌이 일어나는데, 이러한 느낌으로 방해받지 않고, 그 느낌을 보이는 '나'(appearing 'I')에 대한 탐구를 위한 도약대로 삼음으로써, 불교는 훈습과 향하여 나아감(working toward)(역주: 훈습 후 환자가 나아갈 방향으로 노력하는 과정을 의미하는 것 같음) 사이에 결정적 연결점을 제공한다. 이는 오래도록 치료자들에게 발견되지 않았던 것이다. 이러한 연결점은 닫혀 있던 상황을 갑자기 다시 열리게끔 할 수 있는 관점의 변화를 보여 준다.

이러한 변화는 불교가 지속적으로 고쳐시키고 새로운 방식으로 설명하려고 해 온 것으로 정신치료계에 제공해야 할 가장 중요한 공헌이다. 더 이상 아무것도 시도될 수 없을 듯한 바로 그때, 붓다는 새로운 문이 열릴 수 있다고 약속했다. 붓다는 그의 가르침에서 상실과 죽음에 대한 예들을 지속적으로 사용했는데, 이는 그것들이 일어나는 것에 대해 정서적으로 반응하는 것이 잘못되었다는 믿음(열렬한 신봉자들이나 회의적인 비판가들이 종종 이렇게 생각한다) 때문이 아니라, 이렇듯 가장 파괴적인 경험들조차도 내가 설명하고 있는 방식으로 다루어질 수 있기 때문이었다. 우리는 먼저 생각하는 자를 직면하지 않고서는 정서적 고통으로부터 벗어날 수 없다.

승화의 수단

달라이 라마는 사람들이 행복을 얼마나 갈망하고, 행복을 실현시키는 것이 어떻게 영적 수행의 주안점이 되는 것인지에 대하여 설명하면서 항상 설법을 시작한다. 나르시시즘적인 상처의 순간에, 보이는 '나' 에 대하여 주의를 집중시키는 전략은 바로 불교가 광범위하게 사용하는 접근방식의 높은 수준의 예(advanced example)일 뿐이다. 즉, 좀 더 성숙한 만족을 향해 지속적으로 나아가는 것이다. 예를 들면, 윤회에서는 동물계의 무분별한 욕망에 대한 해독제는 책이라 묘사되고, 아귀계의 끝없는 갈망에 대한 해독제는 정신적인 자양분으로 묘사된다. 이 둘은 모두 승화에 대한 설득력 있는 상징이다. 순수한 주의집중이라는 이행적 공간 속에서 정서를 수용하는 능력은 부정하거나 탐닉하는 것보다 더 만족적이고, 완전한 것으로 불교 가르침에서 항상 묘사되고 있다.

집중하는 수행의 상태는 즐겁고 만족스러운 느낌의 상태로 알려져 있다. 그러한 상태의 신체 감각적 차원에 집착할 수 있다는 것은 욕망이 승화되고 있는 상태라는 것을 말해 주는 분명한 신호다. 평정의 균형 잡힌 상태는 좋은 차처럼 그것이 주는 더 수승한 기쁨으로 인해 불교 문헌 속에서 언제나 칭송된다. 명확히 말하자면 불교적 관점에서는 알아차림 자체가 승화의 수단(engine of sublimation)이다. 알아차림의 계발은 명상가로 하여금 만족하는 길을 알게 한다. 이는 알아차림의 계발이 아니라면 얻을 수 없었을 만족이다. 이러한 맥락에서 나르시시즘을 꿰뚫어 보는 전략이 근본적 결함이 남긴 상처에 대한 해독제로 등장한다. 또한 정신분석가인 에리히 프롬(Erich Fromm)이 그의 획기적 저서인『선불교와 정신분석(Zen Buddhism and Psycho-analysis)』에서, "소외감으로 고통받는 이들에게, 치유는 고통의 부재에 있는 것이 아니라 웰빙의 현존에 있는 것이다."[10] 라고 했던 것도 이러한 맥락에서다.

그러나 프롬은 불교적 방식을 단순히 웰빙의 발생과 같은 것으로 잘못 동등시하였다. 우리가 살펴보았듯이, 불교 명상은 기쁨뿐 아니라 공포, 욕망과 공격성이 승화된 상태의 경험을 발생시킨다. 프롬은 기쁨의 상태에만 초점을 맞춤으로써, 프로이트가 신비적 경험을 대양적 느낌과 동등시했을 때 범했던 똑같은 실수를 저지르고 있다. 붓다가 말했듯, 웰빙의 상태라는 것이 본질적으로 안정적이지 않기 때문에 그들이 일시적으로 소외감의 증상에 맞설 수 있을지도 모르지만, 그것이 치유는 아니다. 소외감을 효과적으로 해결하기 위해서 필요한 것은 의미를 찾는 것이지 웰빙이 아니다. 붓다가 제공한 것은 길, 즉 목적의식이었다. 그러한 목적의식이 발생하기 위해서는 자기동일성의 이해를 포함하여 알아차림의 방향이 적극적으로 재정립되어야 한다. 우리가 가장 괴롭다고 느끼고, 타고난 공격성과 자기 보호적 감정들이 본능적으로 일어나는 바로 그 순간에 우리는 더 깊은 이해를 향해 다가갈 수 있는 기회를 얻게 되는 것이다. 부당하게 상처받았다고 여기는 데서 오는 공격성은 나르시시즘을 파괴시키는 데 이용될 수 있다. 이것이 바로 명상의 '파괴적인 잠재력'이 의미하는 것이다.

프로이트가 대양적 느낌을 신비감의 극치로써 표현했을 때, 그리고 프롬이 웰빙을 불교 명상의 결과로써 극찬했을 때, 그들은 간단하지만 핵심적인 점을 간과하였다. 명상은 단지 웰빙의 상태를 도출하기 위한 것이 아니다. 즉, 명상은 고유하게 존재하는 자기에 대한 믿음을 파괴하는 것에 관한 것이다. "생각은 생각하는 사람 없이 존재한다."고 정신분석가 비온은 말했다. 그는 통찰은 "생각하는 사람"의 존재가 더 이상 필요하지 않게 될 때 가장 잘 떠오른다고 말했다. 이는 붓다가 아주 오래전에 발견했던 바로 그것이다. 우리가 실제로 얼마나 혼란되어(at sea) 있는지를 드러내기 위해 명상 경험이 대양처럼 광대할 필요는 없다는 것이 밝혀졌다.

미 주

머리말: 붓다의 문을 두드림

1 Rick Fields, *How the Swans Came to the Lake: A Narrative History of Buddhism in America* (Boulder, Colo.: Shambhala, 1981), p. 135.

2 See the letter of January 19, 1930, from Freud to Romain Rolland in *Letters of Sigmund Freud,* ed. Ernst Freud (New York: Basic Books, 1960), pp. 392-93.

3 Sigmund Freud, *Civilization and Its Discontents,* vol. 21 of *Standard Edition of the Complete Psychological Works of Sigmund Freud,* ed. and trans. James Strachey (London: Hogarth Press and Institute of Psycho-analysis, 1961), p. 72.

4 Sigmund Freud, "Analysis Terminable and Interminable," *Standard Edition,* 23:235. As I discuss at the beginning of part III, Freud came to the conclusion that only a "healthy" ego could fully benefit from psychoanalysis.

1. 윤회: 신경증적 마음에 대한 불교적 모델

1 Sigmund Freud, "Remembering, Repeating and Working-Through," in vol. 12 of *Standard Edition of the Complete Psychological Works of Sigmund Freud,* ed. and trans. James Strachey (London: Hogarth Press and Institute of Psychoanalysis, 1958), p. 152.

2 Freud, "The Dynamics of Transference," *Standard Edition,* 12:108.

3 D. W. Winnicott, *Playing and Reality* (London and New York: Routledge, 1971).

4 Freud, "On the Universal Tendency to Debasement in the Sphere of Love," *Standard Edition,* 11:188-89.

5 Freud, *Civilization and Its Discontents, Standard Edition,* 21:76.

6 Michael Eigen, "The Area of Faith in Winnicott, Lacan and Bion," *International Journal of Psycho-Analysis* 62 (1981): 422.

7 D. W. Winnicott, "Communicating and Not Communicating Leading to a Study of Certain Opposites," in *The Maturational Processes and the Facilitating Environment* (New York: International Universities Press, 1965), p. 187.

8 Ibid., p. 186.

9 See Lewis Aron, "Working through the Past-Working toward the Future," *Contemporary Psychoanalysis* 21 (1991): 87-88.

10 See Peter Matthiessen, *Nine-Headed Dragon River: Zen Journal 1969-1982* (Boston: Shambhala, 1987), p. 192.

11 W. R. Bion, *Attention and Interpretation* (New York: Basic Books, 1970), p. 105.

2. 골욕: 붓다의 첫 번째 진리

1 Narada Maha Thera, *The Buddha and His Teachings* (Colombo, Sri Lanka: Vajirarama, 1973), p. 62.

2 Compiled from ibid., pp. 89-90; and Nyanatiloka, *The Word of the Buddha,* 14th ed. (Kandy, Sri Lanka: Buddhist Publication Society, 1968).

3 Lucien Stryck, *World of the Buddha* (New York: Grove Weidenfeld, 1968), pp. 52-53.

4 Sigmund Freud, *Beyond the Pleasure Principle,* vol. 18 of *Standard Edition of the Complete Psychological Works of Sigmund Freud,* ed. and trans. James Strachey (London: Hogarth Press and Institute of Psychoanalysis, 1955), pp. 20-21.

5 Janine Chasseguet-Smirgel and Bela Grunberger, *Freud or Reich? Psycho-analysis and Illusion* (New Haven, Conn.: Yale University Press, 1986), p. 130.

6 Wilhelm Reich, *Character Analysis,* 3d ed. (New York: Orgone Institute Press, 1949), p. 213.

7 Otto Rank, "The Genesis of the Object Relation," *in The Psychoanalytic Vocation: Rank, Winnicott, and the Legacy of Freud,* ed. Peter Rudnytsky (New Haven, Conn.: Yale University Press, 1991), p. 173.

8 Otto Rank, *Will Therapy,* trans. J. Taft. (1929-1931; reprint, New York: Norton, 1978), p. 124.

9 Adam Phillips, *Winnicott* (Cambridge, Mass.: Harvard University press, 1988), p. 81.

10 Ibid., p. 134.

11 D. W. Winnicott, "Ego Distortion in Terms of True and False Self," in *The Maturational Processes and the Facilitating Environment* (New York: International Universities Press, 1965), p. 145.

12 Freud, "On Narcissism: An Introduction," *Standard Edition,* 14:116.

13 Richard De Martino, "The Human Situation and Zen Buddhism," in Zen *Buddhism and Psychoanalysis,* ed. Erich Fromm, D. T. Suzuki, and Richard De Martino (New York: Harper & Row, 1960), p. 146.

14 Stephen Batchelor, *The Faith to Doubt: Glimpses of Buddhist Uncertainty* (Berkeley, Calif.: Parallax Press, 1990), p. 83.

3. 갈애: 붓다의 두 번째 진리

1 Sigmund Freud, "Formulations on the Two Principles of Mental Functioning," in vol 12. of *Standard Edition of the Complete Psychological Works of Sigmund Freud,* ed. and trans. James Strachey (London: Hogarth Press and Institute of Psychoanalysis, 1958), p. 219.

2 See T. R. V. Murti, *The Central Philosophy of Buddhism: A Study of the*

Madhyamika System (London: Unwin Hyman, 1955), p. 3.

3 From Sutta 63 of the Majjhima-nikaya. Cited in Lucien Stryck, *World of the Buddha* (New York: Grove Weidenfeld, 1968), p. 147.

4 Ananda K. Coomaraswamy and I. B. Horner, *The Living Thoughts of Gotama the Buddha* (London: Cassell, 1948), p. 149.

5 Alice Miller, *The Drama of the Gifted Child: The Search for the True Self,* trans. Ruth Ward (New York: Basic Books, 1994), p. 39.

6 Adam Phillips, *On Kissing, Tickling, and Being Bored* (Cambridge, Mass.: Harvard University Press, 1993), p. 76.

7 Daisetz Teitaro Suzuki, trans., The *Lankavatara Sutra: A Mahayana Text* (Boulder, Colo.: Prajna Press, 1978), p. 159.

8 D. W. Winnicott, "Ego Distortion in Terms of True and False Self," in *The Maturational Processes and the Facilitating Environment* (New York: International Universities Press, 1965), p. 148.

9 Christopher Bollas, *Forces of Destiny: Psychoanalysis and Human Idiom* (London: Free Association Books, 1989), p. 21.

10 Hans Waldenfels, *Absolute Nothingness: Foundations for a Buddhist-Christian Dialogue,* trans. J. W. Heisig (New York: Paulist Press, 1976), p. 68.

4. 해방: 붓다의 세 번째 진리

1 Joseph Goldstein and Jack Kornfield, *Seeking the Heart of Wisdom: The Path of Insight Meditation* (Boston: Shambhala, 1987), p. 83.

2 Nyanatiloka, trans., *The Word of the Buddha* (Kandy, Sri Lanka: Buddhist Publication Society, 1971), p. 38.

3 Sigmund Freud, "Five Lectures on Psycho-Analysis," in vol. 11 of *Standard Edition of the Complete Psychological Works of Sigmund Freud,* ed. and trans. James Strachey (London: Hogarth Press and Institute of Psychoanalysis, 1957), pp. 53-54.

4 Freud, *Leonardo da Vinci and a Memory of His Childhood, Standard Edition,* 11:74-75.

5 This vignette has also been recorded in Stephen Levine, *Who Dies?* (New York: Doubleday/Anchor Books, 1982), pp. 98-99.

6 Freud, *Civilization and Its Discontents, Standard Edition,* 21:68.

7 Hans Loewald, *Sublimation: Inquiries into Theoretical Psychoanalysis* (New Haven, Conn.: Yale University Press, 1988), p.13.

8 Lucien Stryk, *World of the Buddha* (New York: Grove Weidenfeld, 1968), p. 271.

9 See, for example, Roy Schafer, *A New Language for Psychoanalysis* (New Haven, Conn.: Yale University Press, 1976), pp. 155-78.

10 Janine Chasseguet-Smirgel, *The Ego Ideal: A Psychoanalytic Essay on the Malady of the Ideal,* trans, Paul Barrows (New York: Norton, 1985), p. 56.

11 Richard B. Clarke, trans., *Verses on the Faith Mind* (Fredonia, N.Y.: White Pine Press, 1984), p. 155.

12 Philip Yampolsky, trans., *The Platform Sutra of the Sixth Patriarch* (New York: Columbia University Press, 1967), p. 193

5. 집착할 것이 없음: 붓다의 네 번째 진리

1 Thomas Merton, *Mystics and Zen Masters* (New York: Dell, 1961), pp. 18-19.

2 Walpola Rahula, *What the Buddha Taught* (New York: Grove Press, 1974), p. 45.

3 Annie Reich, "Narcissistic Object Choice in Women," *Journal of the American Psychoanalytic Association* 1 (1953): 22-44.

4 His Holiness Tenzin Gyatso, *Kindness, Clarity, and Insight,* trans. and ed. Jeffrey Hopkins (Ithaca, N.Y.: Snow Lion, 1984), p. 40.

5 Robert A. F. Thurman, *Tsong Khapa's Speech of Gold in the Essence of*

미 주 **299**

True Eloquence: Reason and Enlightenment in the Central Philosophy of Tibet (Princeton, N.J.: Princeton University Press, 1984), p. 68.

6 Herbert V. Guenther, *Philosophy and Psychology in the Abhidharma* (Berkeley, Calif.: Shambhala, 1974), p. 207.

7 Kalu Rinpoche, *The Dharma That Illuminates All Beings Impartially Like the Light of the Sun and the Moon* (Albany: State University of New York Press, 1986), p. 111.

8 Richard B. Clarke, trans., *Verses on the Faith Mind* (Fredonia, N.Y.: White Pine Press, 1984), pp. 148-51.

part 2 명상

1 Ananda K. Coomaraswamy and I. B. Horner, *The Living Thoughts of the Gotama Buddha* (London: Cassell, 1984), pp. 184-85.

2 Nyanaponika Thera, *The Vision of Dhamma: Buddhist Writings of Nyanaponika Thera,* ed. Bhikkhu Bodhi (York Beach, Maine: Samuel Weiser, 1986), p. 33.

3 Sigmund Freud, *Civilization and Its Discontents,* vol. 21 of *Standard Edition of the Complete Psychological Works of Sigmund Freud,* ed. and trans. James Strachey (London: Hogarth Press and Institute of Psychoanalysis, 1966), pp. 72-73.

6. 순수한 주의집중

1 Nyanaponika Thera, *The Heart of Buddhist Meditation* (New York: Samuel Weiser, 1962), p. 30.

2 Joseph Goldstein, *The Experience of Insight: A Natural Unfolding* (Santa Cruz, Calif.: Unity Press, 1976), p. 20.

3 See, for example, my articles on the subject: "On the Neglect of Evenly

Suspended Attention," *Journal of Transpersonal Psychology* 16 (1984): 193-205 and "Attention in Analysis," *Psychoanalysis and Contemporary Thought* 11 (1988): 171-89. See also Sigmund Freud, "Recommendations to Physicians Practicing Psycho-Analysis," in vol. 12 of *Standard Edition of the Complete Psychological Works of Sigmund Freud,* ed. and trans. James Strachey (London: Hogarth Press and Institute of Psychoanalysis 1958), pp. 111-12; and Freud, "Two Encyclopedia Articles," *Standard Edition,* 18:235-62.

4 Sigmund Freud, "Analysis of a Phobia in a Five-Year-Old Boy," *Standard Edition,* 10:23.

5 Freud, "Recommendations to Physicians Practicing Psycho-Analysis," *Standard Edition,* 12:111-12.

6 D. W. Winnicott, "The Capacity to Be Alone," *in The Maturational Processes and the Facilitating Environment* (New York: International Universities Press, 1965), pp. 29-37.

7 Wes Nisker, "John Cage and the Music of Sound," *Inquiring Mind* 3, no. 2 (1986): 4.

8 D. W. Winnicott, "Birth Memories, Birth Trauma, and Anxiety," in *Collected Papers: Through Paediatrics to Psycho-Analysis* (New York: Basic Books, 1958), pp. 183-84.

9 Michael Eigen, "Stones in a Stream," *Psychoanalytic Review* (in press).

10 D. W. Winnicott, "Transitional Objects and Transitional Phenomena," in *Playing and Reality* (London: Routledge, 1971), p. 14.

11 Shunryu Suzuki, *Zen Mind, Beginner's Mind* (New York: Weather-hill, 1970), pp. 36-37.

7. 명상의 정신역동

1 Bhadantacariya Buddhaghosa, *Visuddhimagga* (Path of purification), trans. Bhikkhu Nyanamoli, vol. 1 (Berkeley, Calif.: Shambhala, 1976), pp. 149-50.

2 Bhadantacariya Buddhaghosa, *Visuddhimagga* (Path of purification), trans. Bhikku Nyanamoli, vol. 2 (Berkeley, Calif.: Shambhala, 1976), p. 753.

3 Daniel Brown and Jack Engler, "The States of Mindfulness Meditation: A Validation Study," in *Transformations of Consciousness: Conventional and Contemplative Perspectives on Development,* ed. Ken Wilber, Jack Engler, and Daniel Brown (Boston: New Science Library, 1986), p. 189.

4 Stephen A. Mitchell, *Hope and Dread in Psychoanalysis* (New York: Basic Books, 1993), p. 101.

5 Daniel Goleman, *The Meditative Mind: The Varieties of Meditative Experience* (Los Angeles: Tarcher, 1988).

6 Jack Kornfield, *A Path with Heart: A Guide through the Perils and Promises of Spiritual Life* (New York: Bantam, 1993), pp. 108-10.

7 Nyanaponika Thera, *The Heart of Buddhist Meditation* (New York: Samuel Weiser, 1962), pp. 144-45.

8 Mitchell, *Hope and Dread*, p. 149.

9 Marion Milner, *The Suppressed Madness of Sane Men: Forty-four Years of Exploring Psychoanalysis* (London: Tavistock, 1987), pp. 260-61.

10 Michael Eigen, "Breathing and Identity," in *The Electrified Tightrope,* ed. Adam Phillips (Northvale, N.J.: Jason Aronson, 1993), p. 46.

11 Joseph Goldstein, personal communication to the author, February 1994.

12 See Emmanuel Ghent, "Masochism, Submission, Surrender: Masochism as a Perversion of Surrender," *Contemporary Psychoanalysis* 26 (1990): 108-36.

13 Jessica Benjamin, *The Bonds of Love* (New York: Pantheon, 1988), p. 129.

14 Mitchell, *Hope and Dread*, p. 31.

15 Harry Stack Sullivan, "The Data of Psychiatry," in *Clinical Studies in Psychiatry,* ed. Helen Swick Perry, Mary Ladd Gawel, and Martha

Gibbon (New York: Norton, 1956), p. 33.

16 Jacques Lacan, *Ecrits: A Selection,* trans. Alan Sheridan (New York: Norton, 1966), p. 2.

17 See Roy Schafer, *A New Language for Psychoanalysis* (New Haven, Conn.: Yale University Press, 1976).

18 Robert A. F. Thurman, *Tsong Khapa's Speech of Gold in the Essence of True Eloquence: Reason and Enlightenment in the Central Philosophy of Tibet* (Princeton, N.J.: Princeton University Press, 1984), p. 131.

19 John Blofeld, *The Zen Teaching of Huang Po: On the Transmission of Mind* (New York: Grove Press, 1958), p. 86.

20 Sigmund Freud, "Analysis Terminable and Interminable," in vol. 23 of *Standard Edition of the Complete Psychological Works of Sigmund Freud,* ed. and trans. James Strachey (London: Hogarth Press and Institute of Psychoanalysis, 1964), p. 235.

part 3 치료

1 Joseph Goldstein and Jack Kornfield, *Seeking the Heart of Wisdom: The Path of Insight Meditation* (Boston: Shambhala, 1987), p. 95.

2 D. W. Winnicott, "The Location of Cultural Experience," in *Playing and Reality* (London: Routledge, 1971), p. 100.

3 Sigmund Freud, "Analysis Terminable and Interminable," in vol. 23 of *Standard Edition of the Complete Psychological Works of Sigmund Freud,* ed. and trans. James Strachey (London: Hogarth Press and Institute of Psychoanalysis, 1964), p. 235.

4 Josef Breuer and Sigmund Freud, "Studies on Hysteria," *Standard Edition,* 2:305.

1 Sigmund Freud, "Remembering, Repeating and Working-Through," in vol. 12 of *Standard Edition of the Complete Psychological Works of Sigmund Freud,* ed. and trans. James Strachey (London: Hogarth Press and Institute of Psychoanalysis, 1958), p. 147.

2 D. W. Winnicott, "Fear of Breakdown," *International Review of Psycho-Analysis* 1 (1974): 106.

3 Freud, "Remembering, Repeating and Working-Through," *Standard Edition,* 12:149.

4 Bhadantacariya Buddhaghosa, *Visuddhimagga* (Part of purification), trans. Bhikkhu Nyanamoli, vol. 2 (Berkeley, Calif.: Shambhala, 1976), p. 524.

5 Freud, "Remembering, Repeating and Working-Through," *Standard Edition,* 12:147.

6 Michael Balint, *The Basic Fault: Therapeutic Aspects of Regression* (London: Tavistock, 1968), p. 21

7 Isadore From, personal communication to the author, 1990.

8 Carl Jung, "Yoga and the West," *in Psychology and Religion: West and East,* vol. 11 of *The Collected Works, of C. G. Jung,* trans. R. F. C. Hull, Bollingen Series, no. 20 (New York: Pantheon, 1958), p. 537.

9 Buddhaghosa, *Visuddhimagga,* p. 1.

1 Sigmund Freud, "Remembering, Repeating and Working-Though," in vol. 12 of *Standard Edition of the Complete Psychological Works of Sigmund Freud,* ed. and trans. James Strachey (London: Hogarth Press and Institute of Psychoanalysis, 1958), p. 150.

2 sGam.po.pa, *The Jewel Ornament of Liberation,* trans, Herbert V.

Guenther (Berkeley, Calif.: Shambhala, 1971), pp. 216-17.

3 W. R. Bion, *Attention and Interpretation* (New York: Basic Books, 1970), p. 42.

4 Janine Chasseguet-Smirgel, "The Femininity of the Analyst in Professional Practice," *International Journal of Psycho-Analysis* 65 (1984): 171.

5 Sandor Ferenczi, "The Elasticity of Psycho-Analytic Technique," in *Final Contributions to the Problems and Methods of Psycho-Analysis* (New York: Basic Books, 1955), p. 98.

6 Otto Fenichel, *Problems of Psychoanalytic Technique* (New York: Psychoanalytic Quarterly, 1941), p. 5.

7 Charlotte Joko Beck, *Everyday Zen: Love and Work,* ed. Steve Smith (San Francisco: HarperSanFrancisco, 1989), p. 71. Emphasis added.

8 Marsha M. Linehan, observation made in the course of panel discussion. "The Buddha Meets the West: Integrating Eastern Psychology and Western Psychotherapy" (panel discussion at the annual conference of the Society for the Exploration of Psychotherapy Integration, Cambridge, Mass., April 1988).

9 Hans Loewald, "On the Therapeutic Action of Psychoanalysis," *International Journal of Psycho-Analysis* 58 (1960): 29.

10 Michael Balint, *The Basic Fault: Therapeutic Aspects of Regression* (London: Tavistock, 1968), p. 183.

11 Freud, "Remembering, Repeating," p. 154.

10. 훈습

1 Sigmund Freud, "Remembering Repeating and Working-Through," in vol. 12 of *Standard Edition of the Complete Psychological Works of Sigmund Freud,* ed. and trans. James Strachey (London: Hogarth Press and Institute of Psychoanalysis, 1958), p. 155.

2 Ibid., p. 151.

3 Freud, "Beyoud the Pleasure Principle," *Standard Edition,* 18:20-21.

4 Adam Phillips, *Winnicott* (Cambridge, Mass.: Harvard University Press, 1988), p. 80.

5 Lewis Aron, "Working through the Past-Working toward the Future," *Contemporary Psychoanalysis* 27 (1991): 81-109.

6 Robert Thurman, "What Does Being a Buddhist Mean to You? Re: When You Speak of Letting Go of the Ego, What Is the 'Ego' That You Are Talking About Letting Go Of?" *Tricycle: The Buddhist Review* 3, no. 1 (1993): 28.

7 Otto Fenichel, *The Psychoanalytic Theory of Neurosis* (New York: Norton, 1945), p. 92.

8 Sigmund Freud, *New Introductory Lectures on Psycho-Analysis, Standard Edition,* 22:95.

9 See Aron, "Working through the Past."

10 Erich Fromm, "Psychoanalysis and Zen Buddhism," in *Zen Buddhism and Psychoanalysis,* ed. Erich Fromm, D. T. Suzuki, and Richard De Martino (New York: Harper & Row, 1960), p. 86.

찾아보기

인 명

내 용

지은이 소개 ···

Mark Epstein M. D. 정신과 전문의이자 정신치료자로 하버드대학교 의과대학을 졸업했다. 하버드대학교 의과대학 재학 당시부터 남방불교를 접했으며 지금까지 명상을 계속하고 있다. 현재 정신치료와 불교 명상을 통합하여 환자를 치료하고 있다. 저서로 *Going to Pieces Without Falling Apart: A Buddhist Perspective on Wholeness, Going on Being: Buddhism and the Way of Change, A Positive Psychology for the West, Open to Desire: Embracing a Lust for Life Insights from Buddhism and Psychotherapy*가 있다.

옮긴이 소개 ···

전현수(Jeon Hyunsoo) 정신건강의학과 전문의이자 의학박사로 부산대학교 의과대학을 졸업했다. 현재 서울 송파구에서 전현수정신건강의학과의원을 운영하고 있다. 불교정신치료의 체계를 세우고 있고 그것에 입각하여 환자를 치료하고 있다. 저서로는 『울고 싶을 때 울어라』(한강수, 1994), 『정신과 의사가 붓다에게 배운 마음 치료 이야기』(불광출판사, 2010), 『정신과 의사가 들려주는 생각 사용 설명서』(불광출판사, 2012), 『정신과 의사의 체험으로 보는 사마타와 위빠사나』(불광출판사, 2015)가 있다.

붓다의 심리학
명상의 정신치료적 적용

Thoughts without a Thinker:
Psychotherapy from a Buddhist Perspective(Revised Edition)

2016년 6월 20일 1판 1쇄 발행
2024년 1월 25일 1판 4쇄 발행

지은이 • Mark Epstein M. D.
옮긴이 • 전 현 수
펴낸이 • 김 진 환
펴낸곳 • (주) **학지사**

　　　　　121-838 서울특별시 마포구 양화로 15길 20 마인드월드빌딩 5층

대표전화 • 02) 330-5114　　　팩스 • 02) 324-2345

등록번호 • 제313-2006-000265호

홈페이지 • http://www.hakjisa.co.kr
인스타그램 • https://www.instagram.com/hakjisabook

ISBN 978-89-997-0928-9 93180

정가 16,000원

출판미디어기업 **학지사**

간호보건의학출판 **학지사메디컬** www.hakjisamd.co.kr
심리검사연구소 **인싸이트** www.inpsyt.co.kr
학술논문서비스 **뉴논문** www.newnonmun.com
원격교육연수원 **카운피아** www.counpia.com